우리 아이
언어 발달
ABA 치료
프로그램

자폐와 언어장애 아동을 위한 행동과제

우리 아이 언어 발달 ABA 치료 프로그램

메리 린치 바르베라 지음 | 한상민 옮김

예문아카이브

The Verbal Behavior Approach
How to Teach Children with Autism and Related Disorders

Dr. Mary Lynch Barbera
with
Tracy Rasmussen
foreword by Dr. Mark Sundberg

이 책을
나의 두 아들에게 전합니다.

조건 없는 사랑과 욕심 없는 희망과
작은 것에 대한 감사를 가르쳐준
루카스,

그리고 루카스에게 최고의 형제이자
그 누구보다도 섬세하고 익살스러운 여덟 살배기
스펜서에게.

•: 감사의 글

먼저, 자폐라는 이름을 한 혼란스러운 여정 가운데 늘 한결같은 사랑과 지지를 보여준 남편 찰스와 아들 스펜서에게 고마움을 전한다. 우리 가족은 내가 아들 루카스뿐만 아니라 또 다른 수많은 자폐 아동을 도울 수 있게 응원하고, 나만큼이나 루카스를 사랑하고 보살펴주었다.

이 책을 쓸 수 있도록 도와준 트레이시 라스무센(Tracy Rasmussen)에게도 감사를 표한다. 트레이시는 5년 전에 지역 신문사에 자폐에 대한 기사를 쓰고 싶다며 우리 집에 찾아왔다. 처음에 책을 써보라고 제안하면서 나를 도와준 사람이 바로 트레이시였다. 그의 친절한 지도가 없었다면, 그리고 내 생각을 온전히 글로 옮길 수 있게 도와준 그의 능력이 아니었다면 이 책은 출간되지 못했을 것이다. 그래서 트레이시에게 그 지지와 응원에 대해, 이 책이 나오기까지 도와준 데 대해 커다란 감사를 전하고 싶다.

자폐와 응용행동분석(Applied Behavior Analysis, ABA)과 언어행동분석(Verbal Behavior Analysys, VBA)에 대해 내가 알게 된 모든 것을 가르쳐주신 수많은 전문가들, 특히 펜실베니아 언어행동 프로젝트(Pennsylvania Verbal Behavior Project)를 창단하고 꾸준히 지원해주신 분들께도 감사를 표한다.

이 책을 신속히 출간할 수 있도록 지원해준 출판사와 헬렌 아이버슨(Helen Ibbotson)에게도 감사를 전한다. 또한 이 책의 원고를 읽고 훌륭한 피드백을 해준 마크 선드버그(Mark Sundberg) 박사, 빈센트 카본(Vincent Carbone) 박사, 릭 쿠비나(Rick Kubina) 박사, 제임스 코플란(James Koplan) 박사, 아미리스 디푸글리아(Amiris Dipuglia) 박사, 메리 린치(Marie Lynch), 캐시 헨리(Kathy Henry), 테레사 키콥스키(Teresa Kwitkowsk), 질 마혼(Jill Mahon), 웬디 유카비치(Wendy Yourkavitch), 캐롤 데이노센티(Carol DeInnocentiis), 리사 디모나(Lisa DiMona), 홀리 킵(Holly Kibbe)에게 감사드린다.

끝으로 나의 아들 루카스에게, 너로 인해 내가 이렇게 열심히 공부할 수 있도록 해줘서 고맙다. 너는 많은 사람들의 삶에 감동을 준 놀랍고 용기 있고 아름다운 아이란다. 10년이라는 짧은 인생이지만 네 삶이 세상을 변화시켰단다. 정말로 사랑한다, 우리 아들.

　자폐와 발달장애 아동 교육을 위해 매일 고군분투하는 부모와 전문
가들을 위한, 아주 명쾌하고 실용적인 책이 나왔다. 탄탄한 개념과 풍
부한 임상 경험을 바탕에 둔《우리 아이 언어 발달 ABA 치료 프로그
램(The Verbal Behavior Approach : How to Teach Children with Autism and
Related Disorders)》은 스키너(B. F. Skinner)가 주창한 학습과 행동 원리
에 기반하고 있다. 이 원리는 응용행동분석(applied behavior analysis,
ABA), 그리고 아이바 로바스(Ivar Lovaas) 박사가 개발한 치료 전략인
DTT(Discrete Trial Training, 개별시도훈련)의 핵심이다. 행동주의가 성공
적인 결과를 낳았기 때문에, 1999년 미국 공공보건국에서는 ABA가
자폐 아동 치료를 위한 최고의 선택이라고 결론지었다.

　스키너는 언어를 주제로 방대한 연구를 실시했고, 1957년《언어행동
(Verbal Behavior)》을 출판하면서 이 책이야말로 자신의 가장 중요한 저
서임을 여러 차례 피력했다. 이 책에서 스키너는 언어의 구성 요소를
행동 측면에서 자세히 분석했다. 이 책이 중요한 이유는 인간 행동에
서 가장 중요한 양상이 바로 언어이기 때문이다. 언어는 우리로 하여
금 타인과 의사소통하고, 감정을 표현하며, 요구 사항을 타인에게 알리

고, 의미 있는 관계를 맺고, 다른 사람이 하는 말에 응답하고, 우리 주위의 세계를 좀 더 잘 이해할 수 있도록 한다. 또한 언어는 교육, 지식, 지능, 생각, 사회 행동의 기반이다. 간단히 말해서, 언어는 인간 행동의 토대인 것이다. 그러므로 만일 어린아이가 언어를 습득하지 못하면 발달과 사회성에 심각한 어려움을 겪는다는 사실은 그리 놀라운 일이 아니다.

언어지연과 언어장애는 자폐를 대표하는 특징으로, 지적 능력이나 사회성 같은 중요한 기술을 습득하는 데 영향을 끼친다. 따라서 자폐 아동을 위한 모든 중재 프로그램에서 효과적인 의사소통 기술을 조기에 개발하는 것이 가장 중요하다. 그러나 새로 진단을 받은 아동의 부모들은 선택할 수 있는 치료 종류와 전문가가 너무 많아 오히려 곤란을 겪는다. 내 아이에게 꼭 맞는 효과적인 치료법을 찾는 일은 부모에게는 너무 어렵고, 그러는 동안 소중한 시간은 낭비된다. 그러나 일반적으로 잘 알려진 ABA, 그리고 스키너가 개발한 언어행동분석 방법은, 지난 수십 년간 이루어진 실증적인 연구 결과를 바탕으로 전문가와 부모에게 언어 평가와 중재에 대한 확고한 방법론을 제공함으로써, 이러한 고민을 크게 덜어주었다. ABA와 스키너의 언어행동분석이 지닌 가치와 힘을 이제는 수많은 부모와 전문가들이 알아보고 있으며, 자폐 아동 치료를 위한 일상의 길잡이로 삼고 있다. 그 대표되는 인물이 바로 이 책의 저자, 메리 바르베라(Mary Barbera)이다.

스키너의 《언어행동》을 적용하는 데 필요한 기본 구성 요소는 1970년대 웨스트 미시건대의 잭 마이클(Jack Michael) 박사가 개발했다. 그러나 언어란 매우 복잡한 것이어서, 초창기 언어행동 평가와 중재 프로그램은 부모보다는 행동분석 분야에서 훈련을 받은 전문가들을 위해 개발되었다. 지난 25년간 우리는 관련 자료들을 보다 쉽게 만들고자 노력했다. 하지만 행동주의라는 전문 영역에 파묻힌 채, 행동분석의 개념적인 도구에 지나치게 의존하여 복잡한 인간 행동을 분석하고 논의하는 우리에게는 너무나도 어려운 작업이었다.

이 책에 나온 기본 원리와 절차가 전혀 새로운 것이 아닌데도, 저자는 자폐 아동을 위한 복잡한 언어중재 프로그램에 대해 독자들에게 명쾌한 설명과 풍부한 실전 사례, 그리고 친근한 길잡이를 제공하고 있다. 이 책을 읽는 동안, 부모와 전문가 모두 행동분석의 강력한 지원을 등에 업고, 여기 나온 접근법들을 자신 있게 즉시 과제로 적용해볼 수 있을 것이다. 실제로 자폐 아동의 부모로서 저자가 지닌 독특한 시각은 "기적적인 치료법"과 중재 전략을 찾아 헤매느라 힘겨워하는 자폐 아동 부모들에게 실제 체험에서 우러난 조언을 제시한다. 간호사였던 저자와 의학박사인 그의 남편이 처음에 행동분석을 배웠던 이유는 아들 루카스를 위해서였지만, 그들의 소중했던 경험은 이제 다른 가족을 돕기 위한 열정으로 이어졌다. 저자는 BCBA(국제행동분석전문가) 자격을 취득했고, 언어행동 중재 분야에서 여러 논문을 썼으며, 이제는 이 책을 통해 언어행동 중재 프로그램의 기본 핵심을 전하고 있다. 수업에 필요한 절차를 하나씩 차근차근 설명하면서 자세한 사례를 덧붙이고 있는 이 책은 ABA뿐만 아니라 언어지연과 언어장애 아동을 위한 치료법에도 소중한 자료가 될 것이다. 또한 복잡한 이론을 읽기 쉽고 설득력 있게 제시하고 있는 이 책이 모든 자폐 아동들에게 큰 영향을 미치리라는 점에는 의심할 여지가 없다.

마크 선드버그(Mark Sundberg), Ph.D., BCBA

나는 10년 이상 경력을 지닌 간호사였다. 하지만 내과의사인 남편이 21개월 된 아들 루카스의 자폐 가능성을 처음 언급했을 때, 나 역시 여느 부모들처럼 당황했고 화를 냈다.

솔직히 나는 자폐에 대한 경험이 거의 없었지만 우리 첫아이에게 조금이라도 모자란 구석이 있으리라는 생각은 결코 해본 적이 없었다. 그렇다면 왜 남편은 우리 아이가 자폐일지 모른다고 의심했던 것일까?

남편은 루카스가 텔레비전을 너무 많이 보고 장난감은 갖고 놀지 않으며, 자기 세계에 갇혀 있는 듯 보인다고 지적했다. 하지만 당시 나는 관련된 일말의 가능성조차 살펴보고 싶지 않았다. 나는 루카스가 말을 할 줄 알고 아는 단어도 열 개쯤 되는데, 그건 두 돌이 채 안 된 유아들에게는 전혀 이상할 것 없는 일이며, 우리 아이는 그저 다정하고 예쁜 아이일 뿐이라고 주장했다.

내 아이는 자폐아로 보이지 않았다. 아이의 모습이 평소 내 머릿속에 그려보던 자폐라는 이미지와 일치하지 않았기 때문이다. 우리 아이는 머리를 찧지 않았다. 몸을 좌우로 흔들지도 않았다. 내가 자폐라고 생각했던 증상은 하나도 없었다.

그날 남편에게 나는, '자폐라는 말을 꺼내는 걸 보니 당신은 미쳤나

보다'라고 말했다. 루카스는 절대 그럴 리 없으니 두 번 다시 "자폐" 같은 말은 듣고 싶지 않다고 쏘아붙였다.

그러나 일 년 정도 지난 뒤부터 자폐와 관련된 각종 치료법이 내 삶을 온전히 지배하게 되리라는 사실을 당시 나는 꿈에도 몰랐다.

남편이 그 자폐라는 말을 입 밖에 꺼낸 지 얼마 되지 않아 나는 곧 유아의 자폐 증상에 대해 전혀 아는 게 없음을 인정해야 했다. 같은 또래에 비추어 루카스의 행동을 진단하는 능력은 나보다는 내과의사인 남편이 더 나았다.

남편의 말 한 마디가 내 마음속 씨앗이 되었다. 나는 루카스가 자신의 주변 세계와 어떻게 어울리고 있는지(사실은 어울리지 못하는 것을) 조심스럽게 관찰하기 시작했다. 루카스가 조금이라도 이상한 행동을 할 때마다 나는 자폐에 대해 생각했다. 아들이 장난감을 집어 들고 이 바구니에서 저 바구니로 열심히 옮기고 있을 때면, 혹시나, 하는 생각이 들었다. 아들이 의자에 늘어진 몇 가닥 끈을 잡고 좀 오래 논다 싶으면 나는 또 어쩌면, 하고 걱정했다.

자폐, 자폐, 자폐. 자폐라는 단어가 머릿속에 맴돌았지만 자폐가 아닌 멀쩡한 아이이길 바라는 내 욕망은 그 단어를 애써 부정하고 있었다. 하지만 루카스는 틀림없는 자폐였다. 그리고 현실을 외면하고 부정하는 것이 루카스에게는 전혀 도움될 것이 없었다.

아니, 오히려 아이를 악화시키고 있었다.

루카스의 언어는 또래로부터 점점 뒤처져 급기야는 아예 따라잡을 수도 없는 지경이 되었다. 만 두 살 반이 되자 다른 아이들은 유치원 수업이 끝나고 부모의 품으로 뛰어가면서, 친구네 집에 가서 놀아도 되느냐고 완전한 문장으로 물었다. 루카스의 또래들이 다른 아이들과 문장으로 대화하며 또래 관계를 맺고 있을 때, 내 목표는 루카스에게 "공"이라는 단어를 가르치는 것이었다. 그즈음에야 드디어 나는 현실 부정에서 벗어나 아들의 실제 삶으로 뛰어드는 것 말고는 다른 선택의 여지가 없음을 깨닫기 시작했다.

그날 이후 나는 엄마이자 코치인 동시에 변호인이 되었다.

조기 진단과 치료의 중요성

1999년, 현실 부정에서는 벗어났지만, 진단을 받고 치료를 시작하기까지는 몇 달이 걸렸다. 돌이켜보면, 자폐를 진단받느라 소모한 그 몇 달은 아이에게 무언가를 가르칠 수 있었을 아주 소중한 시간이었다. 지금은 18개월이나 두 돌에도 자폐 진단이 가능해졌지만, 1990년대 중반만 해도 3세 미만 아이에게 자폐 진단을 내려주는 전문의는 정말 드물었다. 최근 몇 년간 발표된 연구 결과 모두 조기 진단을 받고 집중 치료를 받은 아이가 장기적으로 최선의 결과를 만날 수 있다는 믿음을 뒷받침하고 있다.

그러나 조기 진단과 조기 중재가 핵심이라는 연구에도 불구하고 여전히 대다수 아이들은 두 돌이 훨씬 지나야 진단을 받는다. 소아과 전문의나 부모들이 아직도 자폐의 조기 징후를 잘 알지 못하기 때문이다. 설상가상으로 영유아에 대한 자폐 진단이 능숙한 전문의들은 종종 몇 년씩 진료 대기를 해야 한다.

루카스가 조금만 더 일찍 진단과 치료를 받았다면 지난 7년간의 변화에 속도가 붙었을 것이고 나 역시 최상의 치료를 더 일찌감치 찾아 더 빨리 실시할 수 있었을 것이다.

그러나 대다수 연구나 자료들은 고작 지난 몇 년 동안 발간된 것들이다. 조기 진단의 중요성을 간파한 캐서린 로드(Catherine Lord) 박사와 레베카 랜다(Rebecca Landa) 박사의 책이 그러했고, 낸시 와이즈먼(Nancy Wiseman)의 《자폐일까? 첫 징후와 이후 단계에 대한 부모 가이드(Could It Be Autism? A Parent's Guide to First Signs and Next Steps)》 역시 2006년에야 출간되면서 비로소 부모들에게 중요한 정보를 알려주기 시작했다.

루카스 역시 21개월이 아닌, 만 나이 3년 하고도 3개월이 된 1999년에야 비로소 진단을 받고 치료를 시작했다. 그리고 그 시점은 아이를 위한 최상의 치료법을 찾아내겠노라 헤매던 내가 마침내 언어행동분석을 공부하게 된 출발점이었다.

부모에서, 부모이자 전문가라는 신분으로

1990년대 후반에도 몇몇 치료 정보는 알려져 있었지만 나는 어디서부터 시작해야 할지 전혀 몰랐다. 나는 시간이 허락하는 한 모든 설명회에 무조건 참석해서 맨 앞줄에 자리 잡고 앉는 열혈 부모가 되었다. 자폐와 관련된 모든 책을 읽었고, 나보다 앞서 있는 선배 부모들에게 의지했다.

배움이 늘어가면서 다른 부모들을 돕고 싶어졌다. 2000년에 벅스 카운티(Berks County) 자폐협회의 초대 회장이 되었다. 많은 부모들이 찾아와 끊임없이 나를 돕고 지지해주었다. 나는 적어도 치료법의 종류와 지식에서만큼은 단 한 명의 부모도 어둠 속에 내버려두고 싶지 않았다. 루카스와 아이들을 도울 수 있는 최상의 방법은 나 스스로를 교육시키는 방법이었다. 2003년 나는 BCBA(Board Certified Behavior Analyst, 행동분석 전문가자격)를 취득하고 자폐 분야, 특히 언어행동분석 분야에서 일하기 시작했다. 2003년부터 펜실베니아의 언어행동분석 프로젝트 연구회의 수석 행동분석가로 일하면서 수백 명의 인력을 훈련시키고, 자폐스펙트럼 장애 외에도 다운증후군이나 기타 발달장애를 지닌 학생과 아동을 위해 일했다.

부모들은 늘 나에게 다가와 간단한 질문을 하나 던진다.

"우리는 어디서부터 시작해야 할까요?"

부모들은 말한다. 자신의 아이가 갈수록 뒤처진다고. 아이가 분노발작을 일으키고, 말도 제대로 할 줄 모르고, 이런저런 물건들에 강박증세를 보인다고. 7년 전의 나처럼, 그들 역시 어디서부터 시작해야 할지 알지 못한다.

그래서 그들을 돕기 위해 이 책을 쓰기 시작했다. 이 책은 부모와 전문가 모두에게 필요한, 복잡한 치료 정보를 아주 단순한 형태로 알려줄 것이다. 여기에 담긴 내용은 부모나 전문가들이 매일 필요로 하는 정보이다. 설령 내 여동생이나 친구의 아이가 자폐나 다른 장애로 인해 언어장애 진단을 받았다고 해도 그들에게 역시 똑같이 나눠주게 될 정보이다. 이 정보의 세계로 당신을 안내하는 동안, 나는 같은 처지의 부모로서뿐만 아니라 전문가로서의 관점도 함께 나눌 것이다.

또한 이 책을 통해 자폐나 다운증후군, 발달장애, 심지어는 단순 언어지연에 이르기까지 다양한 문제와 관련하여 ABA와 언어행동분석이 어떻게 도움이 될지 간단히 설명할 것이다. 최근 드레이시(Drash) 박사와 튜더(Tudor) 박사는 언어행동분석이 고위험군 영유아의 자폐 가능성을 예방할 수도 있다는 예비 연구를 완료하기도 했다(2006).

언어행동분석은 "어디서부터 시작해야 하죠?"라고 묻는 부모들의 질문에 대한 나의 대답이다.

이 책은 쉽고 명쾌한 안내로 그 질문에 대답할 것이다.

여기에 담긴 모든 내용은 세계적 명성의 석학들로부터 배워 얻은 것들이다. 잭 마이클(Jack Michael) 박사, 마크 선드버그(Mark Sundberg) 박사, 빈센트 카본(Vincent Carbone) 박사, 홀리 킵(Holly Kibbe), 브라이언 아이와타(Brian Iwata) 박사, 글렌 레이텀(Glen Latham) 박사, 아이바 로바스(Ivar Lovaas) 박사, 리차드 폭스(Richard Foxx) 박사, 브리짓 테일러(Bridget Taylor) 박사, 마이클 미클로스(Michael Miklos), 릭 쿠비나(Rick Kubina) 박사 등이 그들이다. 또한 나는 동료들, 그리고 같은 처지의 부모들에게서도 많은 것을 배웠다. 우리는 수많은 사례를 겪으면서 아이들 하나하나마다 해결책을 찾아주려고 노력했다. 그러나 아마도 내게 가장 많은 것을 가르쳐준 스승은 자폐아인 내 아들일 것이다. 오늘도 아들은 끊임없이 나를 가르치고 있다.

메리 바르베라(Mary Barbera)

ABA와 언어행동분석의 이해

2007년 처음 출판된 이 책의 원전, 메리 바르베라(Mary Barbera)의 《The Verbal Behavior Approach》는 ABA 분야에 새로이 등장한 '언어행동분석'이라는 영역에 대한 책이다. ABA라는 학문과 치료 방법에 대해서는 이제 국내에서도 어느 정도 알려진 편이지만 언어행동분석에 대해서는 아직 생소할 것이다.

언어행동분석은 쉽게 말하면 ABA 분야에서 특히 언어적인 면, 특히 표현언어에 강조를 둔 것이라고 보면 된다. 물론 아이바 로바스에 의한 전통적인 ABA에서도 표현언어를 소홀히 한 것은 아니다. 명사, 동사 등 기본적인 것부터 크기, 색, 전치사, 대명사 등 인지 개념이 필요한 어휘를 가르치는 것도 모두 커리큘럼에 담고 있다.

그러나 언어행동분석은 여기서 좀 더 나아가, 똑같은 '사과'라는 말을 한다고 해도 맥락에 따라 그 쓰임새가 다르고 기능에 차이가 있다고 설명한다. 사과가 먹고 싶을 때 "사과"라고 말하며 요구하는 것, 눈 앞의 사과를 보거나 맛보면서 그것을 "사과"라고 말하는 것, 엄마가 하 는 말을 따라 "사과"라고 하는 것은 모두 그 기능이 서로 다르므로, 이 점을 고려하여 아이의 언어를 평가하고 가르치는 것이 중요하다고 본 다. 실제로 자폐아동을 키우는 부모님 중에는, 아이가 카드를 보면서 "사과"라고 말할 줄 아는데도 정작 사과를 먹고 싶을 때는 말로 표현 하지 못하고 어른 손을 잡고 냉장고로 끌고 가는 상황을 경험한 적이 있을 것이다.

이런 배경에서 언어행동분석이 특히 자폐 등 발달장애 영역에서 그 효과성이 알려지게 된 것은 지극히 자연스러운 일이었다. 발달장애가 있는 아동에게 언어지연은 매우 흔한 일이기 때문이다. 실제로 많은 부모님들이 아이가 때가 되었는데 말을 못하거나 말이 느리다는 점을 자녀의 이상을 발견하거나 의심하게 된 계기로 꼽고 있다.

언어행동분석은 ABA와 동일한 원리를 이용하여 아이의 언어발달에 도움을 주는 유용한 도구이다. ABA 원리란 인간의 행동과 학습이 어 떻게 일어나는지를 밝히고 이를 이용하여 바람직한 행동을 늘리는 것 인데, 이 점에서 언어행동분석은 ABA와 같은 영역에 있다.

그러나 인간의 언어는 생각보다 복잡하고 가르치기 매우 어렵다. 언 어는 하루 온종일에 걸쳐 자연스럽게 인간에게 학습되는 것이지, 따로 책상 앞에서 배우는 것이 아니다. 특히 '말'을 한다는 것은 눈으로 볼 수도 없는 입속 움직임을 통해 추상적인 소리를 만들어낸다는 점에서 사실상 본능에 가깝다. '빠이빠이'를 못하면 아이 손을 잡고 흔들어주거나 그 모양을 엄마가 시범 보일 수 있지만, 아이가 말을 못한다고 해서 아이 혀나 성대를 잡고 흔들어 가르칠 수는 없다.

이러한 이유로 언어행동분석은 전통적인 ABA와는 약간 차이가 있다. 전통적인 ABA가 아동의 바람직한 행동에 대해 보상(강화)을 주는 방법을 사용하는 데 비해, 언어행동분석은 아이가 말을 할 수 있는 분위기를 조성하는 데 더 주안점을 둔다. 아이가 일상 속에서 자연스럽게 말을 배우고 사용할 수 있어야 하기 때문이다.

그러나 언어행동분석은 이미 ABA 영역 전반에 걸쳐 많은 영향을 끼친 상태이다. 오늘날 ABA 전문가나 치료 기관에서 로바스의 전통적인 방법으로만 중재를 실시하는 경우는 드물고, 대부분 이 책에 나와 있는 것처럼 아동의 언어발달을 위한 다양한 언어행동분석적인 방법을 아울러 사용하고 있다.

그런 점에서 ABA 전문가이자 같은 발달장애아 부모의 입장에서 이 책이 드디어 우리말로 출판되는 것에 기쁜 마음을 금할 길이 없다. 이 책에는 언어행동분석의 원리와 시행 방법에 대해서뿐만 아니라 아동의 문제행동에 대한 분석과 대응 방법, 배변 훈련의 원리와 절차, 자폐 아동을 둔 부모로서의 경험까지 고스란히 담겨 있다.

특히 이 책의 미덕은 구체적인 중재 시행 방법에 대해 설명하고 있다는 점이다. 원전이 출판된 미국에서도 자폐 및 발달장애 자녀를 부모에게 가장 먼저 추천되는 책 중 하나로 꼽히며, 부모뿐만 아니라 전문가들에게도 추천되고 있다. 발달장애 외에도 언어장애 등 언어발달에 어려움을 겪는 아동에게도 폭넓게 적용되고 있는 책이다.

다만, 저자가 언어행동분석의 심화 과정까지 깊이 있게 수록하다 보니 후반부로 갈수록 내용이 어려워져, 쉽게 이해하기 힘들 수 있다. 따라서 처음부터 끝까지 단숨에 책을 읽어나가기보다는, 하나의 챕터를 아이에게 적용해보고 완전히 숙달되었을 때 그다음 챕터로 진행하는 식으로 적용해보기를 바란다. 옮긴이 역시 여러번 이 책을 반복해서 읽고 이해하였음을 밝힌다.

끝으로 이 책이 나오기까지 배려와 수고를 아끼지 않은 예문아카이브 출판사에 깊은 감사의 말씀을 전한다.

한상민

contents

1장

ABA 시작하기

초기에 루카스가 받았던 치료는 아이바 로바스(Ivar Lovaas) 박사의 연구를 바탕으로 한 ABA(Applied Behavior Analysis, 응용행동분석)의 형태였다. 나를 포함한 대부분의 부모들은 캐서린 모리스(Catherine Maurice)가 쓴 두 권의 책,《너의 목소리를 들려줘(Let Me Hear Your Voice, 1993)》와《자폐 아동을 위한 행동 중재(Behavior Intervention for Young Children with Autism, 1996)》에 깊은 인상을 받았고, 그래서 ABA를 한다는 거의 모든 사람들은 로바스 방식을 사용하고 있었다.

1987년, 자폐 아동 59명을 상대로 로바스 박사는 학습이 이루어지는 최선의 방법에 대해 연구했다. 로바스 박사는 그들 중에서 주당 40시간의 1대 1 ABA 치료를 받은 19명 아동의 그룹이 가장 우수한 결과를 보여준다는 점을 밝혀냈다.* 그리고 19명 중 거의 절반(47퍼센트)의 아동은 초등학교 1학년이 될 즈음에는 일반 아동들과 비교했을 때에도 구분 가지 않을 정도의 수준이 되었다. 이 연구는 이제 막 진단을 받은 아이의 부모들에게 새로운 희망과 방향성을 제시한 최초의 연구였다.

로바스 박사는 두 명의 동료와 함께 1993년에 후속 연구를 발표했는데, 앞선 연구에서 가장 우수한 결과를 보여주었던 아동들이 13살이 되어서도 해당 수준을 유지하고 있었다. 여전히 아이들은 별도의 특수교육이나 다른 도움 없이도 일반 학급에서 구별이 되지 않는 상태였다. 로바스 연구를 읽고 난 뒤 나는 ABA가 루카스를 도와줄 최적의 방법이라고 확신했다. 아이에게 최상의 치료를 찾아주는 것은 내게 가장 중요한 일이었다. 어떠한 다른 신체 질환이라도, 예를 들면 백혈병 같은 질환에 걸렸다고 해도 마찬가지였으리라. 설사 치료 가능성이 낮다고 하더라도 루카스에게 평범한 삶을 가져다 줄 확률이 가장 높은 치료법이라면, 나는 주저 없이 그 치료법을 선택했을 것이다.

현재 ABA에 대한 연구는 로바스 연구를 넘어 훨씬 심도 있게 진행되고 있다. ABA 기법을 적용하여 아이들을 가르친 지 한 세대가 지나

---

* ABA 치료는 무조건 주당 40시간 이상 받아야 한다는 부모들의 오해가 기인된 부분이다. 당시 UCLA 교수였던 로바스 박사는 훈련받은 학생들을 아동의 가정으로 파견하여 주당 40시간씩 2년에 걸쳐 중재를 실시했는데, 여기에는 학습뿐만 아니라 문제행동의 수정, 식사, 배변, 옷 입기, 자조 기술, 사회성도 모두 포함되어 있었고, 당연히 부모 역시 치료팀에 포함되었다. 이 연구의 의의는 교육불능이라고 여겼던 자폐인들도 학습이 가능하다는 점, 그리고 그 교육이 조기에 집중 실시될수록 더욱 효과적임을 증명하여, 이후 조기집중 행동 중재 프로그램의 근간이 되었다는 점이다. 그러므로 단순히 산술적인 치료 시간만을 따지기보다는 조기 진단, 집중적인 행동 중재, 가족 참여, 치료의 일관성 등을 고려하는 것이 바람직한 치료방향이라 하겠다.

는 동안 ABA야말로 자폐 아동을 가르치는 최고의 도구임을 증명하는 수백 편의 논문들이 쏟아져 나왔다. 사실상, 연구로 입증된 자폐 아동 치료법 중 그 어느 것도 ABA의 치료 성공률에 견줄 만한 것은 없다. 제이콥슨(Jacobson), 물릭(Mulick), 그린(Green)은 1998년 연구에서, 로바스식 ABA가 단기적으로는 고비용이지만 장기적으로는 오히려 비용 대비 효율적이라는 결과를 발표했다. 인지와 성격이 형성되는 아동기에 ABA가 집중적으로 사용되면 학령기 이후 성인기까지 치료가 필요할 가능성은 오히려 줄어들 수 있음을 보여주었다.

하지만 불행히도, 자폐 아동이 항상 훌륭한 치료를 받는 것은 아니다. 진단은 의료 전문가에게 받을 수 있지만 자폐의 치료를 담당하는 것은 대개 교육 전문가이다. 그들은 무엇이 비용 대비 효율적인지, 무엇이 적절한 치료법인지를 스스로 정한다. 설사 그 치료법이 최고의 성공률을 보이지 않더라도 말이다.

루카스의 상황이 그랬다. 미국의 경우, 자폐 아동에게는 '적절한 무상 공교육(Free Appropriate Public Education, FAPE)'*을 받을 권리가 주어지지만, 누군가 내게 설명해준 것처럼 루카스가 받은 것은 '최고급 자동차'급 교육 서비스가 아닌 그저 낡은 소형차급 교육일 뿐이었다.

---

* 현 미국의 장애인교육법(Individual with Disabilities Education Act, 약어 IDEA, 1990년 제정. 우리나라 '장애인 등에 대한 특수교육법'에 해당)의 전신인 전장애교육법(미공법 94-142, 1975년 제정)은 장애인 권리옹호를 위한 끊임없는 투쟁의 역사이며, 이 법을 근거로 장애 유무와 정도에 관계없이 장애 아동의 공교육에 대한 권리를 보장받기 시작했다. 이 법에서 제시한 6가지 원칙이 무상의 적절한 공교육, 차별 없는 평가, 개별화된 교육, 최소 제한 환경, 적법 절차, 부모 참여이다.

주당 40시간의 1:1 ABA 치료를 3년간 받으려면 비용이 정말 많이 든다. 많은 교육기관이 그렇게 높은 비용은 들이지 말라고 권고하면서, 언어치료, 작업치료, 절충형 특수교육 프로그램과 같은 다른 치료들도 '적절한' 치료라고 여긴다.

아들의 미래가 풍전등화였지만, '최고'라는 단어는 (적어도 교육 전문가 앞에서만이라도) 머릿속에서 지우라는 소리만 들었다.

나는 루카스에게 ABA 프로그램이라는 최선의 기회를 주고 싶었다. 나는 세 치료사에게 루카스의 치료를 맡기면서 한편으로는 로바스 사무소로부터 컨설턴트를 한 명 섭외하여, 한 달에 한 번씩 우리 집을 방문하여 나와 치료사들을 훈련시킬 수 있도록 했다.

그 덕분에 루카스는 조금씩 발전했다. 나 역시 마찬가지였다. 그러는 가운데 또 다른 방식의 ABA가 아이에게 보다 도움이 될 수 있다는 사실을 알게 되었다. 이 책에 담은 주된 내용이다. 바로 언어행동분석(The Verbal Behavior Approach)이다.

언어행동분석이란?

언어행동분석은 전적으로 ABA에 기반을 두지만 주로 아동이 기능 언어를 학습할 수 있도록 그 능력을 강화하는 데 초점을 둔다.

언어행동분석은 자폐나 다른 장애를 지닌 아동에게 다양한 기술, 특히 언어기술을 가르치기 위해 ABA 방법을 도입한 방식으로, 언어행동분석에서는 언어 역시 형성과 강화가 가능한 하나의 행동으로 본다. 언어행동분석은 아이가 무엇을 말하느냐 뿐만 아니라 왜 언어라는 걸 사용하느냐에 대해서도 세밀하게 초점을 맞춘다.

언어행동분석은 ABA의 기본 이론에서 파생하여 최근 10~15년 사이에 새로이 등장한, 꽤 인기 있는 접근 방식이다. 언어행동분석이 ABA 분야에서는 비교적 새로운 영역이긴 해도, 근본적으로는 ABA 이론에 기본을 두고 있을 뿐만 아니라 더 나아가 스키너(B. F. Skinner)의 1957년 저서인 《언어행동(Verbal Behavior)》의 개념에까지 그 범위가 닿아 있다.

《언어행동》은 상당히 어려운 책이다. 수십 년간 크게 주목받지 못했던 것도 아마 그 때문일 것이다. 언어행동의 진가가 다시 드러난 계기는 웨스트 미시건대(WMU)의 잭 마이클 교수와 그의 제자 마크 선드버그가 이 책에 수록된 개념을 이용하여 발달장애를 지닌 여러 아동에게 언어를 가르치면서부터였다.

언어행동분석 진단평가 초안은 1970년대 후반 웨스트 미시건대에서 제작되어 테스트되었는데, 상당 부분은 캔사스 대학의 조 스프라들린(Joe Spradlin) 박사로부터 영향을 받았다. 마크 선드버그 박사의 논문 〈수어*, 그리고 스키너의 《언어행동》을 활용한 응용행동분석 레퍼토리의 개발(Developing a Verbal Behavior Repertoire using Sign Language and Skinner's Analysis of Verbal Behavior)〉이 1980년에 발간되었고, 그로부

---

* 기존의 '수화'에 해당하는 새로운 명칭이다. 2016년 9월 한국수화언어법이 제정되면서, 언어적 측면을 강조하는 말로 공식 변경되었다.

터 20년 후, 언어행동분석은 자폐 아동에게 보편적으로 사용하는 접근법이 되었다.

자폐 아동의 부모들이 언어행동분석에 본격적인 관심을 갖게 된 계기는 1998년 선드버그 부부와 패팅턴(Partington)이 세 권의 공동 저서를 내면서부터이다. 가장 중요한 책은 《자폐 및 발달장애 아동의 언어교육(Teaching Language to Children with Autism or Other Developmental Disabilities)》이지만, 세 권 중 《언어 및 학습기술의 평가(Assessment of Basic Language and Learning Skills)》가 가장 인기가 높았다(일반적으로 ABLLS로 칭함. 발음은 '에이블스').[*]

ABLLS는 평가서와 커리큘럼으로서의 용도뿐만 아니라 기능 수준을 측정하는 용도로도 사용할 수 있는데, 아동을 잘 알고 있는 성인이 일련의 네모 칸을 작성하는 방식으로 구성되어 있다. ABLLS를 이용하여 초기 평가를 완료하려면 3~4시간 정도가 소요된다. 일단 아동이 각 영역별로 어느 수준에 위치해 있는지 평가를 완료했다면 다음은 그에 맞는 대책을 수립할 차례이다.

ABLLS는 언어행동분석에 대한 훈련을 받은 전문가에게는 매우 유용한 도구지만 ABA 배경지식이 없는 부모에게는 매우 어렵다. 예전이나 지금이나 ABLLS에 관심을 보이는 부모들은 많지만 평가 양식을 작성하는 일은 대부분의 부모들, 심지어는 전문가에게도 꽤 벅찬 수준이

---

[*] 이후 패팅턴이 개정판 ABLLS-R을 낸 반면, 선드버그는 독립하여 VB-MAPP이라는 별도의 개선된 평가 도구를 개발했다. 지금은 복잡한 ABLLS-R보다는 간결한 VB-MAPP이 선호되며, 웹 버전과 앱으로도 출시된 상태이다. www.avbpress.com 참조.

다. 평가지 작성을 포기하고 되돌려주면서 도대체 이걸 어떻게 사용하는지 모르겠다고 말하는 부모들도 많았다.

그러나 2000년 초반이 되자 이 새로운 접근법을 이해한 인력들이 충분히 배출되었고 놀라운 결과가 선(善)순환되기 시작했다.

카본, 선드버그, 패팅턴 같은 전문가들의 언어행동분석 강의를 듣기 위해 많은 자폐 아동 부모들이 먼 길을 달려 방문했다. 참석한 워크숍에서 언어행동분석을 통해 놀랍게 발전한 아동들의 동영상을 시청한 부모들은 흥분과 희망을 얻은 채 집으로 돌아갔다. ABLLS를 구입하여 자신의 아이를 어떻게 가르쳐야 하는지 배우기 시작했다. ABLLS의 새로운 접근법이 부모들 사이에서 높은 인기를 얻으면서, 기존에 엄격한 형태로 실시되던 DTT(discrete trial training, 개별시도훈련)*이나 로바스 방식의 프로그램들 상당수가 언어행동분석 접근법으로 방향을 전환했다. 아마도 자신의 아이에게 하루라도 빨리 최고의 치료 방법을 찾아주고자 갈망했던 부모들에게 직접적으로 아이의 발전 모습이 담긴 동영상을 보여주며 정보를 제공했던 것이 이 변화에 큰 힘을 발휘했다고 믿고 있다.

DTT에서는 치료사가 지시를 내리고 아동이 이에 반응함에 따라 후속 결과를 제공한다. 예를 들어 치료사가 "코 만져"라는 말에 아동이

---

* DTT는 수업 방식의 일종으로, 학습 내용의 전달을 여러 차례 시도하면서 아동이 반복 학습할 수 있게 하는 전략이다. 로바스 박사가 특히 이 전략을 적극 활용하면서 널리 알려졌다. (간혹 DTT와 ABA를 동일한 것으로 오해하는 경우도 있으나 사실이 아니다.) 한 번의 시도(trial)는 명확한 지시-올바른 행동-즉각적인 강화-잠깐의 휴식, 이 4단계로 이뤄진다. 시도가 여러 번 이뤄져도 각각의 시도는 서로 명확히 구분된다. 이에 개별(discrete)이라는 말이 사용되었다.

자기 코를 만지면 아동에게 보상으로 과자(또는 아이가 좋아하는 다른 물건)를 준다. 언어행동분석에서도 지시, 반응, 후속 결과의 원리는 동일하다. 하지만 접근 방식에는 차이가 있다.

패팅턴과 선드버그가 책을 저술하면서 스키너의 책 《언어행동》을 보다 일반적인 어휘와 쉬운 내용으로 바꾼 것이 도움되기는 했지만, 그래도 부모들은 여전히 어려움을 호소했다. 언어행동분석에 대한 오해는 극단을 달린다. 한편으로는 말을 못하는 아동에게만 유용하다고도 하고, 반대로 말을 할 줄 아는 아동에게만 유용하다는 오해도 있다.

물론 둘 다 사실이 아니다. 언어행동분석은 포인팅, 수어, 글자, 제스처에 이르기까지 모든 형태의 비언어 의사소통 수단, 심지어는 분노발작까지도 의사소통 수단에 포함시킨다. 언어행동분석은 의사소통이 아직 불가능한 아동이라면 발화 여부와는 상관없이 누구에게나 잘 활용될 수 있는데, 여기서 오해가 기인된 듯하다. 언어행동분석은 발달지연을 보이는 사실상 모든 사람들에게 효과적인 방법이다. 언어행동분석의 대상이 주로 아동이긴 해도, 이 책에 소개된 기술은 의사소통이 어려운 성인에게도 똑같이 효과적이다.

언어 향상과 문제행동 감소

언어행동분석은 아이가 좋아하는 물건이나 활동(이것을 '강화물'이라고 한다. 바람직한 행동을 강화하기 때문이다)을 먼저 파악하고 이를 이용하여 아동의 학습에 동기를 부여하므로, 사실상 거의 모든 상황에서 분노발작이나 문제행동을 감소시킨다.

일단 강화물 파악이 완료되면, 이제 핵심 주제는 아이가 특정한 요구를 할 수 있도록 가르치는 것이다. 스키너는 《언어행동》에서 이를 "맨드(mand, 요구하기)"*라고 정의했다. 맨드mand는 언어행동 프로그램을 구성할 때 가장 중요한 부분이다.

강화물이 준비되었다면 이제 수업을 시작할 수 있다. 언어행동분석은 아동 중심적인 방법이다. 주변 곳곳에 아동이 좋아하는 강화물을 놓아둔 상태에서 처음에는 아동에게 별도로 요구하는 것 없이 '무상으로' 강화물을 주는 것이 중요하다. 그러면 곧 아이에게 선생님은 자기가 하기 싫은 일을 시키는 사람이 아니라, 좋은 것을 주는 사람으로 인식된다. 아동의 강화물을 책상, 교사, 교실, 학습 자료와 연결시키는 소위 '연합(또는 페어링, pairing)'이라는 이 절차는 언어행동 프로그램의 시작에서 매우 핵심인 부분이다. 그리고 그 목표는 아이가 교사나 장소를 향해 달려들게 하는 것이다.

뭔가를 얻게 된 아이는 이제(말로든 손짓으로든) 그걸 달라고 요구하기 시작할 것이고, 체계적인 프로그램을 거치면서 궁극으로는 눈에 보이지 않는 것도 요구하는 수준이 된다. 아이가 강화물에 반응할 수 있게 되면 이제 아주 조금씩 학습 진도를 늘려가면서 또 다른 사물이나 활동을 요구할 수 있도록 한다. 언어행동분석은 문서 작업이 상대적으로

---

* '맨드'라는 용어가 생소하고 다소 어색해 '요구하기'로 바꿔보려고도 했으나, 영한사전에도 없는 고유한 전문용어를 대체하기란 쉽지 않았다. 앞으로 나올 택트, 에코익, 인트라버벌 등도 같은 경우이다.

적어 아이에게 더 많은 시간을 할애할 수 있고, 그래서 더 많은 학습 기회를 제공할 수 있다.

언어행동분석과 로바스 ABA 프로그램의 주된 차이점

언어행동분석과 로바스 방법의 가장 큰 차이점이라면 언어행동분석에서는 표현언어* 역시 학습이 가능한 일종의 행동으로 인식한다는 점, 그리고 단어 하나에 담긴 여러 기능들을 각각 명확히 구분해 가르칠 수 있다고 보는 점이다. 예를 들어, '공'이라는 낱말의 다양한 기능을 (말이나 손짓으로 표현하도록) 가르친다고 해보자. 공을 원할 때 이를 요구 (맨드mand)하도록 가르칠 수도 있고, 공이 그려진 그림을 보고 '공'이라고 대답하거나, 어른이 '공'이라고 말하면 따라서 '공'이라고 말하게 하거나, '공'을 만져보라는 지시에 공을 만지고, 공에 대해 질문을 던지면 이에 대답하도록 가르칠 수도 있을 것이다.**

로바스 프로그램에서는 표현언어를 보다 인지적인 것으로 간주했기 때문에, 무발화 아동에게는 프로그램 초반부터 직접 표현언어를 가르

---

* 표현언어란 자신의 생각을 말로 표현할 수 있는 능력을 뜻한다. 언어재활에서는 아동의 언어능력을 흔히 수용언어와 표현언어로 구분하는데, 표현언어가 말하는 능력인 반면, 수용언어는 상대방의 말을 알아듣는 능력을 말한다.

** 사과를 보고 "사과"라고 말할 줄 아는데도 정작 사과를 먹고 싶을 때는 말로 표현을 못하고 엄마 손을 잡고 냉장고로 끌고 가는 자폐 아동을 보면, 단어 하나에도 여러 기능이 담겨 있다는 사실을 실감할 수 있다.

치지 않는다. 로바스 프로그램에서는 무발화 아동에게 의사소통에 사용할 만한 대안을 제공하지 않고, 모방이나 매칭(matching, 짝맞추기)처럼 언어가 불필요한 지시 따르기 과제를 먼저 시킨다. 지시 따르기가 완료된 뒤에도 아동이 여전히 무발화 상태에 머물면 간혹 PECS(Picture Exchange Communication System, 그림 교환 의사소통 시스템)'를 활용하기는 하지만, 그럼에도 수어(sign language)를 가르치는 경우는 매우 드물다. 기존의 DTT는, 적어도 치료 초기 몇 달간은, 단어 하나에 담겨 있는 다양한 기능을 중시하지 않는다.

언어행동분석을 배우지 않은 치료사들은 흔히 언어를 수용언어(receptive language)와 표현언어(expressive language)로 나눈다. 여러분은 아마 '아이의 수용언어 수준은 2.1세 수준이고 표현언어는 15개월 수준'이라는 식의 발달평가를 받은 경험이 있을 것이다. 아이가 "공", "고양이", "엄마"라고 하는 말을 듣긴 했지만 그 빈도가 현저히 낮을 수도 있다. 물론 이러한 정보를 통해 아이의 수준이 어느 정도인지 가늠해볼 수는 있지만, 구체적으로 어느 영역에서 어떤 기술을 아이에게 가르쳐야 하는지에 대한 정보로 삼기에는 사실상 부족하다.

만일 아이가 무발화라면 언어행동분석에서는 즉시 수어 같은 대안을 가르쳐, 자기가 원하거나 필요한 것에 대해 표현할 수 있도록 한다.*

---

* 우리나라 ABA에서는 수어를 활용하는 경우가 극히 드물다. 심지어 PECS를 사용하는 것도 아동의 언어 발달에 방해가 된다는 이유로 거부하거나 꺼리는 부모가 많다. 그러나 수어나 PECS가 아동에게 의사소통 개념을 가르쳐 문제행동을 예방하고, 궁극으로는 언어 발달도 촉진시킨다는 것이 연구 결과이다. 수어를 포함한 무발화 아동의 언어향상과 개선 전략은 6장을 참조할 수 있다.

뭔가를 요구할 수 있는 능력(맨드mand)이 이 프로그램의 최우선 과제이기 때문이다.

무발화 아동에게 어떻게든 '맨드mand'할 수 있는 방법을 가르치는 것은 이 프로그램을 지속하기 위한 필수 불가결한 요소이다.

DTT(개별시도훈련)에서는 아동이 지시를 잘 따르거나 모방과 매칭 같은 수용언어 기술을 잘 수행할 때 보상하는 반면, 언어행동분석에서는 요구하기(requesting), 명명하기(labeling), 빈 칸 채워 번갈아 노래 부르기, 의사소통하기 등과 같은 표현언어 기술을 가르치는 데 더 많은 시간을 할애한다.

두 가지 접근 방법이 모두 효과적이었지만, 개인적인 임상 경험상 아동이나 전문가 모두 언어행동분석을 좀 더 잘 수용하는 편이었다. 세상 모든 프로그램이 다 그렇듯 DTT와 언어행동분석에도 한편으로는 좋은 프로그램과 훌륭한 치료사가 있지만, 다른 한편으로는 의도와 달리 심각한 오류를 지닌 프로그램도 있기 마련이다. 이 책의 의도가 자폐 공동체나 ABA의 세계를 분열시키려는 목적은 결코 아니다. 바라건대 이 책이 언어행동분석의 길잡이가 되어 부모나 전문가 모두가 언어행동분석에 대한 기초 정보를 얻고, 그중 일부는 즉시 활용해볼 수 있었으면 한다.

나는 자폐 아동을 대상으로 획기적인 연구 업적을 이뤄낸 로바스 박사에게 우리 모두 빚을 지고 있다고 믿는다. 로바스 박사는 자폐 아동들에게도 무언가를 가르칠 수 있다는 희망을 주었고 그 학습에 필요한 기본적인 토대를 만들었다. 동기화 조작(motivation), 요구하기(맨드

mand), 언어 기능(verbal operants), 무오류 학습(errorless teaching), 강화 이론(reinforcement) 등 지난 수십 년에 걸친 연구 성과들은 모두 로바스 연구의 연장선상에 있다.

일부 비평가들은 1987년 로바스 박사처럼 대규모 통제 집단 연구가 언어행동분석에서는 실시된 적이 없음을 지적하면서, 자폐 아동들에게는 엄격한 로바스 방식만을 계속 적용하고 언어행동분석은 멀리해야 한다고 주장한다. 하지만 이런 대규모 비교연구 결과가 나올 때까지 5년, 10년, 또는 20년을 기다리는 것은 너무나도 비생산적이다. 언어행동분석이 전적으로 과학적인 연구에 기반을 두고 있으며 자폐 아동들에게 효과적이라는 사실은 이미 수많은 단일 대상 연구와 집단 연구에서 증명되었다. 나는 언어행동분석 활용에 더는 망설일 필요가 없다고 생각한다. 부모나 전문가에게 필요한 것은 우리 아이들을 도울 수 있는 최신 연구 정보이기 때문이다.

언어행동분석을 사용해야 하는 이유

아직 언어행동분석이 적용되고 있지 않은 교실이나 가정으로 컨설팅을 나가보면 몇 가지 흔한 오류가 금방 눈에 띈다. 가장 흔한 오류는, 제대로 자격을 갖춘 전문가로부터 임상 감독을 받는 프로그램이 드물다는 사실이다. 좋은 의도를 지니고 아이들을 위해 최선을 다하는 사람들이 있지만, 그들도 치명적인 실수를 저지를 때가 있다. 예를 들어,

책상에서 DTT(개별시도훈련)를 하던 중 아이가 울거나 분노발작을 보이면 당황한 나머지, 아이가 칭얼거리며 우는 소리는 무시한 채 퍼즐을 맞추기 시작했다는 이유만으로 보상을 주는 전문가와 부모도 있었다. 이렇게 되면 이 보상은 실제로는 칭얼거림이라는 아이의 부정적인 행동을 더 굳어지게 할 뿐이다.

과제가 너무 어렵고 수업 시간도 긴데 강화는 별로 주지 않는 경우도 많았다. 무발화 아동에게 수용언어나 매칭기술이나 모방 기술은 가르치면서도 표현언어는 소홀히 하여, 오랫동안 무발화 상태로 지내는 경우도 보았다.

행동분석 외의 프로그램 중에는 훨씬 더 해로운 것도 많았다. 얼핏 보면 아이도 만족하는 듯 보인다. 하지만 아동에게 어떻게 의사소통 방법을 가르쳐줄지, 또 어떤 기능을 목표로 정하여 가르칠지에 대해 깊이 이해하고 있지 못하면, 아이가 자발적으로 배울 수 있는 기회도, 아이의 언어가 발전할 기회도 모두 사라지고 만다.

행동분석이 아닌 기존의 절충적인 치료 환경에서는 아이에게 조사, 시제, 인칭과 같은 복잡한 기술들을 가르칠 뿐이다. 한 번은 두 살짜리 무발화 아동에게 대명사(내 차례와 네 차례)와 전치사(상자 위와 안)를 가르치는 걸 본 적도 있다. 말은커녕 의사표현도 어려운 아이인데 "블록 조각 더 주세요"라는 말을 하도록 가르치기도 했다. 이런 환경에서 성공을 바랄 수는 없다. 행동분석 외의 프로그램은 데이터를 기록하는 경우도 드물어 행동변화를 측정하기도 어렵고, 진전도 없게 된다.

언어행동분석으로 전환하기

로바스 방식의 ABA 치료법은 루카스에게 매우 성공적이었다. 그렇게 아침부터 저녁까지 주당 35시간씩 이 치료를 시행한 지 6개월쯤 지났을 무렵, 한 친구가 자폐 아동을 대상으로 언어행동분석을 실시했다는 빈센트 카본 박사의 컨퍼런스에 다녀왔다. 친구의 설명을 듣고 나서 나는 DTT 프로그램을 언어행동분석으로 전환하기 시작했다.

DTT 경험이 언어행동분석으로 전환하는 데 큰 이점이 되었다는 사실을 나는 잘 알고 있었다. 로바스 사무소의 컨설턴트였던 콜린 클라인(Colleen Kline) 덕택에 나는 촉구(prompting), 촉구 줄이기(fading), 데이터 수집(data collection), 강화(reinforcement) 같은 복잡한 내용을 이미 이해하고 있는 상태였다. 언어행동분석을 접했던 2000년, 나는 치료 에이전시를 바꾸고, 뉴저지에 있는 럿거스(Rutgers) 대학의 자폐 프로그램으로부터 컨설팅을 받기 시작했다. 그즈음이 바로 내가 언어행동분석을 배우기 시작한 시점이었다.

이미 언급했던 것처럼, 언어행동분석은 ABA의 한 분야이면서도 표준 DTT 프로그램보다 임상에 적용하기는 더 쉬운 편이다. 예를 들어, 자연스러운 기법을 즐겨 사용하는 언어재활사들은 종종 부모들에게 DTT를 멀리하라고 하지만, 언어행동분석에서만큼은 그들 역시 직접 치료에 쉽게 적용하여 사용한다. 물론 용어 자체는 언어재활사들에게는 생소할지 모르지만 언어행동분석 치료법은 전통적인 DTT 치료에 비해 훨씬 쉽게 적용이 가능하다.

그렇다고 언어행동분석 프로그램의 실시가 마냥 쉽다는 뜻은 아니다. 사실 언어행동분석은 아주 복잡하다. 더욱이 치료사를 훈련시키고 아이의 발달 상황에 맞게 프로그램을 수정하거나 업데이트하려면 경험 많은 행동분석 전문가가 반드시 필요하다.

이미 자폐 치료에 큰 금전 부담을 지고 있는 가족들은 이렇게 전문가를 고용할 엄두가 나지 않을 것이다. 비록 치료사를 훈련시키고 최신 프로그램으로 업데이트하려면 언어행동분석에 능통한 행동분석 전문가가 필요하겠지만, 우선은 아주 간단한 프로그램을 직접 시작해보고 그 결과를 지켜보는 것이 어떨까 한다. 그럼 언어행동분석이 내 아이에게 잘 들어맞을지 판단하는 데도 도움이 되고, 행동분석 전문가 없이도 일단은 언어행동분석을 시작할 수 있을 것이다.

관련 정보는 많아졌지만 언어행동분석은 꽤 복잡하고 이해하기도 쉽지 않다. 사실, 공부를 시작한지 몇 년이 흘러 행동분석 전문가 자격도 따고 난 뒤 깨달은 사실이지만, 절차를 보다 단순한 단계로 쪼개고 나누면 부모나 전문가들도 자폐나 발달장애 아이에게 어떻게 언어행동분석 프로그램을 적용할 수 있을지 명확히 이해할 수 있다.

언어행동이 새로운 개념이긴 해도 일시적인 유행은 아니다. 이 역시 과학에 기반을 두고 있으며 스키너의 ABA 학습이론에 모두 부합할 뿐만 아니라 그의 책《언어행동》까지 포함되어 있어, 그 이론이 훨씬 확장된 상태이다.

나는 이제는 행동분석 전문가의 신분으로 교실에 참여하여 3살가량
의 아주 어린 유치원생들을 위한 ABA/언어행동분석 프로그램도 계획
한다. 8개월 된 자신의 아이가 자폐로 의심된다는 부모님들을 위해 개
인적으로 진단평가를 실시하기도 하고 그들에게 언어행동분석을 이용
하여 아이를 가르쳐보라는 조언도 할 수 있게 되었다. 내가 주로 권하
는 전략은, 아이를 참여시키고 아이의 주변 환경을 풍부하게 만들어주
는 것, 그리고 아이의 학습 강화를 위해 아이가 좋아하는 것들을 찾아
보라는 것이었다. 그러니 이 책에 제시된 여러 가지 방법들을 이용하
여 언제든 시작해보자. 늦었다고 생각할 때가 가장 빠른 때이다.

물론 나는 열 살, 열 다섯 살, 스무 살의 아동과 청년들을 대상으로도
이 새로운 방식의 ABA 기법을 사용하여 효과를 거둘 수 있도록 프로
그램을 개발하고 있다.

BCBA이면서 열 살짜리 자폐아를 아들로 두고 있는 엄마의 입장에
서, 언어행동분석은 자폐나 다운증후군 등의 발달장애를 지닌 무발화
아동들에게 그야말로 최고의 접근법이 아닐까 한다. 언어행동분석이
여전히 행동주의 접근법이긴 하지만, 아이 스스로 동기부여가 될 만한
것을 찾아 이를 활용하여 스스로 배울 수 있도록 이끌어주는 방법이
다. 아이의 의사소통 능력을 기능 단위로 아주 잘게 쪼개기 때문에, 아
이의 언어 수준을 평가하고 프로그램을 짜는 데도 매우 편리하다. 언
어와 행동은 마치 동전의 양면처럼 동시에 다뤄진다.

자연스러운 상황에서 요청하기(맨드mand)나 일반 기능을 가르치
는 것 외에도, 언어행동 프로그램은 궁극적으로 테이블 위 학습에 많

은 시간을 할애하여 충분히 반복학습을 실시한다. 언어행동분석 역시 DTT를 실시하기는 하지만, 최종으로는 언어행동분석의 좋은 요소를 모두 결합하여 다양한 장소에서 응용할 수 있게 한다. 그래서 집에서든 식당에서든 상점에서든 아이에게 직접 적용해볼 수 있다. 치료사나 전문가들이 아이에게 행하는 치료 방법은 결국 엄마가 집에서 직접 실시하는 것과 동일한 방법인 것이다.

아이와 함께 생활하는 사람이라면 누구든 동일한 강화물과 동일한 학습목표를 가지고 동일한 기준에 따라 중재에 임해야 한다. 그래야만 아이가 발전할 수 있고, 또 실제로도 발전하기 때문이다.

언어행동분석에는 아이의 발전을 기록하고 모니터하는 방법이 있어, 아이의 발전에 따라 목표행동이나 프로그램을 언제 전환해야 하는 지 알 수 있다. 기록방법이 그다지 복잡한 것도 아니니, 여전히 많은 시간을 아이에게 할애할 수 있다.

이 책에는 ABA와 언어행동분석의 요소들이 훨씬 더 자세히 담겨 있으므로 누구나 이를 활용하여 전략을 세우고 프로그램 효과를 향상시킬 수 있다. 이 책은 치료를 시작하거나 새로운 방향으로 전환하려는 부모들을 돕기 위해 쓰였다. 이제 막 학습을 시작하는 아이들, 그리고 문제행동이 있는 아이들의 부모에게 좋은 자료가 되어줄 것이다. 바라건대 전문가와 부모 모두 ABA와 언어행동분석에 대한 지식을 넓혀, 아이들을 보다 효과적으로 도울 수 있기를 바란다.

자, 이제 시작해보자.

◀ 2장 ▶

ABA의 ABC

세 살짜리 조니는 다루기 힘든 아이다. 외출을 하면 뭔가 마음에 들지 않을 때마다 형을 깨물거나 땅바닥에 뒹군다. 말하는 단어는 다섯 개쯤 되는데 적절하게 사용하는 법은 모르고 앵무새처럼 끊임없이 반복하기만 한다.

조니는 자폐 진단을 받은 아이다. 부모는 좌절감을 느꼈다.

사실, 좌절한 건 조니도 마찬가지다.

조니는 아는 단어도 몇 개 있지만 그걸 어떻게 사용해야 자기가 원하는 걸 얻을 수 있는지 잘 모른다. 그래서 비참하다.

이 아이의 문제행동을 해결할 방법을 부모는 모른다. 조니에게 어떻게든 뭐라도 가르칠 방법은 더더욱 모른다.

대개 부모들이 사용하는 무기는 타임아웃(time out), 셋까지 세기, 위협하기, 소리 지르기, 안 된다는 말, 뇌물공여('차에 타면 사탕 줄게, 응?'),

상황으로부터 격리하기 등이고, 그러고 나면 아이의 행동은(심지어 일반 아동조차도) 당황스럽게도 행동이 개선되지 않거나 또는 더 악화되어 있다.

이런 문제행동의 원인은 무엇일까? 아이들에게는 문제행동이 곧 의사소통의 수단이기 때문이다. 그러므로 아이들의 언어(즉, 행동)를 이해할 수 있다면 문제행동은 줄이고 바람직한 행동은 증가시킬 수 있다.

ABC만큼이나 쉽다. 이것이 바로 ABA의 ABC(기초)다.

치료를 실시하기에 앞서 아이의 행동이 지닌 기능*을 알아낼 수 있어야 한다. 아이는 무엇을 얘기하고자 하는가? 만일 아이의 행동이 지닌 기능을 분석할 수만 있다면, 당신은 이내 그 행동을 통제할 수 있게 될 것이다.

예를 들어보자. 만일 당신이 아이와 즐거운 하루를 보내는 동안 아이의 문제행동이 전혀 일어나지 않으면 내가 당신에게 1,000달러를 준다고 하자. 어떻게 하면 성공할 수 있을까?

아마 하루 내내 아이가 좋아하는 것만 시킨다면 성공 확률이 높을 것이다. 온종일 컴퓨터 게임을 시키거나 좋아하는 비디오를 계속 보여줄 수도 있다. 패스트푸드와 음료수를 배 터지도록 먹는 동안 누구의

---

* '기능적'이다라는 말은 그 물건이 쓸모 있고 편리하다는 뜻이다. 아동이 문제행동을 일으키는 이유도, 그 방법이 쓸모 있고 편리하기 때문이다. 문제행동을 통해 얻으려고 하는 것, 바로 그것을 문제행동의 '기능'이라고 한다. 문제행동의 중재 원리는 단순하다. 문제행동을 쓸모 없고 불편하게 만드는 것이다. 대신 바람직한 사회적 행동이 통용되도록 가르친다. 그런 점에서 ABA은 일상의 쓸모(기능)에 대한 실용 학문이라 하겠다.

방해도 없이 좋아하는 사람들과 지내게 하면 된다.

원하는 건 모두 들어주지만 아이가 하고 싶지 않은 일은 전혀 시키지 않는다. 신발을 신지 않아도 되고, 저녁 식탁에 앉지 않아도 되며, 손을 씻을 필요도 없다. 아이가 좋아하는 것만을 정확히 제공하고 아무 요구도 하지 않으면서 하루를 보내면 1,000달러는 당신 것이 된다.

바로 이 부분이 ABA와 언어행동분석의 핵심이다. 아이의 욕구는 충족시키고 요구 사항은 없는, 바로 그 지점에서 출발한다. 그렇다고 걱정할 필요는 없다. 이 출발점에 오래 머물러 있지는 않을 것이다. 수많은 부모와 전문가들이 이 출발점을 무시했다가 본인은 물론 아이에게도 처참한 결과를 얻었다.

물론 하루 종일 강화만 주고 요구는 하지 않는다는 건 사실상 불가능하다. 그러나 만일 아이가 컴퓨터는 좋아하고 수학은 싫어한다면, 적어도 우선은 컴퓨터 이용에서 출발하는 편이 더 빨리 바람직한 행동을 얻을 수 있는 방법임을 명심하길 바란다. 일단 아이가 컴퓨터를 즐기게 되면 어렵지 않게 수학을 시킬 수도 있다.

대부분의 행동분석가들은 아이의 문제행동이 언제 발생하는지 알고 싶어 한다. 물론 이 또한 중요하지만, 나는 문제행동이 전혀 발생하지 않는 지점이 언제, 어디에서인지를 늘 묻는다. 그곳이 출발점이기 때문이다.

자폐 아동들은 문제행동을 사실상 언어처럼 사용하므로, 당신이 그들의 언어를 이해할 수 있어야만 비로소 아이들도 당신의 언어를 사용하기 시작할 것이다.

무는 행동을 예로 들어보자.

조니가 누굴 문다면, 조니가 왜 그러는지 살펴볼 필요가 있다. 물어서 조니가 얻게 되는 대가는 무엇일까?

가끔은 조니가 뭘 갖고는 싶은데 달라는 말을 할 줄 모르니 무는 것일지도 모른다. 또 어떤 때는 신발을 벗으라거나 외투를 걸어두라는 간단한 과제조차 하기 싫어서 깨물 수도 있다.

이때 조니의 무는 행동에는 서로 다른 두 기능이 있다. 하나는 원하는 것을 얻기 위해서고, 또 하나는 싫은 것으로부터 도망가기 위해서이다.

무는 행동은 동일하지만 대응 방법은 서로 달라야 할 필요가 있다. 사람들은 보통 물거나 소리를 지르면 늘 똑같은 방법으로 대응을 한다. 조니가 누굴 깨물면 2분간 타임아웃을 시킨다,는 식으로 말이다.

그러나 조니가 무는 이유를 가만히 살펴보면, 어떤 때는 이 타임아웃이 오히려 하기 싫은 일로부터 도망치려는 조니에게 정확히 원하는 것을 제공하는 셈임을 알 수 있다.

설사 조니가 끝까지 과제를 완료하게 시킨다고 해도, 무는 동안만큼 과제가 지연되기 때문에 여전히 조니의 무는 행동은 강화된다. 과제에서 벗어나거나 지연시키기 위해 조니가 무는 행동을 계속하는 이유는 간단하다. 그러면 효과가 있기 때문이다.

당신에게 소리를 지르고 깨무는 아이가 있다면, 당신 역시 아이의 행동을 통제하여 뭔가를 가르치고 싶을 것이다.

쉬워 보이진 않겠지만 걱정할 필요는 없다. 이 장에서는 문제행동의 원인을 어떻게 추적할지, 그리고 문제행동을 줄이기 위해 어떻게 과학적인 방법을 적용할지 알려줄 것이다.

이 장을 읽는 동안 한 가지만 기억해주기 바란다. 행동 법칙은 중력 법칙만큼이나 확실하다. 강화하는 만큼 행동은 늘어나고, 문제행동이 일어났을 때 강화를 중단하거나 벌을 주면 행동은 줄어들 것이다.

아주 심각한 문제행동이나 자해 또는 타해와 같은 문제행동을 다룰 경우에는 먼저 자폐에 경험이 있는 행동분석 전문가(BCBA)와 상담하고, 그의 도움을 받아 기능행동 평가와 행동 중재 계획을 실시하기 바란다. 확신이 서지 않으면 이 책을 읽는 것 외에도 전문가의 도움을 받아야 한다.

하지만 분노발작이나 때리기, 꼬집기, 발로 차기, 깨물기 같은 소소한 문제행동이라면(특히 아이가 작고 어려서 혼자 다룰 수 있다면), 전문가를 고용할 필요 없이 스스로 평가를 실시하고 행동 계획을 세워 중재를 실시할 수도 있다. 그럴 때 이 책은 일단 시작이라도 하려는 당신에게 무엇이 필요한지 알려줄 길잡이가 될 것이다.

ABC 배우기

가장 먼저 알아야 할 사항은 모든 행동에는 세 가지 요소가 있다는 점이다. 첫 번째 요소는 선행 사건(antecedent, A)으로, 행동이 일어나기 직전에 발생한 사건을 뜻한다.

조니에게 외투를 걸어두라고 지시했다면 이것이 선행 사건이다.

행동(behavior, B)은 선행 사건이 발생한 뒤 일어난 일이다. 조니에게 외투를 걸어두라고 지시하자(A), 조니는 땅바닥에 드러누워 팔다리를 휘젓는다(B).

조니의 행동에 대한 후속 결과(consequence, C)로 당신은 조니를 타임아웃시키고 외투는 직접 집어 걸었다.

나중에 비슷한 선행 사건이 일어났을 때 어떻게 조니가 대응할지를 결정짓는 요소는 바로 C(후속 결과)이다. 이 간단한 사례에서 조니가 분노발작을 일으킨 이유는 명확하다. 외투를 걸고 싶지 않았던 것이다. 그리고 당신이 취한 조치로 인해 실제로 외투를 걸지 않아도 되었으므로 조니는 원하는 것을 얻은 셈이다.

이 사례에서 묘사된 것이 바로 소위 '3요인 수반성(three-term contingency)'이라는 원리이다. 어떤 행동이든 모두 A, B, C로 쪼갤 수 있다.

행동은 예술이 아니다. ABA라는 이름의 과학이다. 쿠퍼(Cooper), 헤론(Heron), 휴워드(Heward)의 정의(1987)처럼, 행동의 원리에서 얻은 중재 절차를 체계적으로 적용하여 사회적으로 중요한 행동을 향상시키는 과학이다.

하지만 ABA에 대한 깊은 지식이 있어야만 아이의 문제행동을 다루고 교육을 시킬 수 있는 건 아니다.

간단히 말하면 ABA는 행동을 변화시키는 과학이다. 누구든 일상에서 3요인 수반성을 적용해볼 수 있다.

"안녕? 네 이름이 뭐니?"라고 묻자 "제 이름은 매튜예요"라고 답한 아이에게 "만나서 반갑구나, 매튜야"라고 했다면, 이것이 바로 3요인 수반성이다.

이름을 묻는 질문이 선행 사건이고, 매튜의 대답이 행동이었으며, 만나서 반갑다는 칭찬은 바로 후속 결과이다.

선행 사건이란 어떠한 행동 직전에 발생하는 일을 뜻한다. 행동은 바람직한 것일 수도 있고 부정적인 것일 수도 있다. 후속 결과 역시 긍정적일 수도, 부정적일 수도 있다.

긍정적인 3요인 수반성을 예로 들면, 아이에게 코를 만지라고 지시하자(A) 아이가 코를 만지고(B) 댓가로 과자를 얻는다(C).

부정적인 예를 들면, "퍼즐하자"라고 말하자(A) 아이가 땅바닥에 드러누워 소리를 지르고(B) 부모가 지시를 철회하면서 "알았어, 지금은 퍼즐하기 싫은 거구나"라고 말한다(C).

여기서 후속 결과는 과제의 철회이다. 처음의 예에서 아이는 좋아하는 과자를 얻을 수 있으니 같은 지시를 반복하더라도 따를 것이다. 하지만 두 번째 예에서 아이는 땅바닥에 누워 소리를 지름으로써 지시가 철회되었음을 배웠을 것이다. 바로 그것이 아이의 문제행동이 증가하게 된 이유이다.

데이터를 자세히 수집하기

무엇보다 앞서 필요한 것은 아이의 행동에 대한 데이터를 수집하는 일이다.

우선 비명 지르기, 물기, 차기와 같은 고질적인 문제행동을 한두 개 고르고 이 행동을 하루에 또는 한 시간에 몇 번이나 하는지 측정할 필요가 있다. 그래야 어디서부터 시작할지 알 수 있기 때문이다. 며칠에 걸쳐 이렇게 기초적인 발생률을 측정하면서 동시에 이 행동들이 갖고 있는 기능을 파악할 필요가 있다.

기능 파악을 위해 우선 A4지 한 장을 가져다가 세로로 여섯 칸짜리의 표를 하나 만든다(51페이지의 ABC '샘플 기록지' 참조). 왼쪽에서 첫 번째 칸에는 문제행동이 일어나는 날짜와 시간을 기록한다. 이 칸은 문제행동이 얼마나 자주 일어나는지, 하루 중 어떤 특정한 시간에 일어나는지 추적할 수 있도록 해준다.

두 번째 칸에는 '치료실' '운동장' 'TV 시청 중'과 같이 장소나 상황을 기록한다. 세 번째 칸은 선행 사건으로, 문제행동 직전에 발생한 지시나 활동을 기록한다. '외투 걸어' 'TV 꺼' 같은 간단한 지시 사항도 선행 사건이 될 수 있다.

네 번째 칸에는 행동을 기록한다. 나중에 아이가 어떻게 개선되었는지 알 수 있으려면 이 칸을 아주 상세하게 적어야 한다. '분노발작'과 같은 일반적인 말로 적지 말고 아이가 깨물었다거나, 물려고 시도하다가 바닥에 누워 뒹굴었다는 식으로 기록한다. 발로 차고 울며 비명을 질렀다는 식으로 여러 행동을 동시에 보였을 수도 있다.

세세하게 기록하는 게 중요하다. 예를 들어 아이가 발로 차는 행동을 했다면 그 횟수는 얼마인지, 그리고 어떤 행동을 정확하게 '차는 행동'으로 정의했는지를 기록해야 한다.

▶ ABC 샘플 기록지 ◀

날짜/시간	장소/상황	선행 사건(A)	행동(B)	후속 결과(C)	기능?
9/14, 9:15 a.m.	마트/과자통로	사탕을 보고 달라고 함	비명 지름/바닥을 굴러다님	사탕을 줌	관심/획득
9/15, 5:00 p.m.	저녁식사	식탁에 와서 밥 먹으라고 부름	"싫어"라고 소리 지름	혼자 밥 먹게 함	도피
9/15, 8:00 p.m.	목욕시간	"목욕하자"	"싫어"라고 하면서 바닥에 뒹굼	아이를 들어 욕조에 넣음	도피
9/15, 9:00 p.m.	취침시간	잠들 때까지 10분간 혼자 둠	벽을 발로 참	무시하자 잠들었음	자기자극

기록하는 방법에 옳고 그름은 없다. 행동을 어떻게 묘사하기로 했는지가 중요할 뿐이다. 만약 '차는 행동'을 '자기 발을 앞으로 쭉 뻗어 물건에 닿는 동작'이라고 정의했다면 그것이 바로 당신이 측정하기로 한 대상행동이 된다.

이렇게 상세하게 기록을 하려면 아무래도 측정하려는 행동을 정확히 정의할 필요가 생긴다.

예를 들어 비명 지르기를 측정한다면 얼마나 오랫동안, 얼마나 큰 목소리로 지른 비명을 계산에 넣을지 결정해야 한다. 3초 이상 지속되는 비명만 기록하기로 할 수도 있고 땅바닥에 구를 때 함께 지른 비명만 포함시킬 수도 있다. 아이의 문제행동이 무엇인지, 그중 가장 골치 아픈 것은 또 무엇인지 당신은 이미 알고 있으니, 바로 이 지점에서 출발하면 된다.

다섯 번째 칸에는 당신이 한 행동이나 문제행동 직후에 발생한 결과를 적는다. 자리를 피했는가? 아이를 타임아웃 시켰는가? 울지 말라고 말했는가? 계속 지시를 내렸는가? 아이를 붙잡고 외투를 집어 들게 시켰는가? 이런 식으로 후속 결과 칸에 기록을 하면 된다. 설령 그릇된 방법임을 알았더라도 실제 했던 일은 일단 모두 적어야 한다. 그래야 아이의 문제행동이 어떤 기능을 지니고 있는지 파악해서 제일 마지막 칸에 적어 넣을 수 있기 때문이다.

문제행동의 기능 파악하기

처음에는 좀 힘들어 보이겠지만 ABC 데이터 기록이야말로 아이의 문제행동을 유발하는 요인은 무엇인지, 그리고 문제행동을 통해 아이가 무엇을 얻고자 하는지를 알아내는 최선의 방법이다.

이 관찰 기간은 보통 2~3일이 걸리며, 충분한 데이터를 모아야 제대로 된 중재전략을 수립할 수 있다.

처음엔 데이터를 분석해도 나타나는 기능이 명확하지 않을 수도 있다. 문제행동을 유발하는 요인이 무엇인지 보이지 않기 때문이다. 기록을 보면 아이가 좋아하는 비디오를 보다가 땅바닥에 뒹굴며 우는데 막상 누구도 아이에게 뭘 지시한 적이 없을 수도 있다. 이런 경우엔 행동의 원인이 의료 부분에 있을 수 있음을 고려해야 한다. 특히 갑작스럽게 심각한 문제행동이 발견될 경우에 더욱 그렇다. 까닭 없는 행동처럼 보이지만 어떤 아동들은 귀에 염증이 있거나 치통이 있거나 배가 아플 때 문제행동을 보일 수 있다. 행동이 의료 조건과 관련 있다면 즉시 의사에게 진찰을 받아보는 게 최선의 방법이다.

의료와 관련된 문제를 배제하고 나면 이제 데이터를 분석하여 행동의 기능을 알아낼 차례이다. ABC 기록지의 마지막 열에 해당하는 부분이다(51페이지의 ABC '샘플 기록지' 참조). 이 부분이 아마 제일 어렵겠지만, 그러나 가장 중요한 단계이다.

자폐 아동이나 성인은 행동에 대해 보통 세 가지의 기능을 가지고 있다. 하나는 무엇인가를 얻기 위해, 하나는 어딘가로부터 탈출하기 위해, 마지막은 단순히 감각자극을 찾아서이다.

뭔가를(물건이나 관심) 얻기 위해 마트 통로에서 비명을 지르거나 남을 때릴 수도 있다. ABC 데이터에 "아이가 비디오를 보고 싶어 해서 내가 안 된다고 했음"이라거나 "아이가 컴퓨터를 하는데 컴퓨터가 꺼짐"이라거나 "내가 전화를 하는 도중에 아이가 다가와 나를 때리기 시작함"이라고 적혀 있다면, 이 모든 행동은 당신의 관심을 얻거나 무언가를 얻기 위한 행동일 가능성이 높다.

이러한 기능을 설명하는 행동주의 용어는 "사회적 정적 강화"이다. 앞의 '사회적'이라는 의미는 사람이 관여되어 있다는 의미이고, 뒤에 있는 '정적 강화'는 아이가 원하는 무엇인가가 (앞 사례의 비디오 보기, 컴퓨터 하기, 관심 얻기) 문제행동의 강화물로 작용한다는 의미이다.

행동의 또 다른 기능은 과제로부터 도피이다. ABC 기록지를 분석해보니 아이에게 외투를 걸라고 요청하거나 카드나 책에 있는 사물의 이름을 말해보라고 한 뒤에 문제행동이 많이 발생되었다면, 아이는 무언가를 해야 하는 상황으로부터 도피하기 위해 행동을 활용하고 있을 가능성이 높다.

기록지를 보면 과제로부터 도피하기 위한 행동과 관심을 얻기 위한 행동이 동일하다(깨물기)는 사실을 발견할 때도 있다. 그래서 똑같아 보이는 행동이라도 서로 다른 전략을 사용해야 할 필요가 있다. 이러한 도피 기능에 해당하는 행동에 대한 용어는 "사회적 부적 강화"이다. 이 기능에도 최소한 한 명 이상이 관여되어 있다는 것이지만, 아이가 찾고 있는 강화란 그 사람이 요구하는 과제수행을 제거하는 것이다.

사회적 정적 강화와 부적 강화의 차이점을 쉽게 기억하려면, 정적 강화란 관심이나 물건처럼 어떤 무언가를 얻는 것이고, 부적 강화란 과제요구 등을 없애는 것이라고 생각하면 된다. 두 기능 모두 타인이 필요하므로(사회적), 이러한 기능은 바로 학교, 치료실, 지역사회 환경 같은 곳에서 자주 볼 수 있다.

이 책에 계속 등장하겠지만, 나는 사회적 정적 강화라는 말 대신 '관심, 획득'이라는 용어를, 사회적 부적 강화라는 말 대신 '도피'라는 용어를 사용할 것이다.

문제행동의 세 번째 기능은 감각자극이다. 아이가 자신을 무는 것은 환경으로부터 감각자극을 원하기 때문일 수 있다. 이러한 종류의 행동을 '자동 강화'라고 하는데, 이런 행동은 주변에 아무도 없고 누구도 아이와 함께 있지 않은 상태에서도 발생한다. 자기자극 행동은 아무 조건에서나 일어나기 때문에 그 기능을 파악하기가 어렵다. 아이가 머리를 흔들거나 벽에 머리를 찧거나 콧노래를 부를 수도 있다.

이러한 감각자극 행동은 아이 혼자 있거나 활동에 적극적으로 참여하고 있지 않은데도 일어나고, 또 행동이 모든 장소에서 같은 비율로 발생하는 것처럼 보이다 보니, 감각자극은 다른 기능들과는 좀 차이가 있다. 아이가 다른 사람 옆에 앉아 있을 수는 있겠지만 그 사람과 상호작용은 전혀 없고, 그저 감각자극만 추구한다.

자, 이제 당신은 어떤 행동을 다룰 것인지, 그 행동이 언제 얼마나 일어나는지, 그 행동을 다루기 위해 무엇을 했는지 잘 알고 있어야 한다.

행동 기능이 뒤섞여 있더라도 당황할 필요는 없다. 아이들은 종종 똑같은 행동으로 다른 반응을 얻으려 하기 때문이다. 다만 행동 패턴을 잘 지켜보아야 한다. 예를 들어 아이의 행동 중 75퍼센트는 관심이 원인이고 25퍼센트는 도피가 원인일 수 있다. 또는 오전 11시 30분이 아이에게 힘든 시간일 수도 있다.

행동의 기능에 따라 전략을 개발할 필요가 있다. 관심을 위한 행동의 중재 방법은 도피를 위한 행동의 중재 방법과는 다르고, 자기자극을 위한 행동은 또 다른 중재 방법을 활용해야 한다.

기능에 기반한 중재 계획 개발하기

—

이 책을 읽고 있는 당신이 행동분석가도 아니고 그렇게 될 필요도 없지만, 기능에 근거한 행동 중재 계획을 만들어볼 수는 있다(행동 중재 전략 작성에 대한 예시는 57페이지의 '기능 기반의 행동 중재 전략' 참조).

이미 ABC를 기록했으니 아이의 문제행동의 기능이 무엇인지, 그것이 하나인지 둘 또는 셋인지 확인한 셈이다.

이제 아동이 지닌 각각의 기능에 따라 별도의 전략을 세울 시점이다. 각각의 행동을 모두 다른 방법으로 다루기보다는 행동의 기능에 따라 다루는 편이 좋다.

따라서 당신에게 필요한 전략은 세 가지이다. 하나는 관심이나 물건을 얻기 위한 행동에 대한 전략이고, 또 하나는 도피행동에 대한 전략이며, 마지막 하나는 감각자극 행동에 대한 전략이다. 같은 기능의 행동은 모두 같은 방법으로 다룰 것이다. 만일 조니가 뭔가를 갖고 싶어서 소리를 지르고 깨물고 발길질을 한다면, 이 모든 행동을 동일한 방법으로 다룰 것이다. 만일 조니가 도피를 목적으로 소리를 지르고 깨물고 발길질을 한다면, 이 행동들 역시 모두 동일한 방법으로 다룰 것이다. 다만 각각의 행동 그룹별 대처 방법은 서로 다를 것이다.

▸ 기능 기반의 행동 중재 전략 ◂

	기능/사물획득 (사회적 정적 강화)	도피(사회적 부적 강화)	자기 자극(자동 강화)
전략 1 예방 전략	• 환경/사람을 강화와 연합하기 • 부정적인 말 한 번에 긍정적인 말은 여덟 번씩 하기 • 강화를 자주 받을 수 있도록 루틴과 일과를 설정하기 • 교사가 없어도 강화활동을 즐길 수 있도록 조치하기(예: 전화통화시 미리 동영상 틀어주기) • 맨드 기술 미리 가르쳐두기	• 문제행동을 유발하는 요구나 활동을 줄이거나 없애기 • 촉구가 가능한 쉬운 지시 내리기("안녕이라고 말해" 대신 "손 흔들어") • 힘든 활동 뒤에 즐거운 활동이 오도록 루틴을 배치(목욕 후에는 휴식을 취함) • 학습 공간을 강력한 강화물과 연합하기(TV, 음식 등) • 학습 강도는 조금씩 늘리기	• 환경을 풍부하게 하기(음악, 색, 장난감, 활동) • 온종일 아동이 선호하는 활동에 참여시키기 • 감각 장난감과 활동 제공하기(트램폴린, 그네, 음악, 감각볼) • 감각활동을 맨드할 수 있는 기술을 미리 가르쳐두기
전략 2 이 기능의 문제행동 발생시 대응 전략	• 카운팅과 맨드 절차 • 행동에 무반응하기/현장 벗어나기 • (수퍼비전 하에) 강화로부터 잠시 타임아웃 시키고 중립 활동에 참여시키기	• 하던 과제마저 시키기 • 아동이 순응할 때까지 강화는 차단하기 • (필요 또는 가능할 경우) 물리적으로 촉구하기 • 벌어진 사건에 대해 분석함으로써 미래의 문제행동 예방하기	• 심각한 상해가 없는 경미한 행동(몸 흔들기/신음소리 내기)일 경우 의도적으로 무반응하기 • 상해 행동일 경우 차단하기 • 안정할 때까지 5초 기다린 뒤 다른 활동에 참여하도록 아동을 유도하기

결국 기본적으로 행동을 향상시키는 데 필요한 전략은 단 3개이다. 관심행동 전략, 도피행동 전략, 그리고 감각자극 전략이다.

각 기능에 대한 접근 방법은 두 가지로 나뉜다(각 전략별 두 가지 접근 방법은 57페이지의 '기능 기반의 행동 중재 전략' 참조).

우선은 행동을 예방하고 대체할 수 있는 전략을 고안할 필요가 있다.

두 번째는, 행동이 발생했을 때 그 기능에 따라 주변 성인들이 어떻게 대처해야 하는가를 기록해야 한다.

문제행동의 예방에 공을 들일수록 아이를 학습시키는 일은 더 쉬워진다. 행동 예방을 위한 전략 수립에만 95퍼센트의 시간을 할애해도 좋다. 문제행동을 볼 때마다 느끼는 일이지만, 어른이 아이에게 요구하는 것은 많고 강화는 너무 적게 준다.

아이에게 뭔가를 요구하려거든 그 전에 아이와 어른이 즐겁게 지낼 수 있어야 한다. 그리고 처음에는 그 요구가 아주 작아서 요구인 줄도 모르게 해야 한다. 요구란 신발을 정리하거나 차에 타거나 문장 하나를 말하는 정도로 간단한 것일 수도 있다. 만일 문제행동이 나타나면 잠시 뒤로 물러난 뒤 다음에 이런 행동이 나타나지 않게 예방할 방법을 궁리해야 한다. 다시 요약하자면, 문제행동을 예방하려면 강화는 늘리고 요구는 줄여야 한다는 말이다.

관심 또는 획득 기능의 행동 다루기

관심행동의 예방/대체

ABC 기록을 통해 아이의 문제행동에 대해 알게 되었으니 먼저 문제행동의 예방을 시작해보자. 예를 들어 마트에 갈 때마다 아이가 사탕을 사달라고 문제행동을 일으킨다면, 아이에게 계속 관심을 기울이면서 문제행동을 예방하도록 노력해야 한다. 만일 아이에게 사탕을 허락하기로 했다면 마트에 가는 길에 미리 하나 사주어 당신이 쇼핑하는 동안 먹게 한다. 그러면 아이는 미리 사탕을 얻을 수 있어 행복하고, 당신은 아이의 얌전한 행동에 대해 칭찬을 하면서 쇼핑을 계속할 수 있을 것이다.

관심 또는 획득 기능의 문제행동에 대한 대체행동을 가르치는 것 역시 중요한 단계이다.

가장 좋은 전략은 아이에게 요구하는 방법을 가르치는 것이다. 언어행동분석에서는 요구하기가 핵심이기 때문에 뒷 장에서 자세히 다룰 것이다. 지금은 일단 아이가 포인팅이나 간단한 제스처로 의사소통과 요구표현을 하도록 도와줘야 한다. 아이가 울거나 문제행동을 보일 때 누구도 아이가 원하는 것을 주어서는 안 된다.

관심 기능의 문제행동이 일어날 때 해야 할 일

문제행동을 예방하지 못하여 마트 통로에서 분노발작이 일어난 경우, 아이가 분노발작을 하는 동안에는 사탕을 주어서는 안 된다. 분노발작을 하지 않을 때 사탕을 받을 수 있다는 중요한 개념을 아이에게 가르칠 필요가 있다.

대신 아이 앞에 서서 "수지, 조용히!"라고 하면서 "쉿!" 하고 손가락을 입술에 갖다 대는 제스처를 보여준다. 그리고 1부터 5까지 (큰 소리로 또는 작은 소리로) 숫자를 센 뒤 사탕을 가리키며 아이에게 준다. 만일 아이가 다섯을 세는 동안 조용해지면 사탕을 주어도 되지만, 그렇지 않고 다시 분노발작을 하면 숫자 세기를 다시 시작하면서 조용히 하라고 한 번 더 지시한다. 분노발작을 하면 원하는 것을 얻을 수 없지만, 스스로를 잘 통제하고 예쁘게 요청하면 사탕을 얻을 수 있다는 점을 이런 식으로 아이에게 가르친다.

빈센트 카본 박사가 '카운팅과 맨드mand(A count and mand procedure)'라고 이름 붙인 이 절차는, 일반 아동에게도 자신에게 허용된 물건을 어떤 방식으로 요청해야 하는가를 가르칠 때 아주 효과적이다. 이 절차를 공공장소에서 시도해보기 전에 우선은 집에서 먼저 활용해볼 수 있다. 그래야 아이가 계속 소리를 지르더라도 포기하지 않을 수 있다. 아이가 소리를 질러도 아무것도 주지 않고 '카운팅과 맨드mand' 절차를 시작하기로 결정했다면, 주변 모든 사람들이 일관되게 이 절차를 사용해야 한다.

'카운팅과 맨드mand' 절차는 실제로는 극히 짧은 타임아웃이다. 부모와 전문가 대부분은 타임아웃을 자주 사용하면서도 타임아웃의 의미가 '강화로부터의 타임아웃'이라는 점은 잘 모르고 있다.

자폐나 발달장애가 있는 아동에게 타임아웃은 역효과를 낼 뿐이다. 1분이든 5분이든 10분이든 타임아웃을 하는 동안 아이들은 자신이 뭘 잘못했는지, 어떤 행동을 해야 강화를 받는지 배우지 못한다.

이렇게 물어보자. 타임아웃은 벌(罰)이고 스티커를 주는 것은 강화라고 생각하는가? 아마 대부분 독자들은 그렇게 생각할 것이다. 하지만 이 질문에는 함정이 있다. 우리가 다루는 행동이 미래에 증가하느냐

감소하느냐에 따라 어떤 것이든 강화물이 될 수도, 벌 자극이 될 수도 있다.

타임아웃을 사용한다면, 그 행동이 반드시 관심 기능일 때만 사용해야지, 만약 도피행동에 사용하면 효과가 없다. 그리고 타임아웃 시간은 아주 짧아야 한다(특히 발달장애 영역에 있는 아동에게라면 더욱 그렇다). 또, 그 효과 여부를 확인해야 한다. 얼마나 자주 타임아웃을 사용하는지 기록해두어야 그 효과를 알 수 있다. 만일 타임아웃을 사용했는데 목표로 삼고 있는 행동(표적행동)이 줄어들지 않는다면, 이 전략은 사용하면 안 된다. 나는 자폐가 있는 아동에게는 타임아웃보다는 '카운팅과 맨드mand'절차를 사용하라고 권한다. 그래야 문제행동으로는 얻을 것이 없다는 사실과, 적절한 요구하기를 어떻게 해야 하는지 아동에게 모두 가르칠 수 있기 때문이다.

나는 루카스에게는 타임아웃을 사용한 적이 없고, 여덟 살짜리 일반발달 형제인 스펜서에게만 아주 짧게 사용한 적이 있다.

그러나, 만일 아이가 아이에게 줄 수 없는 물건을 요구하는 경우는 좀 더 어렵다. 예를 들어 추운 날씨에 테드가 맨발로 밖에 나가려고 한다면, 이 요구는 들어줄 수 없다. 이럴 때는 카운팅이 끝나도 요구하는 걸 들어줄 수 없으므로 '카운팅과 맨드mand' 절차는 효과가 없다.

이 경우에는 예방이 가장 중요하다. 만일 아이가 초콜릿을 원하는데 아이에게 알레르기가 있다면, 아이에게 초콜릿 대신 아이가 좋아하는 사과나 과자 같은 것을 먹을 수 있다고 미리 설명해두어야 한다.

만일 그렇게 해도 문제행동이 예방되지 않고 아이의 분노발작이 나오면 이때 가장 좋은 전략은 그 자리를 물러나 행동에 반응을 보이지 않는 것이다. 당연히 문제행동 이전에 제공되던 강화물은 받을 수 없는 상태여야 한다.

만일 아동의 행동이 점점 강해지면 일단 아이를 조용히 의자에 앉히면서 아이가 정말 좋아하는 활동이나 물건을 주도록 한다. 물론 이 경우에도 아이가 최소 5초간 조용히 할 때까지는 강화활동이나 물건을 줘서는 안 된다. 만일 아이가 분노발작을 하는 동안 아이에게 강화물(아이가 좋아하는 아이템)을 이것저것 뇌물처럼 주기 시작한다면, 아이의 문제행동을 형성해주는 셈이다. 바로 이것이 바람직한 행동(예쁘게 요청하기)과 나쁜 행동(분노발작)을 최소한 5초간 분리시키는 이유이다. 만일 아이가 문제행동을 일으킬 때 아이에게 물건이나 관심(심지어는 꾸지람 같은 부정적인 관심)을 주게 되면, 문제행동을 강화하고 형성하는 위험을 감수하는 것이다. 만일 갑자기 아이가 높은 빈도로 새로운 문제행동을 나타내기 시작했다면, 그 행동을 강화하고 있는 인물이 누구인지 찾아보면 된다.

나는 종종 부모님이 아이를 혼내는 장면을 목격하는데, 이 부정적인 관심이 강력한 강화로 작용할 가능성이 높다.

전화기의 예를 들어보자. 당신이 전화를 하고 있는데 아이가 관심을 받으려고 당신을 때리고 있다. 그래서 전화 너머 친구에게 잠시 기다리라고 한 뒤 아이를 혼냈다면, 정확히 아이는 자신이 원했던 당신의 관심을 얻은 셈이다. 그러므로 다음번에는 가능하면 통화를 하는 동안에 아이가 즐길 수 있는 강화물을 아이에게 주어 놀게 하고, 전화는 짧게 마치도록 하라. 만일 통화가 길어질 것 같으면, 아이가 바른 행동을 하고 있을 때 잠시 통화를 멈추고 아이 등을 두드려 칭찬하면서 웃어 주거나 최고라고 엄지손가락을 세워준다.

도피행동 다루기

도피행동의 예방과 대체

만일 아이가 도피로 인한 문제행동을 일으킨다면, 테이블, 사람, 건물, 교실에 의한 강화를 어떻게 늘릴지 고민해야 한다. 아이를 이끌 만한 사탕, 장난감, 휴대용 DVD 플레이어 등을 가져오는 것이 강화물과 장소 간 연합을 시키는 첫 단계이다.

단, 문제행동이 시작되기 전에 강화물이 테이블에 먼저 놓여 있을 필요가 있다. 아이를 불러 뭔가를 시키려고 하지 말고 그냥 아이가 가장 좋아하는 영화를 DVD로 틀어준다. 아이가 테이블로 다가오면 DVD를 보여주면서 이따금 영화 장면 속 대사를 따라하면서 당신의 목소리를 연합시킨다. 문제행동을 예방하기 위해서라면 전체 시간의 95퍼센트라도 할애할 수 있음을 기억하라.

아이가 과제나 활동으로부터 도피하기 위해 문제행동을 일으킨다면, 문제행동이 발생하기 전에 요구 수준을 모두 낮춤으로써 행동을 예방하거나 줄이는 과정이 중요하다.

아이에게 퍼즐을 하라고 한 것이 분노발작의 원인임을 알았다면, 다음번에는 퍼즐 딱 한 조각만 맞춰보라고 해보자. 만일 외투를 걸기 싫어하면 다음번에는 그냥 외투만 벗어서 당신에게 달라고 얘기해보자. 지금 당장은 신발을 다 벗지 않고 그냥 신발의 벨크로만 당겨서 풀게 하는 것이 목표가 될 수도 있다.

목표를 너무 높이 잡으면 당신이 피하고 싶던 문제행동을 오히려 유발하게 된다. 아이가 자신에게 기대하는 바를 편안하게 생각해야 진도를 나갈 수 있다. 중요한 것은 요구하는 정도를 아주 조금씩 늘려서 아이가 그 사실을 모르게 해야 한다는 점이다.

도피 기능에서 분노발작의 대체행동으로는 휴식 요청하기, 어려운 과제에 도움 요청하기, 과제를 다 끝냈을 때 신호 보내기 등이 가르칠 만하다.

이 책에서는 휴식 가르치기를 큰 비중으로 다루지 않으려고 한다. 되도록 아이들이 우리와 함께, 같은 공간이나 테이블에서 함께 지내기를 바라는 마음에서다. 하지만 아이들이 좀 크거나 문제행동이 심하다면 아이에게 "쉬어요"나 "그만" 같은 말과 신호를 가르치는 것이 최선의 선택일 것이다.

도피 기능의 문제행동이 일어날 때 해야 할 일

내 경험상 도피행동이 발생하는 건 과제가 너무 어렵거나 강화 수준이 너무 낮을 때이다. 아이의 능력 수준에 눈높이를 맞춰야만, 아이에

게 너무 어려운 과제는 무엇인지, 혹시 강화물의 강도가 충분한 것은 아닌지를 여부를 평가할 수 있다

그러나 지시(예를 들면, "퍼즐에 조각 끼워")를 내린 뒤 분노발작이 이어지면, 가능한 한 지시를 계속하면서 아이가 그것을 할 수 있도록 몸으로 도와줄 필요가 있다. 그리고 지시는 최대한 아이가 수행할 수 있는 수준이면 좋다. "안녕?이라고 말해봐"라고 요구하는 대신 "손 흔들까? 안녕?"이라고 하면, 아이가 하기 싫어 분노발작을 시작하더라도 아이 손을 잡고 흔드는 것을 도와준 뒤 곧바로 강화를 줄 수 있다(물론 강화 직전에 최소한 5초간 좋은 행동을 기다릴 것이다). 아이가 요구를 수행할 수 있도록 돕는 것을 '촉구(prompting)'라고 한다. 아이와 프로그램을 시작할 때 중요한 점은, 촉구를 주면 성공할 수 있을 정도의 요구 수준이어야 한다는 점이다.

일반적으로는 대근육운동을 포함한 지시, 즉 "퍼즐 해봐" "박수 쳐", "사과끼리 맞춰봐" 같은 지시가 촉구에 용이하다. 말이 어려운 아이에게 뭔가를 말해보라고 시키는 것이 아무런 소득도 없는 이유는, 누군가에게 뭔가를 말하도록 강제하기란 불가능하기 때문이다.

일단 아이에게 촉구를 주어 성공했다면, 이제 왜 문제행동이 일어났는지 생각해볼 필요가 있다. 분노발작이 있을 때마다 왜 그랬는지 자꾸 돌이켜 생각해봐야 한다. 어떤 경우에는, 특히 어떤 형태로든 물리적인 힘을 써야 하는 경우에는 아이를 신체적으로 촉구하기가 불가능하다. 이럴 때는 촉구를 사용하지 않는 게 낫다. 땅바닥에 뒹굴고 있는 아이의 몸무게가 40킬로그램이 넘는다면 아이를 일으켜 세우거나 테

이블로 이동시키는 건 권할 일이 못 된다. 당신이든 아이든 다칠 가능성이 있다면 아이를 촉구하지 않는 것이 좋다. 그리고 일부 학교나 기관에서는 아이의 의지에 반하여 아이보다 큰 힘을 사용하는 것을 신체구속(restraint)으로 여기기도 한다. 만일 힘을 써서 아이를 촉구해야 할 상황이라면, 그냥 차분한 목소리로 반복해서 지시를 내리면서 아이가 순응할 때까지 강화물의 접근을 막는 편이 낫다.

자폐 아동들의 문제행동에는 대개 두 가지 기능(획득을 위한 문제행동과 과제 도피를 위한 문제행동)이 동시에 있다. 아이가 좋아하는 활동에서 별로 좋아하지 않는 다른 활동으로 전환하는 일, 예를 들어 좋아하는 비디오를 보다가 공부하러 책상으로 가는 것은 아주 힘든 일이다. 아이가 땅바닥에 뒹구는 것은 TV에서 나오는 비디오가 꺼졌기 때문인(획득) 동시에 책상으로 가기 싫은 이유이다(도피).

만일 아이가 전환할 때 문제행동을 보인다면, 이때 최선의 전략은 아이에게 미리 전환을 준비시키는 것이다. 이제 공부할 시간이야,라고 말하자마자 곧바로 TV(대개는 아이가 좋아하는 활동임)를 꺼버리는 일은 말아야 한다.

대신 TV를 테이블로 가져오거나 TV 옆으로 과제를 가져온 뒤 조금씩 요구에 익숙하게 만들면 결국 TV를 끌 수(또는 장난감을 치우거나 하고 있던 퍼즐을 중단시킬 수) 있다. 이 과정을 통해 아이는 지금 강화물을 포기해도 과제를 하는 내내 조금씩 다시 자신에게 제공될 것임을 배우게 된다.

자기자극 행동 다루기

자기자극 문제행동의 예방과 대체

몸 흔들기, 머리 박기, 엄지손가락 빨기, 손톱 물어뜯기, 신음 소리 내기 등과 같은 자기자극 행동은 발달장애가 있는 아동과 성인에게 아주 흔하다.

아이가 이렇게 문제행동을 보이는 이유는 타인이나 주변 환경으로부터 자신에게 필요한 만큼의 자극을 받지 못했기 때문이다. 아이에게 끊임없이 자극을 주는 것은 정말 힘든 일이고, 또 대부분 불가능하다. 학교의 교사 대 학생 비율이 1:1이 될 수는 없으므로 최대한 "독립적인 활동"에 초점을 맞춰야 한다. 사실 집에서도 마찬가지이다. 아이들을 끊임없이 자극하기란 매우 어렵다.

감각자극 행동을 다루는 우선적인 방법은 행동의 예방이다. 이를 위해서는 정말 풍부한 환경이 필요하다. 가능한 한 오랫동안 아이와 함께 있으면서 신나고 재미있는 것을 즐기게 해서 감각적인 자극을 찾지 않도록 만든다. 아이를 앉힐 만한 커다란 바운스볼, 그네, 트램폴린, 스핀토이(spin toy), 진동펜(vibrator pens) 등 감각 자극용 장난감을 준비한다. 조그마한 '쿠시볼(squishy ball, 털뭉치나 고무공처럼 촉각자극을 제공하는 작은 공-옮긴이)' 같은 것도 감각을 자극하는 강화물이다.

문제행동을 대체하려면 우선 아이가 어떤 종류의 감각신호를 원하는지 잘 살펴보아야 한다. 만약 아이가 심심할 때 몸을 앞뒤로 흔드는 것 같다면 흔들의자를 시도해보아도 좋다. 사회적으로도 충분히 수용되고, 감각적인 자극도 많은 행동이기 때문이다. 아이가 테이블에 침을 묻혀 문지르고 있다면 핑거페인팅(finger painting)이나 두들보드(Magna Doodle)처럼 보다 수용 가능한 행동으로 대체해보자.

자기자극 기능의 문제행동이 일어날 때 해야 할 일

문제행동이 일어나도 그것이 몸 흔들기나 신음 소리 정도의 경미한 행동이면 그냥 무시해버릴 수도 있겠지만, 또다른 방법은 아이가 몇 초만이라도 가만히 있거나 조용할 때까지 기다렸다가 다가가 재미있는 활동을 하도록 지시하는 것이다. 머리 찧기와 같은 좀 더 심각한 행동의 경우에는 손이나 헬멧 등 도구를 사용해서 그 행동을 차단할 필요가 있다. 이미 언급했지만, 머리 찧기처럼 상해 위험이 있는 심각한 행동을 다룰 때는 BCBA와 같은 전문가에게 상담받기를 강력하게 권한다. 특히 아이를 안전하게 보호하기 위해 헬멧을 씌우거나 다른 장치를 사용할 것을 고려하고 있다면 더욱 필수적인 부분이다. 잘 모르겠다면 도움을 요청하라!

아이의 주변 환경이 풍부해지면 문제행동도 서서히 감소하겠지만 만일 그렇지 않다면, 또는 문제행동이 상해를 일으킬 심각한 수준이라면, 행동분석가와 상담하고 도움을 받아 현재 상황을 잘 이해하도록 한다.

문제행동을 다루기 위해 당장 시작해야 할 일

문제행동에 대한 데이터 수집은 바로 시작할 수 있다. 이 책에서는 문제행동의 예시로 울기, 차기, 물기, 때리기와 같은 분노발작을 언급했지만, 우선적으로 다뤄야 할 문제행동은 아이 자신이나 주변 다른 사람들에게 상해를 입힐 수 있는 행동이다.

그러나 공격행동이나 자해행동이 아니더라도 아이의 행동이 걱정할 만한 수준이라면, 어떤 행동이든 문제행동이라고 할 수 있다. 내가 경험했던 행동에는 아이가 "아니야"라거나 "이거 바보야" 또는 "나 못해"라는 식으로 수백번 씩 반복해 말하는 것도 있었다. 아이가 영화대사를 주절주절 외우는 행동, 마커로 테이블에 그림 그리는 행동, 바지 속에 손을 집어넣는 행동도 있었다. 상해를 야기하지는 않는다 해도 매우 문제가 있고, 학습에도 방해가 되는 행동들이었다.

종이를 한 장 꺼내어 아이의 문제행동 중 가장 심각한 행동 한 두 개를 정해 점을 찍어 기록하기 시작한다. 만일 행동이 너무 빈번하게 일어나면 기록용 계수기를 고려해보자. 이런 계수기는 사무용품점에서 쉽게 구할 수 있다.

다음으로는 아이 행동의 A, B, C를 간략하게 적기 시작한다(51페이지의 ABC '샘플 기록지' 참조). 데이터를 분석하고 57페이지의 '기능 기반의 행동 중재 전략'에 있는 행동 전략들을 사용하여, 아이 행동을 다루기 위한 간단한 행동 계획을 세운다. 그리고 아이와 함께 공부하거나 시간을 보내는 모든 사람에게 당신의 행동 계획을 알려주고 모두 동일한 방법으로 문제행동의 기능을 다루도록 해야 한다.

행동 계획을 작성하는 것 말고도, 각각의 행동을 어떻게 구별해서 대응해야 하는지 다른 양육자들에게 보여줄 필요가 있다. 어른들끼리 모여 서로 역할놀이를 하면서(어른 중 한 명은 아이 역할을 해야 함), 아이의 문제행동이 발생했을 때 어떻게 대처하는지 시범을 보인다. 여기서 핵심은 일관성이다! 이 말은 베이비시터에서부터 시어머니나 장모님까지, 모든 사람이 문제행동을 어떻게 예방하고 어떻게 다뤄야 하는지를 알고 있어야 한다는 뜻이다.

주의사항이 있다. 일단 행동 계획을 실시하기 시작하면, 지난 몇 개월 또는 몇 년 동안 문제행동을 통해 강화를 받았던 아이일수록 처음에는 문제행동이 개선되기는커녕 오히려 증가한다는 사실을 알게 될 것이다.

문제행동 양상이(더 심한 쪽으로) 달라질 수도 있다. 예전에 우는 행동은 무시당했지만 동생을 공격하면(어쩔 수 없이) 당신이 즉시 반응했을 것이기 때문이다. 행동 계획을 실행하는 동안에는 문제행동을 나타내는 아이를 혼자 두어서는 안 된다. 문제행동이 더 심해질 수 있으므로 아이와 주변인을 안전하게 보호해야 한다.

시간이 지나면서 이내 아이의 행동이 개선되는 과정을 관찰하게 될 것이다. 만약 그렇지 않다면 계획을 재점검하고 수정하면서 BCBA 같은 전문가에게 도움을 요청해야 한다. 문제행동의 기초선을 측정했다면 이 과정은 정말 쉬운 부분이다. 행동 계획을 실시한 뒤 곧 아이의 행동이 줄어들거나 소거되었다면 이제 아동에 관한 가장 핵심적인 부분에 도달한 것이다. 만일 문제행동이 여전하거나 오히려 증가했다면, 아동의 중재 과정을 다시 검토해야 할 필요가 있다.

ABC 데이터를 기록하면서 지속적으로 행동의 발생률을 추적하면 문제행동이 늘어나는지 줄어드는지 알 수 있다. 이 데이터를 활용하면 행동의 기능을 잘 관찰할 수 있을 뿐만 아니라 주변 사람 모두가 계획에 따라 문제행동을 다루고 있는지 알 수 있다.

일단 어느 정도 문제행동을 통제할 수 있게 되면 이제 아이에게 무엇인가를 가르치기 시작할 수 있다. 그리고 이것이 문제행동을 더욱 감소시키는데, 아이가 마침내 인생에 있어 가장 중요한 교훈 중 하나, 즉 문제행동이 아닌 언어를 통해 어떻게 의사소통을 할 수 있는지를 배우게 되기 때문이다.

3장

아이 평가하기

학교 선생님은 언어란 동사와 명사와 대명사로 이뤄진다고 가르치는 반면, 대부분의 언어재활사는 언어를 '표현언어(말하는 능력)'와 '수용언어(듣고 이해하는 능력)' 두 가지로 바라본다. 선생님이나 언어재활사 누구도 틀리지는 않았지만, 언어행동분석전문가로서 나는 아이의 능력을 온전히 이해하고 각각의 의사소통 영역을 구분하여 가르치기 위해 언어를 훨씬 더 잘게 쪼갠다.

얼마만큼 왔는지 알려면 출발 지점이 어디인지 알면 된다. 내 경우엔 프로그램을 설계하기에 앞서 아이의 능력 평가부터 시작한다. 짓고 있는 빌딩의 기초가 부실하면 아마 곧 무너질 것이다. 그러므로, 복잡한 기술을 가르치기에 앞서 기본을 잘 갖추는 게 가장 중요하다.

스키너는 말이란 동기, 강화, 선행 사건과 같은 주변 환경에 의해 통제받는, 학습된 행동이라고 주장했다. 어떤 말을 하면 그 말에 대해 반응을 얻게 된다. 막 옹알이를 시작한 아기를 생각해보자. 아기는 "아아아"나 "우우우"와 같은 모음 뿐만 아니라 "마"나 "바"나 "다"와 같은 쉬운 소리를 많이 만들어낸다. 대부분의 부모들이 아이의 첫 말소리로 "엄마"나 "아빠" 같은 단어를 듣고 싶어 하기에 후자의 옹알이 소리를 계속 강화한다.

그냥 모음만 내면 "엄마"와 같은 소리만큼 주목을 받지 못하기 때문에 잘 강화되지 않는다. 아기가 "마"나 "바" 소리를 내면 부모는 흥분하면서 아기에게 주목을 쏟아붓는다. 간지럽히고 안아주고 우유(물론 모든 아기가 좋아하는 음식인)를 주면서 말이다. 바로 이것이 일반 발달 아기들에게서 언어가 형성되는 과정이다.

근본적으로, 발달이 지연된 아기들도 언어를 배우기는 한다. 그러나 언어 발달이 훨씬 느리기 때문에 좀 더 확실한 강화가 필요하다.

그러나 우리는 모두 말 자체에만 집중한다. 말이 늦은 아이의 부모에게 흔히 묻는 질문은 "당신 아이가 말을 하나요?" 같은 것이다. 대답은 다양하다. "전혀요"에서부터 "몇몇 말은 하는데 일관적이진 않아요"라든가 "10개쯤 되는 말만 반복해서 써요"나 "쉴 새 없이 떠들어요"라는 대답이 돌아오기도 한다.

하지만 말을 하는 것과 말을 효과적으로 사용할 줄 아는 것은 다른 문제다. 4세의 아동을 두고 표현언어가 2.2세이고 수용언어가 3.4세와 같다는 식으로 묘사하지만, 그 정보가 아이의 기술 수준을 정확히 평가하기에 충분하다고는 할 수 없다.

행동분석가로서 나는 아이의 언어 기능에 대한 더 많은 정보가 필요하다. 아이가 이 단어를 어떻게 사용하는가? 아이가 언제 이 말을 사용하는가? 아이가 이 단어를 얼마나 자주 사용하는가?

언어행동분석전문가는 표현언어를 뭉뚱그려 바라보지 않고, 더 작은 단위인 맨드mand, 택트tact, 에코익echoic, 인트라버벌intraverbal, 자발어와 같은 요소로 쪼갠다. 언어행동 프로그램을 계획하려면 이러한 각각의 기술에 대한 평가를 내릴 필요가 있다.

이 책의 뒤 쪽에 평가 양식이 있으니(참고자료 2 참조) 아이의 구어, 비구어 언어 능력에 대한 기초선을 구하는 데 활용하기 바란다.

맨드mand 기술 평가하기

"아이가 자기가 원하거나 필요한 게 있으면 어떻게 알리나요?"

내가 부모들에게 묻는 첫 질문이다. 이 질문의 핵심은 "아이가 어떻게 맨드mand를 하나요?"이다. 맨드mand가 가장 중요한 이유는, 맨드mand에는 반드시 동기가 선행되어야 하고 아이가 원하는 것을 받는 것으로 마무리되기 때문이다.

과학적으로 말해서, 어떤 말에 동기가 앞서 있지 않으면 그 말은 맨드mand가 될 수 없다. 아이가 쿠키를 원하면 그것을 맨드mand(요청)한다. 스키너의 말에 따르면 동기는 종종 포만이나 결핍에 의해 촉진된다. 만일 감자칩을 좋아하는 아이가 이를 맨드mand해서 먹었다면,

반드시 어느 시점에서는 양껏 먹은 상태가 되고 이어서 물이나 주스를 맨드mand하게 될 것이다. 아이는 감자칩에 대한 욕구는 만족시켰지만 이제는 물이나 주스를 원하게 된 것이다. 이것이 맨드mand 뒤에 숨겨진 동기에 대한 예이다. 욕구는 항상 맨드mand에 앞선다.

행동 중재의 ABC로 예를 들자면, 동기는 A(선행 사건)이고, 행동은 쿠키 요구이며(B), 후속 결과(C)는 직접 강화(아이가 쿠키를 얻는 것)이다. 이미 2장에서 논의한 것처럼, 어떤 행동이든 강화되면 유지되거나 증가한다. 그래서 만일 아이가 맨드mand 후에 곧바로 직접 강화를 받으면 이 맨드mand가 이후에도 계속되거나 증가하리라고 기대할 수 있을 것이다. 아이는 "쿠키"라고 말을 하면 자기가 쿠키를 얻게 될 것임을 잘 알고 있다. 그래서 배가 고프면 분노발작을 일으키는 대신 맨드mand할 확률이 높아진다. 욕구를 채울 수 있는 가장 빠른 방법이기 때문이다.

맨드mand 기술을 평가할 때 가장 좋은 것은, 눈앞에 없어도 촉구 없이 아동이 요구할 수 있는 것이 어떤 물건인지 알아보는 것이다. 대개 초기 학습단계에서는 아이템을 요구하는 맨드mand 능력, 특히 눈앞에 없는 사물을 요구하는 능력이 매우 약하므로, 이처럼 보이지 않는 사물의 맨드mand 개수는 많지 않을 것이다.

눈앞에 없는 사물에 대한 맨드mand를 다 기록하고 나면 다음으로는 아이가 좋아할 만한 음식, 음료, 장난감 등을 모은다. 과자 조각(또는 아이가 좋아하는 먹을 것)을 그냥 아이에게 주고 아이가 받아 먹는지 확인한다. 아이가 먹는다면 아이의 동기가 강하다는 뜻이므로 이제 다시 과자 한 조각을 손에 들고는 5초를 기다려, 아이가 그 과자 이름을 말하거나 신호를 보내는지 확인한다. 아이가 "쿠키"라고 말하거나 신호하여 요구하면, 이것을 "눈앞의 사물을 맨드mand"라고 기록한다. 만일 아이에게 말이나 신호가 없으면 언어나 제스처 시범을 세 번 보이는데, 각 시범 사이에 1초 정도 간격을 둔다. 예를 들면, "쿠키"라고 한 뒤 1초 정도 기다렸다가 다시 "쿠키"라고 한 다음 다시 1초 뒤 "쿠키"라고 말한다. 세 번 시범을 보이는 동안 두 번째, 세 번째로 갈수록 쿠키를 점점 아이 쪽으로 가까이 가져간다. 만약 아동이 시범에 따라 쿠키를 말하려고 하면, 이를 세 번째 열에 "언어 시범에 따라 눈앞의 사물을 맨드mand"라는 식으로 기록한다. 이 절차를 계속하면서 아이의 맨드mand 능력 범위가 어느 정도인지 테스트해본다.

일반 아동은 하루에도 수백 번씩 수많은 강화물을 맨드mand할 뿐만 아니라, "나 좀 봐"처럼 주목하도록 맨드mand하기도 하고, 자신의 생일이 다가올 무렵에 "아빠는 어디 갔어?"처럼 정보를 맨드mand하기도 한다. 그러니 아이가 "맨드mand의 달인"이 아닌 이상에는 지속적으로 아동을 평가하여 맨드mand 리스트를 철저히 작성하라.

택트tact 기술 평가하기

다음 언어 기능은 '택트tact'이다. '컨택트(conTact, 접촉)'라는 단어를 연상해보면 이 말의 의미를 이해하기 쉽다. 무엇인가를 보고 냄새 맡고 맛보고 듣고 느낄 때, 우리는 그 사물을 묘사하거나 이름을 부르면서, 즉 택트tact하면서 의사소통할 수 있다. 일단 아이가 몇 가지 아이템을 맨드mand할 수 있다면 이제 택트tact를 가르칠 수 있다. 아이에게 택트tact를 가르치는 좋은 방법 중 하나는 아이가 좋아하는 강화물의 사진을 찍은 뒤 그 아이템을 택트tact하도록 가르치는 것이다. 실물을 사용할 수도 있긴 하지만 별로 추천하지는 않는다. 그 아이템에 대해 맨드mand하기와 택트tact하기를 혼동할 수 있기 때문이다.

그림을 이용하면 아이가 맨드mand에서 택트tact로 쉽게 넘어가는 데도 도움이 된다. 택트tact를 가르쳐 다른 기술로 넘기는 것(transfer, 전이)은 이 책 후반부에 자세히 기술되어 있다. 다만 서로 다른 언어 기능을 이해하기 위해, 일단 택트tact란 보고 듣고 냄새 맡고 맛보고 만지는 물건의 이름을 명명하는 것이라는 점을 기억하길 바란다.

택트tact 기능을 평가하는 가장 좋은 방법은 보편적인 사물을 모아 투명한 통에 담고 겉에 "택트tact"라고 써두는 것이다. 또, 그림에 대한 아이의 택트tact 능력을 평가하기 위해 플래시카드를 구입하거나 클립아트를 프린트해두거나 잡지의 그림을 오려둘 수도 있다. 아이에게 "이게 뭐야?"라고 물은 뒤 사물이나 그림을 택트tact하는 아이의 답변을 기록하면서 평가해볼 수 있다.

만일 아이의 택트tact 레퍼토리가 풍부하면, '우리아이 첫 100 단어(또는 1000단어)' 같은 책에 있는 그림을 이곳 저곳 포인팅하면서 평가해볼 수도 있을 것이다. 그러나 만일 아이의 택트tact 기술이 약하거나 같은 페이지에 있는 다른 그림 때문에 헷갈려 한다면 그냥 플래시카드를 쓰는 게 낫다.

평범한 어린아이들은 학령기 이전에 이미 수 천개의 택트tact 어휘를 보유하게 된다. 아이가 택트tact에 강하다고 해도 아이의 택트tact 어휘 목록이 100개 이상이 될 때까지 지속 평가하도록 하라. 만일 아이의 택트tact에 한계가 있거나 아예 택트tact를 할 수 없다면 열 개 정도의 아이템이나 그림만 평가한 뒤 평가를 종료해도 좋다.

에코익echoic 기술 평가하기

에코익echoic은 단어만 보면 무슨 뜻인지 대충 알 만하다. 다른 사람의 말을 반복하는 것으로, 메아리(에코, echo)와 비슷하다. 일반 발달 아동에게 에코익echoic 능력은 학습 면에서 필수다. 일반 아동이 공사장에서 불도저를 보고 부모에게 "저게 뭐야?"라고 물으면 부모는 "저건 불도저야"라고 대답할 것이고, 그럼 아이는 "불도저"라는 말을 반복한다. 대부분의 일반 아동들은 한 두 번만에 새로운 단어를 습득하므로 많은 반복은 필요 없다.

자폐 아동에게도 언어능력은 있지만 타인이 말한 것을 따라하는 능력은 없을 수도 있다. 어떤 자폐 아동은 즉시 따라서 말하지는 못해도 지연된 반향어(delayed echolalia)는 가능한 경우가 있는데, 이 역시 학습에는 방해가 된다.

루카스도 어느 정도 그랬다. 두 돌 생일날 (아직 자폐 진단 전 시점이었다) 박물관에 데려간 적이 있었는데 , 오리를 보는가 했더니 실제로는 오리에는 관심이 없고 오리에게 먹이를 주지 말라는 경고판에 관심을 쏟고 있었다. 남편과 나는 여기저기에 있는 경고판을 아이에게 보여주면서 "오리에게 먹이를 주지 마시오"라고 읽어주었다. 그리고 "꽥꽥" 소리를 덧붙였다. 아이는 박물관에 있을 때는 그 말을 따라하지 않더니, 그날 한밤중에 자다 일어나 "오리에게 먹이를 주지 마시오, 꽥꽥" 이라고 말하는 것이었다. 그때만 해도 지연 반향어라는 용어를 들어본 적이 없었기 때문에, 나는 아이가 진짜 말을 한다고 여기고는 루카스가 이제 단어를 조합해서 문장을 만들 수 있다는 좋은 신호로 받아들였다.

아이의 에코익echoic 기술을 평가하려면 사물이나 아이템을 꺼내놓으면 안 된다. 아이 가까이에 앉되 되도록 마주 앉는 편이 좋다. 처음에는 간단한 발음, 예를 들면 "따라해, 엄마"라든가 "따라해, 바!" 같은 말을 평가한다. 아이가 간단한 발음을 에코익echoic할 수 있다면 1음절짜리 단어로 넘어간다. "따라해, 컵"이라든가 "따라해, 공" 같은 단어이다. 다음으로는 여러 음절이 들어 있는 단어로, 그리고 다시 문장으로 넘어간다.

에코익echoic은 9장에서 다룬다. 지금은 에코익echoic이 메아리와 비슷한 기능을 갖는다고만 기억해두자. 에코익echoic의 선행 사건은 타인의 언어행동(말이나 문장을 말하는 것)이고, 아이가 그 말이나 문장을 정확히 또는 근접해서 발음하면 이것이 행동이다.

에코익echoic은 즉시 나올 수도 있고 지연되어 나올 수도 있다. 에코익echoic 능력이 중요한 이유는, 언어라는 댐의 수문을 열어주는 역할을 하고, 학습능력도 향상시키기 때문이다.

가끔 에코익echoic 능력이 없는 자폐 아동도 있는 반면, 뭐든 거의 다 에코익echoic을 하는 아이도 있어서 수백 개의 단어를 모두 평가할 필요가 없을 때도 있다. 이럴 때는 간단하게 몇 개 소리(마, 다, 두)만 에코익echoic 시켜본 뒤 다시 1음절 단어, 2음절 단어, 다시 문장 단위로 테스트해보면 된다.

인트라버벌intraverbal 기술 평가하기

인트라버벌intraverbal은 질문에 답할 수 있는 능력으로, 아동의 대화기술 발달에 중요하다. 자폐 진단 이전의 루카스에게도 약간의 인트라버벌intraverbal 기술은 있었다. 남편이 이 능력을 발견하긴 했지만 그때는 우리 부부 누구도 노랫말 주고받기가 인트라버벌intraverbal 기술이라는 사실을 알지 못했다.

어느 날 남편이 교육방송의 아서 시리즈 주제가를 부를 때 한번 와서 보라고 했던 기억이 난다. 남편이 "그리고 내가 말했지,"를 부르면 루카스가 이어받아 "헤이!"라고 하고, 남편이 다음 가사로 "오늘은 참 멋진…"이라고 하면 루카스가 "날이야!" 라면서 전체 노래 가사의 일부분을 채워가며(fill-in) 불렀다. 당시 나는 루카스가 이런 말을 다른 문맥에서는 전혀 할 줄 모른다는 게 혼란스러웠다. 예를 들어 내가 "날 이야!라고 해봐"라고 해도 루카스는 할 줄을 몰랐다. 남편한테 노래를 부르자는 말도, 어떤 사물의 이름을 부르는 말도 할 줄 몰랐다. 그저 몇 개의 말만 할 뿐이었는데, 바로 인트라버벌intraverbal이다.

그래서 최소한의 언어기술이 있는 아이들을 평가할 때는 간혹 아이에게 친숙한 노래를 부르며 주고받기를 시켜볼 때가 있다. 그러나 이 기술을 평가할 때 핵심은, 아이가 자주 들었던 노래를 불러야 한다는 점이다. 그리고 각 소절의 끝말만 남겨둔다. 예를 들어 바니 노래를 부른다면 큰 목소리로 아주 천천히 이렇게 노래를 부른다. "나는 너를…" 그리고 마지막 단어를 남겨둔다. 만일 아이가 "사랑해" 하고 노랫말을 채우지 않으면 당신이 그 부분을 부른 뒤 다시 다음 소절인 "너는 나를…"로 넘어간 뒤 아이가 노랫말을 채우도록 몇 초를 기다린다. 그리고 아이가 말하지 않으면 다시 그 부분을 대신 불러주도록 한다.

만약 아이가 노래의 한 단어를 채워 부를 수준이 되면, 다음에는 일상생활에서 사용하는 기능적인 문장의 빈 칸을 채울 수 있는지 평가해볼 단계이다. 당신이 "우리가 잠자는 곳은…"이라거나 "물 마실 때 쓰는 건…"이라고 얘기했을 때 아이가 "침대"나 "컵"이라고 채울 수 있는지 확인한다.* 대개는 이렇게 간단한 형태의 채워 넣기 인트라

---

* 영어와 달리 동사가 문장의 맨 끝에 위치하는 우리말에서는 채워 말하기(fill-in)를 이용한 인트라버벌 지도가 쉽지 않다. 노래인 경우는 그나마 괜찮은데, 말하기의 경우에는 더욱 어렵다.

버벌intraverbal 기술을 마스터해두어야만 좀 더 복잡한 인트라버벌 intraverbal 형태로 "하늘에 날아다니는 건 뭐야?" "색깔 세 개만 말해 봐" "어떤 과일이 노랗지?"와 같은 말에 답을 할 수 있다. 인트라버벌 intraverbal은 9장에서 좀 더 구체적으로 알아보겠지만, 지금은 인트라버벌intraverbal이란 타인에 의해 촉진된 질문의 답변이라는 정도만 기억해두자.

표현언어의 약점과 강점 평가하기

언어행동의 네 가지 기능인 맨드mand, 택트tact, 에코익echoic, 인트라버벌intraverbal을 한데 묶으면 언어재활사들이 얘기하는 '표현언어'가 된다.

이제 알려주고 싶은 것은, 많은 자폐 아동이나 발달 지연 아동의 기술 수준이 저마다 모두 들쭉날쭉하다는 점이다. 내가 로바스 방식의 ABA 프로그램을 시작했을 때 루카스는 이미 몇 개의 사물을 맨드mand할 수 있었고, 앞서 말한 인트라버벌intraverbal 기술도 일부 갖고 있었다. 그러나 지시를 듣고 택트tact하거나 에코익echoic(구어모방)하는 기술은 없었다. 당시 나는 언어행동분석을 몰랐으므로 지금처럼 아이가 갖고 있는 표현언어의 강점을 활용하는 방법을 몰랐다. 아이의 약점만큼이나 아이의 강점을 평가해야 한다는 사실을 잊지 말아야 한다. 우선은 아이가 무엇을 잘하는지 잘 기록해야 한다. 정확도나 의도

등에 대해서는 걱정할 필요 없다. 당신이 과자를 들고 있는데 아이가 "타자"라고 한다거나 "가가"라고 한다고 해도 아이는 여전히 과자를 맨드mand하고 있는 것이다. 과자를 아이에게 줌으로써 강화를 하되 어떻게 말하는 게 옳은지 시범을 보이고, 아이가 "과자"를 어떻게 발음하는지 기록해두면 된다.

또한 아이가 에코익echoic하는 단어들을 기록해두어라. 만일 과자를 들고 있는데 아이가 아무 말도 하지 않는다면 아이에게 "과자"라고 말을 해준다. 다시 한 번 반복하고 아이가 이것을 따라 말하는지 살핀다. 이렇게 과자를 주면서 음성적으로 시범을 제공했으므로 이것을 "촉구된 맨드mand"라고 기록하면 된다.

또한 아이가 실물이나 사진을 보고 택트tact(이름대기)할 수 있는 단어를 기록해두도록 한다. 마지막으로 노래 주고받기에서 사용하는 단어들을 기록해둔다. 이렇게 데이터를 기록해두어야만 아이의 강점을 활용하여 약점을 보완할 수 있는 별도 프로그램을 설계할 수 있다.

현재의 기술수준을 평가하려면 아이가 말하는 양이 어느 정도인지도 알고 있어야 한다. 설사 옹알이 수준이라도 괜찮다. 타이머를 30분이나 1시간으로 맞추고 그냥 자연스러운 환경 속에서 아이가 얼마나 많은 소리나 단어를 말하는지 센다. 이렇게 하면 프로그램을 시작하는 데 필요한 기초선이 될 것이다.

비언어 기능 평가하기

스키너는 자신의 책《언어행동》7장에서 청자(listener, 듣는 사람)의 역할을 소개했지만 수용언어 같은 비언어 기능은 설명하지 않았다. 그러나 아동의 수용언어를 향상시키는 것은 언어행동분석을 포함한 모든 ABA 프로그램에서 매우 필수적이다. 비언어 프로그램을 정의하고 개발하게 된 것은 사실상 전적으로 아이바 로바스 박사 덕분이며, 그의 작업을 따라 재현한 수많은 ABA 임상가와 연구자들 덕택이다.

수용언어, 모방, 시지각 기능은 모두《언어 및 학습기술의 평가(Assessment of Basic Language and Learning Skills)》에 포함되어 있으며 언어행동분석 프로그램의 중요한 요소가 되었다.

이 책 후반부에서 이 중요한 기능들이 논의되겠지만, 아동의 강점과 요구 사항을 정확히 평가하려면 어느 정도는 이에 대한 지식이 필요할 것이다.

수용언어 기술 평가하기

수용언어는 기본적으로 말을 듣고 이해할 수 있어 지시를 따르고 요청에 응할 수 있는 능력을 뜻하며, 여기에 말하기는 포함되지 않는다. 일부 발달 지연 아동, 그리고 단순 언어지연 아동은 사실 수용언어 기술이 꽤 좋은 편이다. 아이가 자신이 들은 말을 얼마나 이해하는지, 지시를 얼마나 따를 수 있는지 얘기하는 부모가 많다. 말할 줄 몰라도 "공 가져와"라든가 "가서 기저귀 가져와" 같은 요청에는 적절히 반응할 줄 안다.

그러나 자폐 아동은 요청이나 지시에 전혀 반응이 없어서 때로 귀가 들리지 않는 듯 보이기도 한다. 어떤 부모들은 다른 치료사에게 가기 전에 먼저 청각사(audiologist)에게 가보기도 한다. 우리 역시 이름을 불러도 반응이 없는 루카스를 청각사에게 데려갔다. 당시 루카스가 보청기를 끼게 될까 봐 끔찍해했던 기억이 지금도 생생하다.

하지만 그렇게 간단한 문제였다면 차라리 얼마나 좋았을까. 이름에는 별로 반응이 없던 루카스가 다른 상황에서는 청력에 아무 문제가 없었다. 루카스는 옆 방에서 흘러나오는 바니 주제가를 늘 즐겨 들었다. 그래서 당연한 얘기지만 루카스의 청력검사 결과는 정상이었다. 자폐에 대해 좀 더 알게 된 지금의 나는 나쁜 청력이 문제가 아니라 이름에 반응하기 위한 동기가 문제라는 점을 잘 알고 있다.

우리 가족의 첫 컨설턴트였던 콜린 클라인이 컨설팅 첫날 집에서 우리에게 준 첫 번째 조언은, 루카스 이름을 자주 부르는 걸 멈추라는 것이었다. 아이를 이해시키고 과제에 순응시키려고 우리는 모든 요구에 아이 이름을 연합시키고 있었던 것이다. 그래서 하루 종일 아이가 들었던 말은 "루카스, 신발 신어", "루카스, 코 만져", "루카스, 이리 와" 같은 것들이었다. 좀체 반응이 없는 아이를 어떻게 촉구하는지 몰랐으므로 우리 목소리는 커졌고, 아이의 이름을 반복하면서 하루 종일 끊임없이 지시하며 요구를 내렸던 것이다.

콜린의 조언은 "이리 와, 신발 신어, 코 만져"처럼 간단한 말을 사용하되 아이 이름은 빼라는 것이었다. 그리고 아이의 이름은 요구가 아니라 긍정적인 강화물과 연합시켜야 한다고 말했다. 예를 들어 음식이나 음료수, 재미있는 활동을 할 때만 이름을 부른다. "루카스, 여기 감자칩, 감자칩, 감자칩," "루카스는 밀어요, 밀어요, 밀어요," "루카스, 만세, 만세, 만세."

아이의 수용언어 기술을 평가할 때 가장 어려운 부분은, 평가하는 동안에는 어떤 형태로든 아이에게 답을 주거나 시각 신호를 주어 촉구하는 일이 없어야 한다는 점이다.

아이의 수용언어 기술을 평가할 때는 반드시 손을 내려놓고 목소리는 중립을 유지한 채, 당신의 시선처리가 촉구로 사용되지 않도록 주의해야 한다. 그리고 명확하게 지시를 내려야 한다. "코 만져"라는 식으로 말이다. 아이가 코를 만진다면 아이가 요구 사항을 이해하고 있다는 것이다. 그러나 아이가 머리를 먼저 만지고 코를 만진다면 이것은 오류로 간주하는 게 맞다.

일반 발달 아동은 보통 수용언어 기술이 온전한 편이지만, 어떤 자폐 아동들은 루카스처럼 수용언어가 없기도 하고, 어떤 아동은 거의 자기 나이에 맞는 수준인 경우도 있다.

모방 기술 평가하기

—

다음으로는 모방 기술을 평가해야 한다. 먼저 똑같은 두 개의 물건을 준비한다. 예를 들면 장난감 자동차, 연필, 컵 등이다. 테이블이나 바닥에 똑같은 자동차 두 개를 놓고 아이에게 "따라해"라고 하면서 자동차를 앞뒤로 밀고 당긴다. 아이가 자기 자동차로 똑같이 따라하는지 살핀다. 다음으로는 테이블에서 자동차를 치우고 연필 두 개를 올려놓는다. 연필을 쥐고 테이블을 두드리면서 "따라해"라고 한다.

장난감이나 사물 모방을 평가하고 나면 대근육 모방 기술을 평가할 차례이다. 보통은 점프나 박수치기처럼 팔이나 다리를 이용하는 큰 움직임이다. 아이는 촉구 없이도(단 "따라해"라는 지시어는 해도 됨) 당신의 움직임을 모방할 수 있어야 한다. 평가 중에는 "박수 쳐"나 "점프 해"와 같은 지시 문장은 사용하면 안 된다. "따라해"만을 사용하면서 아이가 당신을 모방할 수 있는지 확인한다. 만약 박수를 치면서 "박수 쳐"라고 말을 하면 서로 다른 두 개의 기능, 즉 수용언어와 모방 기술을 한꺼번에 평가하는 셈이 된다.

이러한 기술들을 따로 분리하여 평가하는 것은 언제나 중요하다. 결국에는 아무런 촉구가 없이도 아이가 당신을 따라하게 되겠지만, 초반에는 "따라해"와 같은 지시가 필요하다. 에코익echoic 기술과 마찬가지로 대부분 발달장애 아동들은 모방 기술이 아예 없거나 거의 모든 움직임을 따라할 수 있거나, 둘 중 하나이다. 신중한 평가가 핵심이다.

시지각 기술 평가하기

비언어기술로 평가할 수 있는 마지막 능력은 샘플 매칭*이나 시지각 기술 평가이다. 많은 자폐 아동들이 시각 학습자(visual learner)이다 보니 샘플 매칭을 잘하고 또 즐기기도 한다는 점이 이해가 된다.

언어행동분석에서는 아이가 몇 가지 아이템을 맨드mand하는 법을 배운 직후에 대개 매칭을 시작하는데, 만일 아이가 매칭이나 퍼즐 활동을 좋아하면 연합 절차를 실시하는 단계에서 일찌감치 시작하는 것도 좋다. "퍼즐"은 시각 학습력이 좋은 학생들에게 가르치는 첫 맨드mand 중의 하나이다.

매칭 기술에서는 필요한 물건이 더러 있다. 우선 집 안을 뒤져 똑같은 물건들을 모은다. 똑같은 플라스틱 포크, 아기 신발, 연필, 플라스틱 접시, 아기 장난감, 자동차 등이다. 아이템은 반드시 동일해야 한다.

그리고 똑같지는 않지만 비슷한 물건들도 필요하다. 조금씩 다른 아기 신발 세 짝, 조금씩 다른 장난감 자동차, 플라스틱 숟가락과 쇠숟가락 등등이다. 박스 하나에는 동일한 사물끼리 넣어두고 다른 박스에는 비슷한 것들을 넣어둔다.

바퀴 달린 커다란 수납장을 하나 장만해두면 물건을 정리하기 편하다. 또 큰 종이 박스를 하나 구매해두면 언어행동 프로그램에 사용할

---

* 샘플 매칭이란 같은 물건이나 그림끼리 매칭(짝짓기)하는 것으로, 완전히 똑같은 물건끼리 매칭이 기본이지만, 모양, 크기, 색이 조금씩 차이나는 것을 매칭하기도 하고, 실물과 사진끼리, 같은 기능을 가진 것끼리, 같은 특징을 가진 것끼리, 같은 범주의 것끼리 매칭하기도 한다.

그림을 넣어두기에 편리하다.

매칭 기술을 평가하려면 바닥이나 테이블에 서너 개의 아이템을 펼쳐놓는다. 아이템 사이사이에 공간을 두어야 아동이 동일한 아이템을 그 옆에 내려놓을 수 있을 것이다. 컵을 건네주면서 "맞춰"라고 말한다. 처음에는 촉구를 약간 주면서 이 테스트에서 당신이 기대하는 것이 무엇인지 아동이 깨닫도록 해도 괜찮다. 너댓 개의 사물을 대부분 잘 매칭하면 이제 비슷한 것들을 넣어둔 박스의 아이템으로 넘어간다. 하지만 아이가 테이블에 있는 장난감을 갖고 놀거나 쿵쿵 치거나 또는 테이블을 쓸어 팽개친다면, 우선은 이것부터 교육시켜야 한다.

그림 매칭도 동일한 과정이다. 그림 매칭을 쉽고도 저렴하게 준비하는 방법 중 하나는 동일한 플래시카드 두 벌을 사는 것이다.* 나 역시 할인 코너나 할인점에서 쓸 만한 자료를 많이 구입했다. 플래시 카드는 매칭 프로그램 말고도 다른 프로그램에서도 자주 사용하므로, 프로그램을 시작할 때는 손에 닿는 가까운 곳에 두는 것이 좋겠다.

별도의 특정한 물건은 구글(이미지 탭)을 검색하여 두 장을 인쇄하면 좋다. 이 방법은 특히 '계란말이'나 '백악관' 같은 모호한 대상을 찾는 데 편리하다. 또 사물과 그림 간에 매칭을 하는 데도 유용하다.

만일 아이가 동일하거나 비슷한 사물과 그림끼리 매칭하는 데 능숙해지면, 다음 단계는 동일하지 않은 아이템을 분류하는 능력을 평가하

---

* 시중에서 쉽게 구할 수 있는 〈뽀로로 사물한글카드〉 〈애플비 낱말카드〉에도 좋은 그림과 사진이 포함되어 있다. 굳이 값비싼 교구를 찾아 구입할 필요는 없다.

는 단계이다. 이것을 평가하기 위해서는 서로 다른 형태의 사과 그림 여러 개, 서로 다른 형태의 강아지 그림 여러 개를 테이블에 펼쳐두고 아이에게 강아지를 모두 분류하라고 지시한다. 아이가 이 과정을 통과하면 다른 종류의 음료수와 동물, 또는 탈것과 음식을 구분하는 보다 복잡한 분류로 넘어간다.

다른 시지각 기술로는 퍼즐 쌓기, 블록 만들기, 미로 찾기가 있다.

아동의 모든 영역을 평가했으므로, 이제 이러한 기술들을 아이에게 가르치기 시작할 때이다.

4장

강화물 개발하기

우리는 모두 긍정적인 강화에 반응한다. 우리 모두 인생에서 받았던 칭찬을 기억한다. 학교 놀이시간에 받은 박수, 좋은 성적 평가, 가장 큰 물고기를 낚아 기사에 실렸던 일에 이르기까지. 그리고 누구나 한번 칭찬을 받고 나면 더 많은 칭찬을 받고 싶어서 놀이든 공부든 낚시든 더 열심히 하고 싶어 했을 것이다. 간단히 말해, 행동을 보상하면 마음을 움직여, 다음에도 좋은 행동을 더 많이 하게 만든다.

누구나 강화에 반응하기 마련이다. 잘한 일에 대한 박수든, 일주일 끝에 받은 주급이든, 다 마찬가지이다. 우리 모두 돈을 벌자고 일을 하지 않는가. 고객의 미소를 얻기 위해 예의를 다하고, 다른 사람을 도왔을 때의 기쁜 마음을 위해 자원봉사를 한다.

아동, 심지어는 발달 지연 아동조차도 다르지 않다. 행동에 보상이 따르면 긍정적으로 반응한다. 이 보상을 우리는 강화물이라고 하며, 아마도 자폐 아동들을 가르치는 데 있어 가장 강력한 도구일 것이다. 따라서 초기부터 아이에게 무엇이 강력한 강화인지를 찾는 것은 아주 중요하다.

강력한 강화물 찾기

또한 기억해야 할 점이 있다. 강화란 아동마다 다 개별적으로 적용해야 하며, 매일매일 바뀌어야 하기 때문에 그 종류가 다양하고 풍부해야 한다. 어떤 아이는 사탕을 좋아하겠지만 어떤 아이는 오히려 싫어한다. 어떤 아이는 지연 강화로 스티커나 토큰경제를 사용해도 되지만 어떤 아이에게는 즉각 강화가 최상인 경우도 있다. 또는 앞선 예에서처럼 꾸짖거나 타임아웃이 오히려 강화가 되는 아동도 있다.

나는 글렌 래이텀(Glen Latham) 박사가 타계하기 몇 년 전인 2000년에 그의 멋진 강의를 들을 기회가 있었다. 《긍정적인 양육의 힘(Power of Positive Parenting, 1990)》의 저자인 래이텀 박사는, 인간은 누구나 부정적인 피드백 한 번에 대해 긍정적인 피드백이 여덟 번 필요하다고 역설했다. 그의 강의는 내 인생을 변화시켰다. 그는 부정적인 피드백으로 넘치는 교실의 사례를 들면서 한 번의 부정적인 피드백마다 여덟 번의 긍정적인 피드백을 얻을 수 있는 "좋은" 교실의 사례를 대비해 보여주었다. 긍정적인 피드백은 언어만이 아닌 비언어인 것일 수도 있다. 아이를 보며 엄지를 치켜주거나 그냥 웃어주는 것만으로도 충분히 강화가 될 수 있다. 교육현장의 모든 사람이 이 원리를 사용한다면 어른이든 아이든 훨씬 더 행복하고 더 생산적이 되리라고 나는 믿는다. 지난 몇 년간 내가 배운 것이라면, 긍정적인 관심을 충분히 받지 못하면 아이든 어른이든 부정적인 관심이라도 얻기 위해 문제행동을 일으킨다는 점이다. 그리고 또다른 교훈은, 발달장애 아동이 요구하는 순응과 학습의 대가는 주말에 받는 칭찬과 보상 정도가 아니라, 그 이상이라는 점이다.

언뜻 보기엔 이 강화시스템을 구축하기가 쉬워 보일 수도 있다. 하지만 실제로는 정말 어렵다. 아이들이 포만과 결핍의 원리에 근거하여 서로 다른 강화물에 서로 다른 정도로 반응하기 때문이다.

아동이 아무리 프레첼을 좋아한다고 해도 프레첼을 원 없이 먹어버리면 더는 강화물로 여기지 않을 것이다. 프레첼은 더는 강력한 동기부여가 될 수 없다. 이제 사탕가게에 들어갔다고 상상해보라. 닥치는 대로 마음껏 사탕을 먹을 것이다.

아동의 강화물을 한동안 박탈하는 전략이 먹힐 수도 있지만, 여기에는 불안정한 균형점이 공존한다. 박탈이 강화의 가치를 증가시키는 반면, 자기가 좋아하는 비디오를 고작 몇 분 보기 위해 힘든 과제를 해야 한다는 걸 깨닫기 때문이다. 만일 강화물에 비해 과제가 너무 어려우면 아이는 그만한 가치를 느끼지 못하게 된다. 아이가 특정한 음식, 활동, 책을 좋아하다가도 곧 흥미를 잃는 경우가 발생하는 이유이다. 이러한 부분은 일반 아동도 마찬가지이다.

갈수록 복잡해지는 느낌이지만, 그래도 시작은 어렵지 않다. 여기가 바로 출발점이다.

강화물 고르기

언어행동 프로그램을 시작할 때는 쉽게 통제할 수 있는 강화물을 선택하도록 하자. 예를 들어 아이가 정말 좋아하는 장난감은 프로그램 초반에 사용하기에는 좋지 않다. 강화가 끝나서 다시 회수하려면 아이와 씨름을 해야 하기 때문이다. 반면에 과자는 작은 조각으로 잘라 한 번에 조금씩 나눠줄 수 있다. 통제가 쉬운 강화물로는 M&M, 작은 컵에 따라 주는 한 모금 정도의 주스이다. 캔디나 주스를 다 먹으면 아이는 더 먹고 싶어서 다시 과제를 시작할 수 있다.

음식이 최고의 강화물 중 하나이긴 하지만, 하루 종일 아이에게 작은 음식 조각을 주는 것은 부모나 전문가들에게나 탐탁지 않은 일이다. 어떤 이는 강아지 훈련처럼 느끼고, 어떤 이는 아주 간단한 과제에도 강화하는 것을 문제라고 한다. 자폐 아동이 섭식장애를 보이는 경우도 흔하고, 과체중이나 체중미달인 경우도 많다. 또 대개 성격이 극도로 까다롭다.

나 역시 온종일 음식을 먹이는 것은 걱정스럽다. 하루 종일 끈적이는 사탕을 먹는다면 아이의 체중뿐만 아니라 충치도 걱정이다. 하지만 음식 강화물에 반응이 없는 아동은 거의 없고, 또 처음부터 칭찬에 반응하는 아이는 소수에 불과한 상황에서 음식물은 언어행동 프로그램을 시작하는 데 늘 활용된다. 다만 한입 또는 한 모금의 양을 매우 적게 해야 총량이 너무 늘어나지 않는다. 물이나 주스를 강화물로 선택해볼 수도 있다. 사탕이나 프레첼, 과자 말고도 좋아하는 음료수 역시 아이에게 맨드mand로 가르칠 만한 첫 아이템이 될 수 있다.

강화물로 비디오나 DVD 이용하기

음식물 외에도 통제가 용이한 강화물이 있다. 그중 강력한 한 가지는 텔레비전을 활용하는 방법이다. 대부분 아이들은 작은 휴대용 TV를 통해 비디오나 DVD 시청하기를 좋아한다. 이쯤에서 이런 생각이 들지도 모른다. 처음에는 하루 종일 아이가 좋아하는 음식을 먹인다더니 이제 TV를 보여준다고? 그럼 대체 학습은 언제 한다는 건가?

이 시점에서 다시 한 번 기억할 필요가 있다. 이 프로그램은 아이의 학습을 유도할 가장 효과적인 원리에 의해 설계되었다. 지금 우리가 하고 있는 것은 장기적으로 아이에게 도움이 될 만한 보상 시스템을 고안하는 일이다.

음식 강화물과 마찬가지로, TV나 비디오 시청 역시 아주 소량만 허용될 뿐이다. 바람직한 일을 1~2분 수행하면 아이는 30초간 좋아하는 비디오를 볼 수 있다. DVD가 내장된 작은 TV를 하나 구입해서 테이블에 올려놓으면 좋다. 여의치 않다면 TV를 테이블 근처에 놓아두면

된다. 어떤 경우든 재빠르게 TV를 켜거나 끌 수 있도록 리모트 컨트롤이 있는 편이 낫다.[*]

또 당신은 좋아하는 비디오가(특히 가장 좋아하는 부분에서) 꺼졌을 때 아이가 화를 낼까 봐, 또는 음식 조각이 너무 작아서 계속 더 달라고 할까봐 아주 걱정스러울 것이다. 이 책 후반부에서는 우리가 과제 중에 지속적으로 강화하는 방법을 배울 것이다. 그러나 지금 당장은 아이가 반응할 만한 물건이 무엇인지 찾는 과정부터 시작하자.

가장 좋은 방법은 아이가 보는 비디오를 잘 관찰하는 것이다. 아이가 비디오의 예고편이나 맨 뒤의 자막을 좋아하는가? 아이가 끊임없이 반복해서 보는 비디오의 특정 부분이 있는가? 아이가 가장 좋아하는 특정 부분이 어디인지 잘 기록해두면 좋다.

자기자극이나 문제행동을 강화물로 개발하기

마지막으로 아이에게 가장 효과적인 강화물을 선택할 때 중요한 점은, 아이의 자기자극 행동이나 문제행동을 잘 살펴보고 아이에게 강화

---

[*] 원저 출판년도가 2007년임을 감안하여 핸드폰, 태블릿 등 최신 기술을 활용하면 된다. 간혹 스마트폰이나 TV가 아동의 자폐를 유발한다는 말을 믿고 아예 집에서 TV를 치워버리는 경우도 있다. 그러나 스마트폰이나 TV 노출이 자폐를 유발한다는 과학적 증거는 없다(물론 만 3세까지는 스마트폰이나 TV에 노출되는 것이 득보다 해가 크다는 아동학자와 뇌과학자의 합의된 의견이 있다). 스마트폰이나 TV는 부모가 적절히 통제만 한다면 아동의 강화물로서뿐만 아니라 교육에도 다양하게 활용할 수 있는 도구이다.

가 될 만한 것이 있는지 찾아야 한다는 것이다. 아이가 벽이나 테이블에 놓인 종이나 마커를 좋아한다면 강화물로 종이나 크레용, 두들보드 같은 것들을 고려해봄 직하다. 아이가 눈 앞에서 손가락을 펄럭거리면 아마도 아이는 시각적인 자극을 계속 찾고 있는 것이다. 그럴 때는 불빛을 내뿜는 팽이가 강화물이 될 수 있다. 어지러워서 쓰러질 때까지 제자리를 빙빙 도는 아이라면 뱅뱅이(sit-and-spin toy. 제자리에 앉아서 빙글빙글 돌리는 의자 모양의 장난감) 같은 것에 반응할 가능성이 높다.

강화물 평가 완료하기

이제 종이를 한 장 꺼내어 강화물 후보군을 몇 개 영역으로 나눠볼 시간이다. 아이가 좋아하는 음식과 음료를 모두 나열하고, 아이가 좋아하는 비디오와 오디오테이프도 모두 쓴다. 아이가 좋아하는 비디오의 특정 부분도 포함시킨다. 그런 뒤 이 중에서 테이블 위에서 짧게 즐길 수 있는 강화물 목록을 만든다. 비눗방울, 불빛을 뿜는 팽이, 아이를 간지럽힐 먼지떨이 같은 것들이 해당된다. 또 다른 칸에는 테이블에서 벗어나 즐길 수 있는 활동을 나열한다. 짐볼 위에서 아이 바운싱하기, 아이를 눕히고 그 위에 짐볼 굴리기, 그네 밀어주기, 담요로 김밥 말았다 펴기, 무릎에 아이 올리고 균형 잡기, 아이 거꾸로 들기, 의자에 앉은 아이 흔들기 같은 활동이다.

어떤 아이는 강화물 설문지, 관찰기록지, 평가서를 작성할 필요가 있다. 아이를 학습시킬 사람이 주양육자가 아니라면 부모님이 간단한 강화물 설문지를 작성하면 된다(강화물 설문지는 참고자료 6 참조). 전문가 역시 프로그램을 짜기 전에 아동을 관찰해야 한다. 사실 이건 굉장히 간단하다. 그냥 아이에게 M&M 초콜릿을 건넸을 때 아이가 받아 가는지 보면 된다. 또는 아이에게 감자칩을 한 그릇 주고 얼마 만에 다 먹는지 기록해도 된다.

작성 과정에서 중요한 것은 아이가 정말 좋아하거나 기피하는 상표명까지 아주 구체적으로 적어야 한다는 점이다. 루카스는 카톤팩 우유에 빨대를 꽂아야만 먹었다. 치리오스(chirio, 시리얼 상표명-옮긴이)는 그릇에 담겨 있어야 하고, 내가 손으로 건네거나 우유에 말아주면 먹지 않았다. 혹시 선생님이 당신에게 아이의 강화물이 학교에서는 효과가 없노라고 얘기하면, 아이가 좋아하는 방식으로 선생님이 건네주는지를 확인해보는 게 좋다. 아이의 선생님이 여러 명이라면(보통 그렇겠지만), 강화물에 대해 아주 세세히 설명해주어야 한다.

혹 아이가 울거나 비명을 지르고 강화물을 밀쳐내면 그 강화물이 아이에게 적절한지, 또 올바른 방식으로 전달하고 있는지 재차 확인할 필요가 있다.

강화물 평가의 또 다른 방법으로는 강화물로 쓸 만한 후보들을 테이블 위에 펼쳐놓고 아동이 어떤 것을 고르는지, 어떤 것을 오래 갖고 놀거나, (음식일 경우) 어떤 것을 가장 먼저 먹는지 보면 된다. 또, 서로 다른 여러 가지 장난감, 활동, 음식을 방이나 테이블 위에 두고 아이가 어떻게 상호작용하는지 관찰하는 방법도 있다. 당신이 개입하지 않을 때와 당신이 개입할 때, 아이가 어느 쪽을 더 선호하는지 기록해도 좋다. 예를 들어 케이티가 그네를 타면서 기분이 좋은 것 같으면, 다가가 그네를 밀어주면서 아이의 반응을 기록한다. 당신의 개입이 케이티의 활동을 더 재미있게 하는가? 바비가 책을 보고 있을 때 책의 내용을 조금 읽어주면 바비의 활동은 좋아지는가 나빠지는가? 그냥 이리저리 페이지를 넘기는 것을 좋아하는가 아니면 당신과 소통하는 걸 더 좋아하는가? 만약 아이가 혼자 책 읽는 걸 좋아한다면 그곳이 바로 출발점이다.

그러나 우리가 원하는 것은 결국 이 모든 강화물이 강화를 주는 어른과 연합되어, 아이 입장에서도 어른이 책 읽어주는 것을 더 좋아하게 만드는 것이다. 우리는 (간식, 장난감, 활동뿐만 아니라) 사람이 아이에게 강화물이 되길 바란다. 그래야 간식이나 만화영화 말고도 칭찬을 자연스러운 강화물로 활용할 수 있다.

목록을 다 만들었으면, 이제 활용도에 따라 강화물의 우선순위를 매길 차례이다. 알고 있는 강화물 가운데 우선은 크기가 작고 통제가 쉬운 것부터 시작하는 게 가장 좋다. 쉽게 소모되고, 사용하면 사라져버리는 것, 예를 들면 먹으면 없어지는 사탕 조각, 금방 사라지는 비눗방울 같은 것들이 통제가 쉬운 강화물의 대표적인 예이다.

하지만 어떤 아이들은 책이나 끈처럼 손으로 잡거나 만질 수 있는 물건을 가장 좋아한다. 이런 강화물은 돌려받을 때 부드러운 방법을 사용해야 한다. 처음에는 책을 회수하면서 작은 사탕 조각과 맞바꾼다.

아니면 강화물을 여러 차례 즐길 수 있도록 허용해준다. 교사나 부모가 이 모든 것들을 빼앗아 가는 사람이 아니라 주는 사람이라고 아이가 인식하는 게 중요하다. 어른이 강화물을 빼앗지 않고 부드럽게 회수하면 아이는 결국 (프로그램 초반 단계에서) 씨름하지 않고 강화물을 건네주는 법을 배우게 될 것이다.

효과적인 강화물을 찾기 어렵다고 해도 절망해서는 안 된다. 어떤 아이들은 어떤 것에도 흥미를 느끼지 않는 것처럼 보여서 더 어려울 뿐이다. 하지만 어른이든 아이든, 그 기능이 어느 수준이든, 동기를 느끼는 대상이 반드시 있다고 나는 믿는다. 어쩌면 프로그램 초반에는 자기자극이 유일한 강화물일 수도 있다. 만일 제자리 빙빙돌기나 손 펄럭거리기가 아이의 유일한 동기부여 자극이라면, 이것을 활용하여 강화물을 개발하면 된다. 자기자극 행동은 시작점일 뿐, 당신은 이것과 성질은 비슷하면서 통제는 용이한 또다른 강화물을 개발해야 한다. 아이에게 손바닥이나 손가락을 쳐다보는 것보다 더 매력적인 어떤 것을 찾는 것이 목표이다.

나이에 맞는 강화물 개발하기

나는 강화물로 금기시될 만한 건 별로 없다고 생각한다. 부모들은 종종 자신의 아이가 좋아하는 것에 대해 내게 질문한다. 열 살짜리 아이에게 가장 좋은 강화물이 텔레토비라면 어떡하죠? 제 다섯 살짜리 아이가 18개월용 아기 장난감을 가장 좋아하는데 어쩌죠?

나의 대답은 이렇다. 당황하지 말라. 우선은 아이의 발달연령을 확인하라. 생활연령(생물학적 나이)이 아니다. 만일 열 살짜리 아이의 언어가 아직 두 살짜리 아동 수준이라면 텔레토비를 좋아하는 게 놀랄 일이 아니다. 그 프로그램은 그 기능 수준에 적합하다. 텔레토비를 보는 것은 출발점일 뿐, 아이의 기술과 자신감이 늘어나면 보다 연령에 적합한 강화물을 즐길 수 있도록 부드럽게 이끌어줄 수 있다. 일단은 텔레토비에서 시작하되, 여기에 새서미 스트리트(Sesame Street)를 더해보고, 나중에는 새서미 스트리트에서도 벗어나 아서(Arthur)나 스폰지 밥(Sponge Bob)으로 옮겨 갈 수도 있다.

그리고 강화물은 너무 많이 허용해서는 안 된다. 틀림없이 강화물 종류와 숫자는 끊임없이 늘고 있을 것이다. 포만과 결핍의 규칙을 기억해보자. 아이의 강화물을 제한하지 않으면, 아이는 마음껏 강화물을 해치울 것이다. 그리 놀랄 만한 일도 아니다.

명심할 사항은 이것이다. 아이의 강화물을 알아냈다면 반드시 제한을 두어야 한다. 우리 집 역시, 언어행동분석을 활용하기 전까지만 해도 강화물은 보통 치료하는 방의 바닥에 여기저기 놓여 있었다. 1년 동안 로바스 방식을 활용하고 있었으므로, 우리 치료사는 학습 중간에 휴식시간을 두고 루카스에게 "가서 놀자"라고 말했다. 그러면 루카스는 방을 둘러보다가 장난감을 선택해서 1~2분 놀고 다시 선생님이 부르는 테이블로 돌아갔다. 언어행동 프로그램에서는 아이의 강화물을 투명 박스나 자루, 또는 선반 위 높은 곳에 보관했다. 아이는 어른의 도움이 없이는 강화물을 얻거나 만질 수 없었고, 이 점이 아이와 성인 간에 어떤 의사소통의 필요성을 만들어냈다. 아이는 어른이 필요했고, 그래서 어른이란 좋은 것을 주는 사람이라고 생각하기를 바랐다.

학습 환경과 강화물 연합하기

이 프로그램의 다음 단계는 "연합" 과정이다. 연합은 이미 확립되어 있는 아이의 강화물과 주변 환경, 사람, 사물들을 실제로 짝짓는 과정이다. 아마 당신은 이미 아이의 강화물을 파악하고 아이의 손이 닿지 않는 곳에 두어 통제하고 있는 상태일 것이다. 연합은 끊임없이 실시해야 하는 과정이다. 며칠 또는 몇 주만에 완성되지 않는다. 전문가들조차 "일주일 동안 연합을 실시하고 나서 중재를 시작합시다"라고 말하는 것을 실제로 들은 적이 있다.

그러나 이것은 효과적인 방법이 아니다. 연합은 양육자나 전문가가 아이와 함께 있는 내내 강화되어야 하며, 요구가 많은 학교나 치료실에서도 여전히 매우 중요한 부분이다.

언어행동을 실시하는 한, 부모인 당신 역시 또 한 명의 선생님이나 치료사가 된다는 점을 중요하게 기억하길 바란다. 사실 지금이야말로 집 안에 치료 공간을 만들 좋은 타이밍이다. 그 크기는 방 한구석에 놓인 테이블 정도로 작아도 되고, 방 하나, 또는 지하실 전체의 크기여도 상관없다. 아이가 학습할 수 있고, 당신이 학습에 필요한 물건을 둘 수 있는 장소라면 된다. 이 장소를 강화와 연합시키는 게 바로 핵심이다.

이렇게 만든 치료 공간을 아이가 좋아했으면 좋겠다. 아이가 공부를 하고 싶어서 테이블로 달려갔으면 좋겠다. 플래시카드와 공부할 자료를 보면서 아이가 흥분하고, 그래서 즐겁게 사용했으면 좋겠다. 치료 시간 중에는 아무런 문제행동도 나오지 않았으면 좋겠다. 마치 환상 속의 얘기처럼 들리는가?

그렇지 않다. 어떤 학습 프로그램이든 그 목표는 아이가 행복하게, 자발적으로 학습하도록 만드는 일이다. 우리가 찾는 홈 프로그램의 목표이고, 당신이 바라는 아이의 모습도 아마 똑같을 것이다.

어떤 환경이 좋은 환경인지 구별할 수 있다면, 반대로 어떤 환경이 그렇지 않은 환경인지 구별할 수 있는 지표가 있다. 예를 들어 치료사가 집 초인종을 누르자마자 아이가 울며 밖으로 뛰쳐나갔다면, 아이가 치료사를 어떻게 인식하고 있는지 재평가해봐야 한다. 아이가 등교를 거부한다면, 학교 환경이 강화와 연합되지 않았다는 신호이다. 이럴 때는 학교 환경이나 선생님을 강화물과 어떻게 다시 연합시킬 것인지 그 방법을 찾아야 한다.

강화와 연합하는 방법

강화물을 찾았다면 이제 이 강화물을 학습 공간, 학습 자료, 그리고 당신(아이와 공부하는 사람)과 짝지을 방법을 찾아야 한다. 이 과정은 "연합(pairing)"이라는 아주 간단하고 즐거운 과정이다. 성인은 아이가 정말 좋아하는 강화물을 미리 갖고 있다가 아이에게 다가가, 그 강화물을 어떠한 요구 사항도 없이 아이에게 준다. 처음에는 손으로 건네주는 강화물은 안 받으려고 할 수도 있다. 아이가 교사나 치료사를 혐오 자극으로 여기는 탓이다. 그럴 때는 아이 곁에 감자칩을 놔두거나 TV를 틀어주고 테이블을 벗어나면 된다. 아이가 감자칩을 먹거나 TV를 시청하게 되면, 그다음으로는 교사가 있는 상태에서도 아이가 강화물을 즐기는 것이 목표이다. 어떤 아이는 이 단계부터 힘들어할 수 있다. 하지만 아이가 당신에게만 그러는 게 아니다. 그러니 아이의 믿음을 얻을 수 있도록 더 열심히, 더 천천히 진행해야 한다.

아이가 강화물을 집어가기 시작했다면, 이제 당신 손으로 (여전히 말 없이) 건네주기 시작한다. 아이가 아무런 문제행동 없이 강화물을 받아가면, 이제 여기에 당신의 목소리를 연합시키기 위해, 강화물을 건네주면서 그 물건의 이름을 말해준다. 강화물을 건네줄 때 "감자칩, 감자칩… 여기 있어, 지미야, 감자칩" 하고 말하는 식이다.

이렇게 아이에게 접근하여 강화물을 제공해도 아이가 편안하게 느끼는 수준이 되면, 이제 다음은 아이로부터 약간 거리가 떨어진 테이블 위에 강화물을 올려놓고 아이가 테이블로 접근하는지 살펴보는 단계이다. 시작은 그냥 의자에 앉아서 손을 뻗을 정도로 가까운 거리여도 좋다. 만일 아이가 접근하기 시작했다면 계속해서 아무런 요구도 하지 않고 강화물을 건네면 된다. 여기서도 아이는 어떤 말이나 몸짓을 취할 필요가 없다.

치료사가 강화물을 아이로부터 조금씩 더 멀리 떨어뜨리면, 결국 나중에 아이는 하던 일을 멈추고 자리에서 일어나 치료사 쪽으로 몇 발자국 걸어오게 될 것이다. 이때 주머니가 달린 앞치마를 입으면 강화물을 항상 몸에 지니고 다닐 수 있어서 편리하다. 이렇게 해서 아이는, 함께 있는 성인이 자신이 좋아하는 것은 다 갖고 있는데, 자꾸 자신에게 건네주면서 시키는 일은 아무것도 없다는 사실을 알게 된다.

강화물을 활용하고, 선생님과 연합시키는 것이 언어행동 프로그램의 핵심적인 첫 단계이다. 아마 아이는 자연스럽게 선생님에게 다가와 학습할 준비를 갖출 것이다. 프로그램의 시작에 해당하는 이 부분에서 아이에게 무엇인가를 요구하는 건 너무 이르다. 만일 연합이 쉽지 않다면 현재 사용하고 있는 강화물을 재평가하여, 강화물이 현재 환경과 잘 연합되도록 하는 게 중요하다

어떤 아동들은 (내 경우는 전체의 절반쯤이었는데) 연합이 굉장히 쉬워서 아주 빠르게 학습으로 넘어갈 수 있었다. 아동이 당신이나 선생님, 치료사에게 다가가면서도 여전히 즐거워 보인다면 이제 아동과 상호작용을 시작할 때이다. TV 본 얘기, 간지럽히기, 무릎 위에서 바운스 해주기, 노래 부르기 같은 것들이다. 그리고 아이가 정말 좋아하는 강화물과 덜 좋아하는 강화물을 연합하는 것도 매우 중요하다. 그러므로 만일 케이티가 수영은 좋아하는데 다른 사람들이 노래 불러주는 건 별로 좋아하지 않는다면, 이 두 활동을 계속 연합하여 나중에는 노래 부르기도 좋아하는 활동이 되도록 만들어야 한다.

요구의 완화

—

아이와 연합이 잘 이뤄졌다면, 이제 우선은 아주 낮은 수준의 요구부터 시작해야 한다는 점을 기억하자. 연합이 잘 된 아동에게 범하는 가장 큰 실수 중 하나는, 아이에게 너무 급하게 요구한다는 점이다. 학습은 아이 스스로 즐겁게 학습 공간에 접근했을 때 시작해야 하고, 여기서도 중요한 점은 아이가 학습인 줄도 모르게 해야 한다는 것이다. 만일 강화에서 학습으로 넘어간다는 사실을 아이가 인지했다면, 이미 과정이 너무 급격하다는 뜻이다.

그렇다면 학습의 시작 시점을 어떻게 알 수 있을까? 아주 천천히 아이에게 요구를 시작하면서 아이의 행동을 관찰해보면 된다. 요구를 시작하기 전에 아마 아이는 학습 공간으로 다가와 최소 몇 분간은 잘 착석할 수 있을 것이다. 아동은 당신의(또는 치료사의) 목소리를 잘 견딜수 있으며 팔이나 등을 쓰다듬어도 괜찮은 상태가 된다.

이제 첫 번째 과제는 아이에게 뭘 원하는지를 말하거나 표현하라고 지시하는 것이다. 처음에는 아이가 절대적으로 좋아하는 강화물로 시작한다.

만일 환경이 강화물과 충분히 잘 연합되어 있다면, 이 시작이 맨드mand하기의 토대가 되어줄 것이다. 그리고 점진적으로 장난감을 이용한 모방이나 동일한 물건의 매칭, 간단한 퍼즐 맞추기 등으로 넘어간다. 언어행동 평가양식을 참조하여 아이가 정말 쉽게 완수할 만한 과제가 무엇인지 상기해보기 바란다. 이 활동의 목적은 아이로 하여금 강화를 받는 것이 얼마나 쉬운지를 보여줌으로써 학습 동기를 유발하는 데 있다.

변동 비율 강화 스케줄

요구와 강화물을 연합했다면, 이제 강화의 VR(variable ratio, 변동 비율) 스케줄을 알아야 한다. VR(변동 비율)은 정반응(correct response)을 보이는 아동에게 강화를 주는 평균 간격을 말한다. 맨 처음에는 아무런 요구를 하지 않고 강화를 주었지만, 이제 수준을 높여 무언가를 요구한 뒤 그에 대한 모든 정반응에 강화를 주었을 것이다. 이것을 '연속 강화 비율(continuous reinforcement ratio)'이라고 한다. 연속 강화 비율이 익숙해지면, 이제 VR(변동 비율) 강화 스케줄을 도입할 때가 된 것이다.

고정 비율(fixed ratio, FR)*보다 VR(변동 비율)이 더 유리한 이유는, 강화가 크고 요구 수준이 낮다는 점은 고정 비율과 동일하지만, 강화 타이밍을 아동이 예측할 수 없기 때문이다. VR(변동 비율)은 시간이 흐를수록 강하고 안정적인 반응을 형성한다.

---

* 아동에게 강화를 주는 간격이 고정 간격인 경우를 뜻한다. 예를 들어 고정 비율 2(FR2)라면, 정반응이 두 개 나올 때마다 무조건 한 번의 강화를 준다. 고정 비율 5(FR5)라면 정반응이 다섯 개 나올 때마다 한 번의 강화를 준다. 강화를 점차 줄이는 이유는, 아동의 수행도가 높아질수록 점차 그 간격을 넓힘으로써 결국엔 강화가 적거나 없어도 정반응을 할 수 있도록 일반화하는 게 그 목적이다.

VR(변동 비율) 스케줄은 시간에 따라 점진적으로 높아진다.[*] VR2라는 의미는 아이가 강화를 받기 위해 필요한 정반응의 "평균" 개수가 두 개라는 뜻이다. 한 번에 실시하는 과제의 수가 하나이건, 둘, 셋, 또는 네 개이건 상관없다. 이렇게 한 번에 실시하는 과제를 묶어 "시행 단위 (run-through)"라고 하는데, 이 용어는 홀리 킵(Holly Kibbe)과 체리시 트윅스(Cherish Twiggs, 2001)가 만들었다. VR2를 기준으로 보면, 앞선 시행 단위에서 3개의 과제를 완료하고 강화를 했다면 다음 시행 단위에서는 딱 하나만 과제를 하면 된다.

예를 들어 어떤 아동이 VR3를 기준으로 학습을 하고 있다면, 이 시행 단위에서는 아동이 네 개의 과제를 수행하고 강화를 받은 뒤에는 다음 강화 전까지 두 개의 과제만을 수행하면 된다. 이렇게 하면 평균이 3이 되기 때문이다.

VR3 시행과제의 예를 몇 개 들어보자.

학습 전에 감자칩을 강화물로 준다. 다음 "코 만져"라고 말하고 아이가 정반응한다(반응 1). 컵을 가리키면서 "이게 뭐야?"라고 묻는 말에 아이가 정반응한다(반응 2). 강아지 사진을 보며 "이게 뭐야?"라고 묻자 "강아지"라고 정반응한다(반응 3). "일어나"라고 말하자 아이가 일어난다(반응 4). "가서 트램폴린 하자"라면서 아이가 가장 좋아하는 강화물을 준다. 여기서 시행과제에 대한 정반응의 수는 4개였다.

아이가 트램폴린에 올라 교사의 손을 잡고 즐겁게 점프한다(강화). 이

---

[*] 높아진다는 말은 숫자가 늘어난다는 의미이고, 따라서 강화받기 위해 필요한 과제의 수가 많아진다는 뜻이다.

제 교사가 노래를 부르면서 다음 시행과제를 시작한다. "열 마리 원숭이가 껑충껑충 뛰어요…"라는 말에 아이가 "침대 위에서"라고 채워 부른다(정반응 1). 선생님이 아이의 점프를 멈춘 뒤 "점프!"라고 말한다(정반응 2). 아이가 정반응하면 이에 대한 강화를 다시 받는다. 이 시행과제의 정반응 수가 2개이므로, 두 시행과제의 평균은 VR3가 된다.

VR(변동 비율) 스케줄을 증가시킬 때는 아동의 성취도에 따라 아주 천천히, 아주 조심스럽게 조정해야 한다. 만약 아이가 도피를 보이면, 세션 시작 전에 VR(변동 비율)을 낮춰두어야 한다. 어떤 아동은 월요일이나 하교 후에는 낮은 VR(변동 비율)이 필요하다. 만일 아동이 테이블에서 비협조적이거나 자기자극 행동을 한다면 대개 그 원인은 VR(변동 비율)이 너무 높은 탓이다. 이럴 때는 맨 처음 연합 단계로 돌아가야 한다. 비율을 한참 늦춘 후 다시 조금씩 조심스레 증가시키는 게 장기적으로 더 효과적인 경우도 있었다.

언어행동을 실시하고 있다면, 아동을 가르치는 모든 사람들이 동일한 VR(변동 비율) 스케줄을 실시해야 한다. 아이가 과제를 잘한다고 해서 같은 세션 내에서 VR(변동 비율) 수를 늘려서는 안 된다. VR(변동 비율)은 며칠 또는 몇 주를 두고 서서히 늘리는 것이므로, 같은 세션 중에 늘리는 것은 금기사항이다.

VR(변동 비율) 실시 내역을 기록해두면 언제 아동의 수행이 가장 좋았는지, 어떤 방식으로 문제행동을 다루는 게 가장 효과적이었는지를 측정하는 데 유용하다. 부모나 전문가 모두 자주 잊어버리는 사실은,

자신들이 아동에게 너무 많은 것을 요구한다는 점이다. 바로 집중교수 세션(intensive teaching session)*에서 이 점이 가장 잘 드러난다. 교사는 자신이 아이와 함께 잘 놀고 있다고 생각하지만 실제로는 놀이 속에 강화는 없고 요구만 많은 경우가 흔하다. VR(변동 비율) 스케줄을 활용하면 아동에게 요구하는 정도를 인식할 수 있어 과제를 진행하는 데 도움이 된다.

이 장에서는 강화의 정의와 활용법을 알려줌으로써 어떻게 아이의 학습을 도울 수 있는지 설명했다. 강화는 언어행동에 있어 가장 큰 핵심이다. 강화란 이따금 아이에게 "잘했어" 하고 칭찬하는 정도를 훨씬 넘어서는 것이다. 이 점을 학교 선생님이나 치료사, 컨설턴트에게 이해시키지 못한다면, 아마 프로그램은 실패할 것이다.

음식이나 TV를 강화물로 사용할 수는 없다고 말하는 선생님도 많이 만났다. 그러나 기억하길 바란다. 강화물 선택은 선생님이 아니라 바로 아동이 한다. 그런데도 장난감이나 비디오를 쓰면 다른 아이들에게 방해가 되고, 또 특정 아이에게만 하루 종일 사탕을 주면 공평하지 않다고 여전히 선생님들은 불만을 표한다. 불행히도 언어행동 프로그램은

---

* 언어행동분석에서 다양한 언어 기능을 훈련시키기 위해 개별시도훈련(DTT)을 발전시킨 것이 집중교수 세션이다. 기존의 DTT가 모방, 수용언어, 자조 등을 종합적으로 가르쳤다면 언어행동분석의 중심은 언어(특히 표현언어)이다. 그러나 자폐 아동은 자연스럽게 언어를 배우기 어려우므로, 보다 구조적인 틀을 만들어 직접적으로 집중 훈련시키는 방법이 고안되었다. 이때, 아동의 도피/회피를 방지하려면 무엇보다 동기부여가 중요하므로, 앞에서와 같이 강화물에 의한 치료사와 아동의 연합이 핵심이다. 이 책 전반이 사실상 집중교수 세션의 내용이며, 구체적인 절차는 8장, 9장, 10장에서 설명되고 있다.

모든 사람들이 강화의 개념을 이해하고 수용하기 전까지는 한 걸음도 전진할 수 없다. 강화물이 아이의 학업과 성장에 얼마나 필수적인지 아이의 선생님과 양육자들에게 필요할 때마다 이해시키도록 노력해야 한다.

강력하고도 개별화된 강화 시스템은 학교와 가정의 모든 언어행동 프로그램에 필수 불가결한 요소이다. 이것이 자리 잡았다면, 이제 비로소 이 프로그램의 핵심 부분, 즉 의사소통하는 법을 아이에게 가르칠 차례이다.

◀ 5장 ▶

. . . . .

맨드mand하기(요구하기)

두 살 때 루카스는 말이 거의 없었고 그래서 언어지연 진단을 받았다. 루카스는 곧바로 언어치료를 시작했다. 당시에는 아이가 자폐인 줄도 몰랐지만, 가능한 최고의 기회를 얻을 수 있도록 힘껏 돕고 싶었다.

매주 언어치료를 시작한지 얼마 되지 않았을 때, 나는 집에서 아이에게 사용할 만한 도구에 대해 언어재활사에게 물어보았다. 놀랍게도 그는 추천해줄 만한 책이 없다면서, 대신 치료세션에서 본대로 집에서 똑같이 해보라고 격려해주었다. 부모를 위한 자료가 전혀 없다는 건 생각도 못한 일인지라 나는 직접 조사를 시작했고, 하넨 기법(Hanen Method)을 설명한《대화를 하려면 두 명이 필요해(It Takes Two to Talk)》(Manolson, 1992)라는 책을 찾아냈다.*

---

* 국내에는 《말이 늦은 아이를 위한 부모 가이드》라는 제목으로 출간되었다(수오서재).

솔직히 말해서 당시 나는 아이의 자폐 가능성을 부정하고 있었던 탓에 자폐 아동의 발화에 대한 책은 찾아보지도 않았다. 그래서 만약 당신 아이가 언어지연이고 아직 자폐진단을 받거나 받을 것 같지도 않은데 이 책을 읽고 있다면, 아이를 위해 무슨 책이든 다 읽고 있는 그 용기에 박수를 보내고 싶다.

이 책에 나온 중재 방법은 일반 유아의 언어 발달에도 아주 유용하다. 한 친구는 내게 언어지연 진단을 받은 루카스에게도 자폐 치료를 병행해보라고 권했었다. 하지만 나는 그 말을 듣지 않았다. 혹시 자폐일까 봐 두려웠다. 하지만 설령 루카스가 언어지연만 있었다 해도, 단순히 언어치료만 실시하는 것보다는 ABA치료를 병행하는 편이 더 좋았을 것이다.

《대화를 하려면 두 명이 필요해》에 나온 방법에는 높은 선반에 물건 올려두기, 반복되는 일상생활의 의도적 방해, 한 단어 반복해서 말해주기 등이 있었다. 이 기법이 루카스에게는 마법과도 같은 효과를 보였고, 어휘가 두 배 이상 늘면서 사물 요구하기는 더 빈번해졌다. 루카스의 언어재활사는 아이들이 요구하기를 배울 때 학습 속도도 더 빠르고 행동도 더 향상된다는 점을 알고 있을 만큼 지식이 많았다. 그러나 환경과 강화의 연합이라든가 점진적으로 요구 늘리기 같은 것들은 잘 몰랐다. 사실 언어치료를 시작한 지 4년이 넘어 루카스가 6살이 되도록 나는 VR(변동 비율)이 무엇인지도 몰랐다.

언어재활사는 비눗방울 같은 즐거운 활동으로 세션을 시작하면서 루카스가 비눗방울을 더 요구하도록 유도했다. 이것이 맨드mand, 즉

요구하기를 가르치는 자기만의 방법이었다. 이 전략은 성공적이었고, 곧이어 차례 기다리기, 질문에 예/아니오로 답하기, 전치사, 대명사, 복수형의 추상적 개념으로 넘어갔다. 다만 루카스는 비눗방울도 좋아했고 맨드mand도 잘했지만, 일단 세션이 그 수준을 넘어서면 발전이 더뎠다.

맨드mand(요구하기)는 언어행동의 필수 요소이다. 맨드mand의 기반은 요구 충족이고, 이 책 앞부분에서 언급했듯 동기가 선행되어야 한다. 아이가 무언가를 요구하려면, 배고픔이든 어떤 것에 대한 욕구든 동기가 있어야 한다. 주스에 대한 욕구가 있어야 주스를 맨드mand하고 주스를 받는다. 치료 과정 중에 맨드mand를 하면 곧바로 그 사물이나 활동, 즉 강화가 주어지므로 맨드mand는 즉각 이득을 가져온다.

마크 선드버그 박사와 언어행동 전문가에 따르면, 문제행동은 거의 대부분 맨드mand의 결함으로 인해 발생한다. 자신의 요구가 무엇인지 표현하는 능력이 없는 것이다. 사실 이는 누구에게나 해당된다. 문제행동을 보이는 아동, 심지어는 성인의 예를 떠올려보라. 아마 자신이 원하는 물건이나 활동이나 정보를 어떻게 효과적으로 맨드mand하는지 배운 적이 없는 사람일 것이다.

음성언어만이 맨드mand의 유일한 방법은 아니다. 아기는 울음만으로도 완벽하게 이것을 해낸다. 그래서 우는 소리만으로 아이가 배가 고파서 우는지 기저귀가 젖어서 우는지 구별하는 부모가 많은 것이다. 나는 그런 재주는 없었지만, 적어도 아이 중에 누가 울고 있으면 뭔가가 필요하다는 사실은 알았다. 울음은 신생아의 첫 맨드mand이자 생존을 위한 필수 기술이다. 아이가 커가면서 요구는 점점 구체화되고, 맨드mand 기술도 그 수준을 따라간다. 6~8개월의 신생아도 안아주길 원하거나 우유 대신 주스를 원할 수도 있다. 그렇다면 아이는 자신의 새로운 욕구를 충족시킬 의사소통 기술을 어떻게든 개발할 것이다. 일반 아동들은 포인팅을 하거나 팔을 잡거나 제스처하는 법을 잘 배우겠지만, 자폐나 발달 지연 아동은 그러한 제스처 기술을 배우지 못한다. 18개월이 되도록 포인팅을 못하는 것은 사실 자폐의 주된 특징이기도 하다. 대신 계속 울음으로 의사표현을 하게 되는데, 결국 자신의 요구를 표현할 수 없는 아동들에게 울기와 떼쓰기가 패턴화되는 이유가 여기에 있다.

아이에게 의사소통하는 법을 가르치고자 한다면 맨드mand하기는 필수이다. 그러므로 우선은 아주 강력한 강화물, 그리고 강화와 연합된 학습 공간이라는 무기가 필요하다. 이에 대한 설명이 필요하다면 4장을 다시 읽어보길 바란다. 또한 아이가 무엇에 동기부여 되는지도 파악해야 한다. 보통은 테이블 위에 놓인 사물(쿠키나 주스 같은) 중 무엇에 손을 뻗는지, 당신의 손을 끌어 어떤 물건이나 활동으로 당신을 데려가는지를 보면 알 수 있다. 뭔가를 요구하기 위해 어떤 아이들은 포인팅을 하기도 하고 어떤 아이들은 불특정한 소리를 내기도 한다.

최근에 자폐진단을 받은 4살짜리 티미를 예로 들어보자. 그의 부모님은 ABA/언어행동 프로그램을 시작하고 싶다. 티미는 몇 마디 말을 할 수 있지만 맨드mand는 할 줄 모른다. 심지어 원하는 사물이 눈앞에 있어도 그렇다. 눈앞에 있는 사물을 맨드mand하는 것이 눈앞에 없는 사물이나 동작을 요구하는 것보다 수월하다. 때문에 우리는 티미에게 눈에 보이는 사물을 말로 맨드mand하도록 가르칠 것이다. (무발화 아동을 위한 별도의 전략은 다음 장에서 소개한다.)

티미는 공, 책, 침대와 비행기를 택트tact할 수 있다. 티미가 좋아하는 강화물은 감자칩, 사탕, 주스, 물, 바니 책과 비디오, 그네 타기, 작은 트램폴린에서 뛰기, 짐볼에서 점프하기이다. 부모님은 조그마한 아동 책상을 구입하여 거실 텔레비전 근처에 갖다 놓았다. 그리고 어느 정도 경력이 있는 치료사를 주 3회 고용했다. 티미는 착석에 거의 관심이 없었고 치료사나 엄마가 지시를 내리면 고집을 부리며 가지 않았다. 티미는 바닥에서 퍼즐을 맞추거나 자동차를 일렬로 세우기를 좋아하지만, 자신이 놀고 있을 때 어른이 개입하려고 하면 싫어했다. 엄마와 치료사는 티미에게 맨드mand하기를 가르칠 준비가 되었다고 믿었다. 과연 그럴까?

틀렸다!

여기서는 맨드mand를 가르치기에 앞서 해결해야 할 문제가 몇 가지 있다. 무엇보다, 프로그램 성공에 필수적인 환경과 강화물의 연합이 이루어지지 않았다. 전문가와 부모가 언어행동 프로그램을 준비하면서 가장 흔하게 저지르는 실수 중 하나는 너무 성급하게 프로그램을 시작한다는 점이다. 요구하기를 서두르면 아이는 제대로 반응하지 않는다. 사실 이건 너무 흔한 문제 중 하나여서, 내가 컨설팅하는 거의 모든 가정과 학교에서 볼 수 있는 문제이다.

강화물을 너무 많이 허용하면 안 된다

단 하나의 요구하기를 가르치더라도, 먼저 아동이 치료사를 반기고, 주변 사람들과 어울려 바닥이나 책상에 앉아 있도록 만들어야 한다. 아이가 좋아하는 물건에 손을 뻗으면 아무런 요구도 하지 않고 강화물을 받을 수 있게 해야 한다. 맨드mand 훈련을 시작하는 것은 바로 이 시점이다.

우선은 티미가 이미 말할 줄 아는 단어들을 잘 살피고 그중 어떤 것으로 첫 맨드mand를 가르치면 좋을지 분석한다. 티미가 짐볼과 책을 택트tact할 수 있고, 짐볼에서 점프하기와 바니 책 보기를 좋아하므로, 우선은 이 두 가지 맨드mand가 초반에 가르칠 대상이 될 것이다. 초기 학습 단계에서는 대개 3~5가지의 맨드mand를 가르치면 좋다. 티미는 이미 몇 개의 단어를 말할 수 있으므로, 여기서는 5개의 맨드mand에서 시작한다.

한 번에 하나의 맨드mand에만 집중하면 안 된다. 과잉 일반화(over-generalization)가 발생할 수 있기 때문이다. 예를 들어, "영화"를 맨드mand하도록 가르친 아동에게 영화를 맨드mand할 때마다 짧게 영화를 보여주었다면, 궁극적으로 아동은 영화를 보고 싶을 때마다 "영화"를 말하면 된다는 사실을 터득할 것이다. 하지만 이 아동이 배운 맨드mand가 그것 하나뿐이라면 과잉 일반화가 이루어져, 주스나 공을 원할 때도 "영화"라는 말로 요구하게 될지 모른다. 이런 이유로 한 번에 세 개에서 다섯 개의 맨드mand를 가르쳐야 하는 것이다.

아동에게 맨드mand를 가르칠 때 자주 범하는 또 다른 실수는 "더 (more)"와 "주세요(please)"를 사용하는 것이다. 이 단어는 ABA/언어 행동에 경험이 없는 사람들이 초반에 흔히 가르치는 단어이다. 뭔가를 원할 때 "더"라고 맨드mand하면 그것을 얻는다는 사실을 배울 수는 있지만, 그러나 아이가 해당 사물에 대한 실제적인 맨드mand를 배운 것은 아니다. "더" 또는 "주세요" 같은 어휘는 언어장애가 있는 아이에 게는 이해하기 어려운 추상적 개념이다. 대신 눈에 보이는 실물에 대한 맨드mand를 가르치기 시작하여 점진적으로는 눈에 보이지 않아도 맨드mand할 수 있도록 최종적으로 가르치는 게 낫다. 예를 들어, 냉 장고 안에 있는 아이스크림을 맨드mand할 수 있게 하는 것이다. 만약 티미가 "더"만 배웠다면 아이스크림이 보이지 않는 상태에서 어른은 티미가 "더" 달라고 요구하는 게 무엇인지 절대 알 수 없기 때문이다.

또한, 언어지연 아동이 완전한 문장으로 사물을 요구하도록 가르치 지 않는다. 만약 아동이 과자가 먹고 싶어서 "과자"라고 맨드mand한 다면, 이것만으로 충분하다. 아동의 발전은 문장 길이로 측정하는 것 이 아니라 말이나 수어를 사용하여 얼마나 다양하고 많은 요구 사항을 표현할 수 있는가로 측정한다. 단어를 연결하여 문장으로 만드는 것 은 아동이 눈앞에 없는 여러 가지 사물에 대해 아주 유창하게 요구할 수 있게 된 다음이라야 한다. 일단 이 단계를 지나면 두세 단어를 조합 하여 사물을 구별하도록 가르칠 수 있다. 빨간 사탕, 초코 쿠키, 달콤한 쿠키처럼 말이다. 한 번에 한 단어씩 추가하면서 의미를 더해가면 아 동은 자신의 요구 사항을 점차 세밀하게 표현할 수 있게 된다.

이제 무엇을 조심해야 하는지 배웠으니 티미에게 맨드mand하는 법을 가르쳐보자.

우리는 이미 맨드mand의 목표로 짐볼과 책을 선택했다. 티미가 말을 조금 할 수 있고 아이의 강화물도 알고 있으니 이것들을 맨드mand하도록 가르치는 일은 어렵지 않을 것이다. 시작 단계에서는 계속 과제를 쉽게 유지해야 한다는 점이 중요하다.

짐볼과 책 말고 두 개의 음식을 더 고른다. 경험에 의하면, 첫 맨드mand로는 음식을 두 개, 활동을 두 개 선택하는 것이 좋았다. 음식만 5개를 선택하면 좋지 않다. 하루 종일이라도 맨드mand를 가르쳐야 하지만, 아동은 다양한 활동에 참여하길 원한다. 만일 첫 맨드mand를 음식으로만 구성하면 맨드mand를 가르칠 수 있는 시간은 간식 시간 말고는 없을 수도 있다.

티미의 강화물 목록을 다시 점검하면서 이 중 음식 강화물의 활용도는 어느 정도인지도 고려해야 한다. 감자튀김, 베이컨, 아이스크림 등은 첫 맨드mand로 사용하기 어렵다. 뜨겁거나 차갑게 종일 온도를 유지하면서 갖고 다니기 어렵기 때문이다. 사탕이나 감자칩이 휴대에 간편하므로 강화물 목록에 자주 선택되며, 나 역시 선호하는 편이다. 나는 다섯 번째 강화물로 주스를 추가했다. 아이가 물을 좋아했기 때문이다.

첫 맨드mand로 무엇을 선택할까 결정할 때는, 그 나라 말을 전혀 모르는 나라에 와 있다고 상상해보자. 어떤 단어를 처음 배우고 싶은가? 그래서 어떤 욕구를 먼저 충족하고 싶은가? 아마 화장실 사용, 물, 피자, 택시, 기차, 호텔 같은 단어일 것이다. 당신의 아이도 욕구 충족에 가장 필요한 말을 배워야 한다는 점에서 똑같다.

우리는 짐볼, 책, 감자칩, 사탕, 주스 등 다섯 가지 맨드mand를 골랐다. 우리는 이 다섯 단어를 요구할 수 있게 티미를 가르칠 것이다.

여기서 명심해야 한다. 일반 아동은 몇 번 만에 맨드mand하는 법을 배우겠지만, 발달 지연 아동은 백 번, 천 번 시도해야 할지도 모른다. 하루 종일 가능한 한 많은 기회를 만드는 것은 당신 몫이다. 사실은 당신 역시 하루에 수백 번이라도 맨드mand를 가르칠 기회를 엿볼 것이다. 그렇다면 당신이 해야 할 일은 아이가 반복해서 뭔가를 요구할 동기를 얻을 수 있도록 분위기를 조성하는 일이다.

맨드mand하기는 일상생활 내내 가르쳐야 하지만, 하루에 몇 차례는 별도 세션을 확보해서 가르치는 것도 중요하다. 세션에서 맨드mand를 진행하려면 일단 강화물(예. 감자칩) 한 개를 아주 작은 조각으로 나눈다. 예를 들어 감자칩 열 개를 꺼내어 한 개당 네 조각으로 나누고, 쿠키도 하나를 열 조각으로 나누면 맨드mand 세션에서 아이가 강화물을 요구할 기회가 총 50회 확보되는 셈이다. 맨드mand 세션은 2분 정도로 짧게 할 수도 있고, 30분 정도로 길게 할 수도 있다. 시간이야 어쨌든 아이가 오롯이 맨드mand에 집중할 수 있어야 하고, 이 세션 동안 당신과 아이가 보다 긍정적으로 연합할 수 있어야 한다.

맨드mand 세션을 준비하면서 앞서 말한 다섯 가지 강화물을 모았다면, 이제 어떤 장소에서 세션을 진행할지 선택해야 한다. 아이가 좋아하는 장소라면 마루 바닥이든 학습 테이블이든 상관 없다. 감자칩과 캔디는 잘 보이게 투명한 봉지에 넣고, 테이블에는 작은 컵 하나와 주스를 올려놓아 티미에게 조금씩 따라줄 수 있게 준비한다.

만일 당신이 선택한 강화물이 충분히 강력하고, 이 강화물이 학습 공간과 잘 연합되어 있다면, 아이는 당신 앞에 놓인 다섯 가지 강화물을 보고 당신에게 다가올 것이다. 그리고 가장 좋아하는 강화물을 가리킬 것이다. 짐볼에서 바운스를 할 수도 있고, 감자칩을 잡을 수도 있다. 티미에게 강제로 말하게 할 수는 없으므로, 우리는 이제 "은밀한 방법"을 사용하여 아이에게 맨드mand하는 방법을 가르칠 것이다. 가장 좋아하는 강화물이 눈앞에 있으니 어쩌면 티미가 자발적으로 맨드mand 세션에 참여할지도 모른다. 지미가 짐볼 위에서 점프를 시작하면, 지미 손을 잡고 짐볼 위에서 높이 점프시키면서 아이를 더 즐겁게 만들어준다. 아이를 짐볼 위에서 즐겁게 놀게 한 뒤(이쯤 되면 아이는 당신을 밀어내지 않고 더 해달라고 표현할 것이다), 아이에게 아주 분명하게 "볼"이라고 세 번 말한다. 말하는 간격은 1~2초 정도이다.

아이가 짐볼 위에서 뛰면서 "볼"이라는 말과 "뛰어"라는 말을 혼동할까 걱정할 필요는 없다. 티미가 "볼"이라는 말을 하기 시작했다면 그 사실에만 집중하면 된다. 여기가 출발점이다. 아이가 1분쯤 짐볼 위에서 즐겁게 뛰고 놀았다면 티미 손을 잡고 점점 멈춰 세운다. 강화가 멈춘 상태에서 재빨리 "볼"이라는 말을 다시 연합시킨다(세 차례). 그리고 다시 아이를 점프시키기 시작한다.

세션 중 어느 때고 티미가 당신의 말을 따라서 "볼"이라고 하거나 자발적으로 "볼"이라고 하면, 곧바로 아이를 격렬하게 볼 위에서 점프를 시키면서 "잘했어! 볼!" "볼, 볼… 티미가 볼이라고 말했네!" 등 기타 비슷한 말로 칭찬과 강화를 퍼붓는다.

처음에는 요구를 아주 가볍고 간단하게 하는 것이 중요하다. "너 짐볼에서 뛰고 싶으면 볼이라고 말해야 해. 말해봐, 볼." 이런 식으로 말하면 안 된다. 당신에게는 별다른 요구 사항이 아니겠지만 아이에게는 아주 힘든 요구이다. 지미에게는 수행이 거의 불가능할 수도 있고, 강화가 끝났으니 이제 공부가 시작된다는 신호가 될 수도 있다. 그래서 티미의 맨드mand 세션은 처음 한동안은 사물 이름과 강화물을 두세 차례씩 연합시키는 과정처럼 보일 수도 있다.

티미가 맨드mand 세션동안 볼이라는 말을 전혀 하지 않을 수도 있다. 하지만 괜찮다. 더는 티미가 짐볼에 관심이 없을 때까지 계속해도 좋고, 다른 맨드mand로 넘어가도 괜찮다. 어떤 아동은 한 가지 강화물을 지나치게 좋아해서, 그 강화물을 학습 공간에서 아예 치워버려야 다음 강화물로 넘어갈 수 있는 경우도 있다. 배가 고플 때도 맨드mand 세션을 실시할 좋은 기회다. 당신에게 음식을 요구할 충분한 동기가 있기 때문이다.

아이가 한 가지 강화물을 지나치게 좋아한다면, 맨드mand 세션을 진행하면서 다른 강화물과 섞는 전략을 사용해보자. 티미가 짐볼 위에 앉은 상태에서 아이에게 감자칩을 주면서 감자칩 이름을 세 번 말해준 뒤 짐볼을 테이블 근처로 끌어 옮긴다. 다른 맨드mand(감자칩)를 연습하기 위해 아이가 짐볼에서 내릴 필요는 없다. 여기서 짐볼은 학습 중인 티미에게 의자 역할을 하므로, 어떤 학습을 하든 아이를 짐볼에서 내려 테이블에 앉힐 필요가 없다. 오히려 그랬다가는 이미 연합시켜둔 것들이 모두 무효가 될 수도 있다. 아이가 짐볼에는 정말 관심이 많은데 다른 맨드mand에는 별 관심이 없다면, 다른 맨드mand로 넘어가는 건 아무 소용이 없다. 이미 언급했 듯, 맨드mand에는 반드시 동기가 선행되어야 하기 때문이다.

계속해서 다른 강화물로도 같은 과정을 반복한다. 티미에게 바니 (Barney, 어린이 TV시리즈에 나오는 공룡 캐릭터-옮긴이) 책을 맨드mand하도록 가르칠 때는 간단하게 "책"이라는 단어를 사용한다. 일단 티미가한 단어 맨드mand를 여러 차례 성공해야 비로소 "바니 책", "뽀로로 책" 같은 두 단어 어구로 넘어갈 수 있다.

티미가 목표 단어 중 하나라도 자발적으로 맨드mand하면, 이제 목록에 다른 맨드mand 목표를 하나 더 추가해도 된다. 목표 단어를 추가할 때도 음식, 사물, 활동 등 종류를 계속 섞는다. 그리고 처음에는 한 단어로만 맨드mand하는 것을 목표로 한다.

하지만 이렇게 해도 효과가 없으면 어떻게 하나? 아이가 좋아하는 강화물로 수백 번 시도했는데도 티미가 여전히 맨드mand를 하지 않으면 어떻게 해야 할까? 실제로 그런 경우가 있다. 하지만 방법이 있다. 단어를 수어와 연합하면 된다. 이 방법은 다음 장에서 자세하게 설명할 예정이다. 아이가 전혀 말을 하지 않는다고 해서 걱정할 필요는 없다. 수어는 촉구하기에 용이한 전략이고, 또 가끔은 수어만으로도 단어와 요구 사항을 충분히 연결할 수 있다.

기쁜 소식이라면, 티미처럼 몇 개 단어를 말할 줄 아는 아동들 대부분은 결국 맨드mand하는 법을 배운다는 점이다. 눈에 보이는 사물을 20~30개 맨드mand할 수 있게 되면, 이제 눈에 보이지 않는 사물을 맨드mand하도록 가르칠 차례이다. 처음에는 동작을 선택하는 게 가장 좋다. 동작은 눈앞에 존재하는 사물이 아니기 때문이다. 그네를 타면서 "밀어"를 해도 좋고, "간지럽혀" "열어" "저리 가" 같은 동작도 좋다. 실물을 활용할 경우에는 아주 서서히 진행해야 한다. 처음에는 티미에게 감자칩을 주면서 몇 차례 요구하도록 시킨다. 일단 몇 번 맨드mand를 성공한 상태에서 아이가 계속 감자칩을 원하면, 이제 과자봉지를 테이블 아래나 책상 위 다른 물건 뒤에 감춘다. 과자가 눈앞에 안 보이면 요구하기도 사라지는 경우가 있다. 그럴 때는 감자칩을 눈앞에 보여주었다가 재빨리 감추면서 말로 촉구한 뒤 아이에게 준다.

티미의 발전 상황을 알 수 있는 방법은 무엇일까? 바로 데이터 수집이다. 아동의 습득 정도를 알고 싶다면 데이터 수집이 중요하다. 데이터 수집은 아이뿐만 아니라 당신에게도 중요하다. 가끔 진도가 잘 안 나가는 느낌이 들 때는 수집한 데이터를 확인한다. 데이터를 보면 아이가 얼마나 발전했는지를 실제로 알 수 있다.

데이터 수집은 언어행동 전략의 모든 영역에서 매우 중요한 부분이다. 아마 프로그램이 늘어나고 복잡해질수록 데이터를 수집하길 잘했다고 생각하게 될 것이다. 문제행동을 측정할 때 사용했던 계수기를 활용하는 것도 발전 상황을 기록하는 유용한 방법이다. 문구점 등에 가면 계수기를 쉽게 구입할 수 있다. 하루에 여러 가지 다른 프로그램을 진행한다면 계수기도 여러 개 사두는 편이 좋다. 맨드mand 세션에서 아동이 맨드mand를 할 때마다 계수기를 클릭하여 횟수를 기록한다. 수업 시간표 옆 칸에 맨드mand 횟수를 적어두면 좋다. 그리고 다음 세션이 시작되기 전에 계수기를 0으로 리셋한다.

일단 맨드mand 횟수를 세는 일에 익숙해졌다면, 동시에 두 개의 계수기를 들고 촉구 맨드mand(엄마가 '감자'라고 촉구하면 아이가 감자를 에코 익echoic하여 말하는 맨드mand)와 독립 맨드mand(언어촉구 없이 아이 스스로 '감자'를 요구한 맨드mand)를 구분하여 기록할 수도 있다. 초반에는 독립 맨드mand보다는 촉구 맨드mand가 두 배는 더 많을 것이다.

계수기를 사용하는 방법 말고도 단순하게 표를 그려 다섯 가지 맨드mand를 나열한 뒤, 맨드mand하는 단어를 점으로 기록하는 방법도 있다(129페이지의 '맨드 횟수 기록지' 참조). 이 방법은 어떤 강화물을 더 많이 맨드mand하고 어떤 강화물은 맨드mand가 뜸한지 파악하는 데 유용하다.

둘 중 어떤 방법이든 그 속에는 프로그램에 효과가 있는지, 있다면 효과의 양상은 어떤지 알 수 있는 정보가 들어 있다. 또, 만일 당신이 유능한 치료사라면, 이 정보를 이용하여 일별 또는 주별로 얼마나 맨드mand를 늘려야 할지 결정할 수도 있다.

고급 단계의 맨드mand에 들어가기에 앞서 반드시 명심해야 할 사항은 아동 언어의 기반이 탄탄해야 한다는 점이다. 아이가 상대방의 "주목"이나 "정보"를 맨드mand하기까지는 몇 년의 세월이 걸릴 수도

날짜 : 7월 6일 시간 :15분	
촉구 맨드	독립 맨드/눈앞의 사물
공 ● ● ● ● ● ●	● ● ●
책 ● ●	● ● ● ● ●
과자 ● ● ● ● ● ● ● ●	●
사탕 ● ●	● ● ● ● ● ● ●
주스 ● ● ● ● ● ●	●

있다. 하지만 당신과의 의사소통은 훨씬 일찍 시작할 수 있다. 자신감을 갖자. 이 과정은 당신이나 당신 아이에게나 평생에 걸친 일이다.

일단 아이가 다음 단계로 발전할 준비가 되었다면, 아이에게 좀 더 세련된 개념을 가르쳐주고 싶을 것이다. 하지만 기억하자. 진도의 빠르기는 아이가 정한다. 우리는 그에 맞춰 늘 높은 수준의 강화를 유지해야 한다. 아이가 여러 가지 사물과 동작과 활동을 눈앞에 있든 없든 맨드mand하게 되면, 이제 상대방의 주목을 맨드mand하는 단계로 넘어갈 수 있다. 그래서 "여기 좀 봐요"라든가 "내가 한 거 좀 봐 줘" 또는 "봐, 저기 젖소가 한 마리 있어"와 같은 문장을 말할 수 있게 된다.

사실 이 맨드mand는 훨씬 복잡하다. 앞서 말했듯, 단어나 문장을 맨드mand하려면 동기가 있어야 하는데, 티미가 진짜 맨드mand를 할 수 있다면 이미 티미가 당신의 주목과 관심을 얻고 싶어하는 동기가 있다는 뜻이다. 하지만 먹을 것에 대한 동기는 만들기 쉽지만, 젖소를 처다보라고 말하고 싶게 만드는 건 훨씬 어렵다.

아이가 궁극적으로 배워야 할 맨드mand 중 다른 하나는 정보의 요구이다. 정보에 대한 맨드mand란 예를 들면 "내 신발 어디 있어?"나 "가방 안에 뭐가 있어요?"라든가 "너 그거 어떻게 했어?"와 같은 것이다. 이렇게 정보를 맨드mand하도록 가르치는 것은 어렵다. 하지만 불가능하지는 않다. 다시 기억하자. 진도를 급하게 나가서는 안 된다. 강화물을 잘 통제하여 아이로 하여금 정보를 요청하도록 유도하자. 예를 들어 아이가 좋아하는 강화물을 불투명한 가방 안에 넣어두고 흔들어 소리를 내면서 아이를 이끈다. 아이가 가방 안에 뭐가 있는지 살짝 보려고 할 때(이 부분이 동기이다), 촉구하여 "뭐예요?"라든가 "뭐가 가방에 있어요?"와 같은 표현을 따라하게 한다. 그런 다음 가방에 무엇이 들어 있는지 얘기해주면서 가방을 건네면, 아이는 가방을 열어 자신이 좋아하는 강화물을 꺼내 갈 수 있다.

복잡한 맨드mand를 가르치는 다양한 정보는 홀리 킵과 체리시 트윅스가 만든 웹사이트 www.establishingoperationsinc.com에서 구할 수 있다.

일단 아이가 맨드mand를 통해 원하는 것을 얻게 되면, 아이의 행동은 틀림없이 향상될 것이다. 그렇지 않다면, 목표 목록으로 되돌아가서, 정말 아동이 원하고 필요한 것을 선택했는지, 그리고 주변 환경은 충분히 풍부한지 확인해보자. 그럼 아이도 잘 이해하고 따라올 것이다.

이제 아이의 의사소통 기술을 풍부하게 향상시킬, 다음 언어 기능으로 넘어갈 차례이다. 지금까지 별것 아닌 일을 한 듯 보여도, 아이가 당신과 의사소통을 할 수 있게 되는 순간, 설령 그것이 한 단어짜리 맨드 mand에 불과하더라도 당신은 틀림없이 정말 기뻐할 것이다. 아이가 하는 말이 당신 귀에는 음악처럼 들릴 것이다! 이제 이 흐름을 이어가 보자.

◀ 6장 ▶

무발화 아동의 언어 향상과 개선

모든 것을 제대로 실시했는데도 아이가 여전히 말을 하지 않는 경우가
있다.

5장에서 나는 아이가 몇 개의 단어를 사용하여 맨드mand하도록 가
르치는 방법에 대해 설명했다. 5장의 티미 사례로 돌아가 상상해보자.
몇 단어는 말할 줄 아는 아이인데도 프로그램에 반응도 없고, 세 번씩
시범 보이는 일을 수백 번 해도 눈앞에 보이는 물건조차 소리 내어 맨
드mand하지 않는다면 어떨까.

당신이 아무리 노력해도, 그리고 강화물이 아무리 강력해도 그것을
맨드mand하지 않는 아이들도 있다. 당신의 아이가 여기에 해당된다
면 아마 금방 이해할 것이다. 이럴 때는 조금 다른 계획이 필요하다. 학
습이 되지 않는 아동을 계속해서 강화하면 안 된다. 강화의 법칙이란
'강화 받은 행동은 증가한다'이므로, 티미가 말이나 의사소통을 하지

않는 상태에서 계속 강화를 주면 아이의 침묵이 강화되는 셈이다.

좀 복잡하겠지만, 음성 말고도 아이의 의사소통을 도와줄 방법은 있다. 아이가 말을 한 적이 없거나 음성으로 맨드mand하도록 가르쳐도 소용이 없다면 무발화 프로그램부터 시작하면 된다.

음성을 강요하기란 불가능하므로, 말을 촉구하는 것은 소용이 없다. 아이에게 "고양이, 해봐"라고 했는데 아이가 아무 반응이 없다고 해서 강제로 아이의 성대에 바람을 넣어 단어를 발음하게 할 방법은 없다. 하지만 아이가 수어로 고양이를 표현하거나 고양이 사진을 포인팅하도록 도울 수는 있다.

무발화 아동의 발화 가능성을 높이는 몇 가지 효과적인 전략이 있다. 이 전략들은 아이가 더욱 명확하게 의사소통할 수 있도록 도와주기 때문에, 아이가 어떤 음성언어를 가지고 있든 그 능력은 향상될 것이다.

무발화 아동에 대한 발화 전략은 2003년 BCBA가 된 이후 나의 주요 관심 분야였다. 나는 종종 말을 못하거나, 또는 부모나 전문가로부터 말을 못한다고 보고된 아이를 맡곤 했다. 그리고 몇 분 내로 아이들은 단어 비슷한 소리를 낼 수 있었다!

아이와의 수업을 관찰한 전문가들은 아이의 발전이 마치 마법이라도 되는 양 놀라워했다. 하지만 내가 한 것이라곤 마크 선드버그 박사나 빈센트 카본 박사 같은 전문가로부터 배운 절차를 시행했던 것이 전부였다. 그 절차는 당신도 집에서 직접 시행해볼 수 있다. 나는 치료사로 활동하면서 다양한 형태의 자폐 학생들, 그리고 다운증후군처럼 다른 장애를 진단받은 학생들에게도 이 기법을 시도해볼 수 있었다.

카본 박사의 영상 사례는 하나같이 모두 놀라워서 사실이라고 믿기 어려울 정도이다. 하지만 믿어도 좋다. 무발화 아이가 말을 하는 것은 가능하다. 실제로 내가 맡았던 14세 학생은 언어행동분석을 시작하고 몇 달 만에 실제 기능 언어가 발달했다.

언어치료가 유용한 것은 특히 행동주의의 틀 안에서 사용될 때이다. 하지만 표준 방식의 언어치료는 완전히 무발화인 아동에게는 효과가 없을 때가 많다. 언어병리학자인 조앤 제렌서(Joanne Gerenser), 낸시 카우프만(Nancy Kaufman), 타마라 캐스퍼(Tamara Kasper)도 ABA 접근 방식을 자신들의 기법에 접목하여 좋은 결과를 얻으면서 이러한 점을 강조했다.

연구를 통해 아이의 발화 능력을 높이거나 향상시킨다고 증명된 기법들이 여러 개 있다. 그중 수어는 내가 꼽는 최고의 전략이고, 내가 무발화 아동에게 맨드mand하기를 가르칠 때 쓰는 첫 번째 선택이다.

수어인가, 보완 대체 의사소통 시스템인가?

보완 대체 의사소통 시스템이란 언어의 보완이나 지원에 활용되는 모든 시스템을 말한다. 스키너의 언어행동분석에 익숙한 ABA 전문가들은 수어를 가장 권장한다.

언어행동 프로그램을 시작하는 아이들을 보면 그들이 사용하고 있는 보완 대체 의사소통 시스템은 대부분 효과가 없는 편이다. 사실 수어를 사용하는 아동조차 대개 촉구 의존적이거나, "주세요(please)" 또는 "더(more)" 같은 일반적인 수어를 사용할 뿐이다. 그래서 말을 못하거나 효과 없는 보완 대체 시스템을 사용 중인 아동과 프로그램을 시작하게 되면 나는 아예 백지에서 출발할 것을 고려하는 편이다.

가장 흔히 쓰이는 보완 대체 시스템은 3가지가 있다. 수어, 음성 출력 장치, 그리고 PECS(Picture Exchange Communication System, 그림 교환 의사소통 시스템)이다.

가능한 한 나는 수어를 선택한다. 수어는 이동 중에도 편리하거니와, 단어가 지닌 여러 기능들에 걸쳐 포괄적으로 활용될 수 있기 때문이다. 연구에 따르면 구어와 함께 수어를 사용할 경우 발화가 향상되는 것으로 나타났다.

아이가 수어를 할 수 있다면, 수영장에 있거나 트램폴린에서 뛰고 있을 때처럼 아주 강력한 강화물을 즐기고 있을 때도 학습이 가능하다. 아이가 항상 손을 사용할 수 있으므로, 재미있게 노는 중이라도 맨드 mand하기를 가르칠 수 있는 기회가 얼마든지 발생할 수 있다.

또, 수어는 단어의 차이를 시각적으로 보여준다. "공"과 "쿠키"의 소리가 서로 다르듯 수어도 서로 다르다. 말처럼 수어에도 단어마다 특정한 동작이 있다. 그래서 아이가 수어로 쿠키를 배워놓으면, 쿠키 사진을 보고 수어로 답을 할 수도 있고, "네가 먹는 걸 말해봐"와 같은 질문에 답하는 법도 쉽게 가르칠 수 있다. 그리하여 궁극적으로 아이는 모든 언어 기능에 걸쳐 수어를 사용하게 되는 것이다.

하지만 수어에는 몇 가지 단점이 있다. 어른들도 수어를 훈련해야 한다는 점, 수어의 효과를 높이려면 아이와 학습하는 사람 모두가 연합(pairing), 강화(reinforcement), 촉구(prompting), 형성(shaping), 촉구 줄이기(prompt fading) 같은 ABA의 원리를 이해하고 있어야 한다는 점이다. 그 가운데 가장 흔히 언급되는 단점은 수어가 지역사회에 두루 사용되지 않는다는 점이다. 맥도널드 직원들이 "햄버거"라는 수어를 이해하지 못하는 것과 같다. 아이가 나이가 들었다면 이 부분은 문제가 되겠지만, 아직 유치원이나 초등학생 나이의 아동인데 심각한 언어장애가 있다면, 아이가 사회에 홀로 발을 내딛기 전까지 아직은 수어를 사용해볼 시간 여유가 있다. 그러나 가족 구성원 모두가 아이의 수어를 배워야 한다. 아이의 수어를 그림과 설명으로 담아낸 그림 수어 사전을 직접 만들거나, 전문가 영상을 통해 아이가 말하는 수어를 배우는 방법이 가장 바람직하다.

음성 출력 시스템

음성 출력 시스템이란 아이가 버튼을 골라 누르면 기계가 대신 말을 산출해주는 기구이다. 몇 가지 선호하는 항목들만 변별하면 되는 간단한 기계에서부터, 고급 수용언어 기술과 문장 산출을 요구하는 극히 복잡한 시스템까지 다양하다.

이 시스템을 사용하려면, 아이와 학습하는 성인이 파일 다운로드나 장치의 유지보수 등 시스템 업데이트에 능숙해야 한다. 또한, 아이가 장비의 오작동이나 고장에 대응할 수 있도록 도와줘야 하고, 장비를 수리점에 맡길 경우에 대비하여 예비용 장비를 준비해두어야 한다. 이런 장비들은 대개 다루기 복잡하고, 요구하는 수용언어 능력 수준도 꽤 높다. 어떤 시스템은 가격이 5,000달러를 넘으므로, 사실상 가장 비싼 대체 시스템인 셈이다.

그림 교환 의사소통 시스템(PECS)

흔히 PECS라고 불리는 이 시스템은 그림을 사용하여 사물을 맨드mand하도록 가르치는 체계적인 접근법이다. 내가 이 시스템의 개발자인 앤디 본디(Andy Bondy) 박사와 로리 프로스트(Lori Frost) 박사로부터 훈련을 받은 것은 루카스가 ABA 학교에 입학한 지 얼마 되지 않았을 때인데, 그 학교는 발화가 된 아이들에게도 PECS를 빈번하게 사용하고 있었다.

PECS와 음성출력 시스템이 지닌 한 가지 장점은, PECS에 그려진 그림이나 음성출력 시스템에서 나오는 말이 어른이나 아동에게나 이해하기 쉽다는 점이다.

가격 면에서는 PECS가 음성출력 시스템보다 저렴하지만, 단점도 있다. PECS의 초기 단계가 지나면 아이는 자신이 원하는 아이템과 교환하기 위해 훨씬 추상적인 그림을 선택하는 법을 배워야 한다. 예를 들어 콘칩을 얻으려면 수많은 그림 중에서 콘칩에 해당하는 그림을 선택해야 하고, 궁극적으로는 커다란 PECS 책에서 해당하는 그림을 골라내야 한다. 문제는 이 책이 들고 다니기 번거롭고 사용이나 유지에 시간이 많이 든다는 점이다. 루카스가 PECS를 사용하던 당시, 나는 늘 "새 피자 그림이 필요하네"라고 중얼거렸고, 선생님들이 "퍼즐 그림이 없으니 나중에 시간이 되면 새로 하나 만들어야 겠다"라고 말하던 것이 기억난다. 게다가 PECS 책은 아이가 가는 곳마다 항상 지참해야 하고, 수영장이나 트램펄린에서 놀고 있을 때는 사실상 무용지물이다.

내가 수어를 추천하기는 하지만, 만일 당신의 아이가 보완 대체 시스템이나 음성출력 시스템을 성공적으로 사용하고 있다면 갑작스럽게 사용을 중단하지는 말기 바란다. 가장 중요한 것은 현재 사용 중인 시스템이 얼마나 잘 작동되고 있는지를 평가하는 일이다. 이 평가는 다음에 대한 질문에 답을 해보면 알 수 있다.

아이가 그 시스템을 사용하여 자신이 필요하거나 원하는 것을 하루 중 언제든지 독립적으로 요구할 수 있는가? (간식 시간에만 사용하는 것은 아닌가? 장비나 책이 손닿는 곳에 있을 때만 사용하는 것은 아닌가?) 보조 시스템이 너무 복잡하거나, 망가졌거나, 또는 능숙하게 다룰 수 없다는 이유로 아이가 분노발작이나 문제행동을 보이는가? 아이가 어떤 환경에서든 그 시스템을 활용할 수 있는가? 집과 학교에 있는 관련 인물들이 모두 일관되게 사용하는가?

이 질문에 답을 해보니 아이가 어떤 때는 그 시스템을 사용하고 어떤 때는 사용하지 않는다면, 특정한 일부 활동에는 수어를 혼합하여 사용해볼 것을 고려해보자. 예를 들어, 간식 시간에는 아이가 음성 출력 시스템이나 PECS를 사용하지만, 이것들을 가져갈 수 없는 수영장이나 트램펄린에서는 수어로 대체하는 것이다.

몇 년 전 내가 맡은 8살배기 아이는 때로는 음성 출력 시스템을 사용했지만 PECS에도 매우 능숙했으므로, 만일 음성 출력 시스템이 고장나면 PECS로 대체하여 사용했다(내가 보기엔 상당히 자주 그랬다). 그 후 우리는 아이에게 수어도 가르쳤다. 우리의 목표는 시스템을 가르치는 것이 아니라 의사소통이다. 그러니 단 하나의 장비에 아이를 제한하지는 말아야 한다.

능숙하게 수어 가르치기

———

아직 무발화인 아이에게는 거의 예외 없이 수어 사용을 추천한다. 수어는 기존의 보완 대체 시스템을 보완할 수도 있고, 아이가 아직 아무런 시스템도 사용하고 있지 않다면 수어를 배워 기능적으로 사용할 수도 있다.

첫 단계는 즉시 당신 스스로 몇 가지 수어 동작을 배우는 것이다. 당황하지 말라! 수어 교실에 등록할 필요는 없다. 그냥 아이가 가장 좋아하는 5~10개의 강화물에 대한 수어 동작을 배우고 난 다음, 추가적으로 몇 개 정도의 수어 동작을 아이에 앞서 배워두기만 하면 된다.

일단 이렇게 배운 수어를 아이에게 가르치기 시작한다. 아이가 다섯 개 중 두 개의 맨드mand를 능숙하게 할 수 있으면, 이제 (다음 맨드 mand 차례인) 나머지 두세 개 강화물의 수어 동작을 배워 가르치면 된다. 솔직히 말하면 수어 동작을 배우는 건 어렵지 않다. 어떻게 그 동작을 취하는지 가르치는 일이 훨씬 더 어렵다. 여기에 관해 내가 해줄 수 있는 말이라곤, 연습만이 완벽을 만든다는 것, 아니면 최소한 향상이라도 시킨다는 것이다. 사실 수어를 가르치는 데 있어 완벽이란 건 있을 수 없다고 생각한다. 수어를 가르친다는 건 ABA라는 과학을 이용하여 조금씩 더 비슷한 동작을 형성해가는, 지극히 복잡한 춤과도 같다.

이 복잡한 춤을 터득하는 데 가장 좋은 방법은 성인끼리 역할극을 해보는 것이다. 이 방법(역할극)은 아이에게 가르치는 기술이 무엇이든 상관없지만 특히 수어에서 효과가 높다. 한 명의 성인은 아동 역할을 하고, 제3자인 성인 한 명이 관찰을 하면서 코멘트를 해준다. 어떻게, 언제, 얼마나, 무엇을 올바른 수어로 인정할지 배워야 한다. 불행히도 가르침에는 정형화된 공식이 없으므로, 춤을 출 때처럼 순간순간 변화하여 반응해야 한다.

아이를 가르치다 보면 완벽한 수어를 고집할 것인지, 아니면 실수를 용인할 것인지 사이에서 균형점을 찾게 될 것이다. 아이가 좌절한다면 당신이 너무 강하게 밀어붙인 탓이다. 하지만 무발화 아동이 쿠키에 손을 뻗으며 갑자기 "카"라고 한다면 즉시 강화해주어야 한다.

만약 수어를 사용한다면, 아이를 가르치는 사람들 모두가 같은 단어를 같은 동작으로 표현해야 한다. 자주 회의를 해야 할 수도 있고, 때로는 동영상을 통해 모두가 같은 동작으로 수어를 하는지 확인해야 할 수도 있다. 그래야 아이가 혼란스러워하지 않게 된다.

첫 다섯 단어 가르치기

좋은 수어 사전을 구입하는 것이 가장 중요하다. 내가 좋아하는 책은 《정확한 영어 수어(Singing Exact English)》(Gustason, Zawolkow 1993)이다. 인터넷에서 수어 사진이나 그림을 찾아보는 것도 좋은 방법이다. 추천하는 사이트는 www.lifeprint.com이다.*

이외에도 언어 병리학자인 낸시 카우프먼(Nancy Kaufman)과 타마라 캐스퍼(Tamara Kasper)가 개발한 《K&K Sign》이나 《구어 말하기 세트(Say Verbal Laugauage Kit)》도 아주 유용한 자료이다. 이 알록달록한 150장의 플래시 카드에는 자폐와 관련 장애가 있는 아이들이 좋아할 만한 강화물이 그려져 있다. 카드 뒷면에는 해당 수어 동작을 어떻게 하는지 묘사되어 있을 뿐만 아니라, 각 단어가 단계적으로 분해되어 있어, 언어재활사가 아닌 일반인도 초기 단계의 미숙한 발음에서부터 똑똑한 발음에 이르기까지 점진적으로 아이에게 에코익echoic을 시킬 수 있도록 안내한다.

단계적 분해의 예로 (자폐증 아동 대부분이 선호하는 강화물인!) 디브이

---

* 우리나라의 경우 2019년 국립특수교육원에서 수어보다 동작이 쉽고 직관적으로 이해할 수 있는 《몸짓상징 손담》을 개발하여 보급하였다. 이 책 부록의 참고자료 3에 예시를 실어두었다.

디(DVD)를 들어보자. 카우프만과 캐스퍼에 따르면, 아이가 디브이디(DVD)를 말하기에 앞서 우선은 디-디를, 그리고 디-비를, 다시 디-디-디를, 그리고 디-비-디를 말할 수 있어야만 마침내 DVD(디브이디)를 말할 수 있다고 했다.

다음 단계는 아이에게 가르칠 첫 맨드mand로 아이가 좋아하는 강화물 다섯 개를 선택하는 일이다. "사과"나 "사탕"처럼 몇몇 수어는 손동작이 서로 비슷한 경우가 있다. 그러므로 당신이든 아이든 좀 더 쉽게 수어 동작을 배울 수 있으려면 선택하는 다섯 개 수어의 손동작이 서로 비슷하지 않아야 한다. 만일 아이의 강화물 목록에 "사과"와 "사탕"이 모두 들어 있다면, 그중 하나는 좀 더 구체적인 것, 예를 들면 "사탕" 대신 "막대사탕"의 수어로 바꾼다.

수어 동작이 너무 어려워서 촉구를 주기에 곤란하면 안 된다. 나중에는 아이가 촉구 없이도 수어 동작을 할 수 있어야 하기 때문이다. 어떤 수어는 일반 아동이나 어른에게조차도 어려울 정도로 정교한 소근육을 요구하는, 아주 복합한 경우도 있다. 이런 수어는 단순화하면 된다. 예를 들어 "영화"의 수어는 상당히 복잡하지만, 아이가 두 손 사이에 점토를 놓고 부수듯 비비는 동작으로 단순화할 수 있다. 아이와 함께 하는 모든 성인이 동일한 수어를 사용한다는 사실만 명심하자.

이제 수어를 가르칠 준비가 되었다. 처음 시작은 구어(말)를 해당 수어와 아이템에 연합시키는 일이다. 아이에게 감자칩을 가까이 가져간 뒤 감자칩을 주기 전과 주는 동안에 말과 수어로 "감자"를 세 차례 표현한다. 단, 이때는 아이가 손을 움직이도록 촉구하거나 말 또는 수어를 따라하도록 요구하지 않는다. 아직은 말과 수어와 아이템을 연합하는 단계이기 때문이다. 말로 맨드mand를 가르칠 때와 동일하다.

그리고 한 번에 한 단어씩이 아닌, 다섯 단어를 모두 함께 연습한다. 연합은 아이의 학습 속도에 따라 짧게는 몇 분에서 길게는 몇 주가 걸린다. 그리고 또 한 번 말하는 것이지만, 아이는 뭔가를 배우고 있다는 사실을 몰라야 하고, 동기부여는 높게 유지하며, 요구 수준은 매우 낮아야 한다. 그래서 아이가 독립적으로 수어를 할 수 있을 때까지 천천히, 그리고 편안하게 느끼게 하는 것이다.

다음은 아이가 수어를 표현하도록 신체적으로 이끌거나 촉구를 주는 단계이다. 만일 강화물인 쿠키를 얻기 위해 아이가 손을 뻗으면 엄마는 쿠키에 해당하는 수어를 보여주면서 "쿠키"라고 말을 한다. 그리고 아이의 손을 잡아 "쿠키"에 해당하는 수어 동작을 취하게 하면서 한 번 더 쿠키라고 말하고(촉구), 그제야 아이에게 쿠키를 건네면서 마지막으로 다시 한 번 "쿠키"라고 말한다. 이 과정은 모든 맨드mand에서 반복적으로 시행한다.

이 과정을 지켜보면 아마 긍정적인 상황이 제법 발견될 것이다. 많은 아동들이 원하는 물건에 대해 곧바로 독립적인 수어를 사용하기 시작한다. 그중 여럿은 수어 시범을 어른에게 요구하면서 별다른 촉구 없이도 이내 수어를 따라한 뒤 자신이 원하는 강화물을 즉시 얻어가기도 한다. 그리고 또 어떤 아동들은 아직 초기 단계인데도 수어를 하면서 동시에 비슷하게 말소리를 내기도 한다.

물론 아이가 모방도 하지 않고, 수어를 촉구해주기만 기다리면서 그저 팔을 뻗어 "좀비 손(zombie hands)"*을 만들기도 한다('좀비 손'은 펜실베니아 언어행동 프로젝트의 수석 행동분석가인 마이클 미클로스(Michael Miklos)가 고안해낸 말이다). 그럴 때는 좀 더 단호해질 필요가 있다. 점차 촉구를 줄이면서 아이가 비슷하게 취한 동작도 인정해주면서 보다 독립적으로 의사표현을 하도록 이끌어야 한다.

몇 년 전, 여간해서 독립적으로 수어를 하지 못하던 여자아이 때문에 애를 먹던 나에게 마이크 미클로스가 도움을 줬던 일이 기억난다. 아이가 배우고 있던 '팝콘'의 수어는 양손 검지를 위로 향한 채 팔을 위아래로 올렸다 내렸다 하는 동작인데, 마이크에 지적에 의하면 이 아이는 내가 그녀의 손가락을 붙잡고 위아래로 흔들어주는 동작을 즐기고 있었다. 아이가 "팝콘" 수어를 적극적으로 하지 않았던 이유는, 팝콘뿐만 아니라 나의 촉구에도 강화를 받고 있었기 때문이었다. 마이크는 나더러 아이가 조금이라도 팔을 위아래로 움직이면 그것만으로도 충분히 맨드mand로 인정해주고 곧바로 팝콘을 주라고 조언해주었다. 그러자 며칠 만에 아이는 팝콘과 비슷한 수어 동작을 만들기 시작했다. 더욱 좋았던 것은, 다른 수어 동작에서도 촉구를 제거했을 뿐만 아니라 몇 달 뒤에는 말을 하기 시작했다는 사실이다.

"좀비 손"과는 정반대로, 마치 야구에서 감독이 타자에게 사인을 보

---

* 도움(촉구)에 대한 의존도가 높아지면 아동은 그저 팔을 앞으로 뻗기만 한 채 상대방이 자신의 손을 움직여 수어를 만들어주기를 기다리기만 할 것이다. 그 모습이 마치 좀비와 같아 이를 두고 비유적으로 표현한 말이다.

내듯 자기가 알고 있는 모든 수어를 스크롤(scrolling)*하는 문제가 있다. 좀비 손이 과다한 촉구의 결과라면, 스크롤은(사실 좀비 손보다 스크롤이 더 자주 목격된다) 촉구를 너무 빨리 제거하거나 또는 아무렇게나 취한 수어에도 강화를 준 결과이다.

스크롤을 보이는 아동은 절대 강화해서는 안 된다. 아이가 몇 가지 동작을 동시에 스크롤했다면, 설사 그중 올바른 동작이 끼어 있다고 해도 일단은 아이의 손을 1~2초간 중립적인 위치에 내려놓고 더는 계속해서 수어를 스크롤하지 않도록 해야 한다. 그리고 정확한 수어를 보여준 뒤 필요한 만큼 촉구를 제공하여 아이가 정확한 수어를 만들도록 해야 한다. 그런 다음 강화해주면 된다.

일단 아이가 독립적으로 맨드mand할 수 있는 확실한 수어가 몇 개 생기면, 그다음에는 몇 초 동안 강화를 지연하면서 아이가 해당 단어를 말로 비슷하게 소리낼 수 있는지 확인해볼 차례이다. 단, 지연 시간이 몇 초 이상으로 길어져서는 안 된다. 말하고 싶도록 아이의 욕망을 통제할 수 있는 방법은 없기 때문이다.

---

* 스크롤이란, 정답이 될 만한 보기를 (교사의 눈치를 살피면서) 계속 나열해보는 것을 뜻한다(일종의 찍기). 만일 그 가운데 정답이 포함되어 있다는 이유로 아동을 강화해버리면, 아동은 무엇이 정답인지도 모르면서 다음에도 강화를 받으려고 계속 정답 후보들을 나열하기만 할 것이다. 따라서 스크롤이 나타나면 설령 그중 정답이 포함되었다 해도 절대로 아동을 강화하면 안 된다.

아동의 발화를 유도하는 또다른 방법들

내가 아는 한, 무발화나 최소 발화 아동에게는 맨드mand 상황에서 수어를 가르치는 것이 최선이지만, 아동의 발화를 촉진하는 방법은 더 있다.

첫째로, 아이에게 한 단어로 된 말을 많이 사용하여 환경을 조성할 필요가 있다. 홈 프로그램이나 학교 프로그램에 처음 가보면 정말 많은 말들이 오고 가지만 그중 대부분은 무발화 아이가 이해하기에 너무 복잡하다. 어른의 말속도는 너무 빠르고, 그래서 아이들은 자주 내용을 왜곡하거나 혼동한다. 당신이 외국에 있고 누군가 당신에게 긴 문장을 사용하면서 말을 빠르게 한다고 상상해보라. 그 나라 언어를 모른다면 대화의 요점을 파악하기란 불가능하다.

조니와 계단을 올라갈 때 "조니가 계단 위로 올라가고 있네"라는 식으로 말하기보다는, 크고 즐거운 목소리로 "위, 위, 위"라고 말하는 게 낫다. "조니 배를 간지럽혀야겠네"라는 말 대신 "간질, 간질, 간질"식으로 말하도록 노력한다. 가능한 한 강화물에 해당하는, 한 음절짜리의 쉬운 단어를 선택한다.

이 모든 단어의 수어를 배울 필요는 없다. 단지 맥락 속에서 그 단어를 세 번씩만 연합해주면 된다. 우리의 목표는, 즐겁고 행복한 톤의 목소리를 단어와 연합함으로써 나중에는 목소리가 강화물이 되도록 하는 것이다.

발화를 강화하는 또 다른 방법으로는 아이가 어떤 옹알이나, 소리, 단어에 가까운 소리를 냈을 때마다 강화물을 제공하는 것이다. 아이가 어떤 소리를 얼마나 자주 내는지 알아보려면, 적당한 길이의 시간을 정하고(15분이면 적당하다) 그동안 들리는 소리를 종이에 받아 적는다. 이 작업을 몇 번 반복하면 기초선을 잡을 수 있다.

예를 들어 15분 동안 "바-다-다", "오", "마-마"를 들었다면 아이의 옹알이 비율은 낮은 반면, 자음과 모음을 결합하는 능력은 꽤 좋다는 사실을 알 수 있다. 더불어 아이가 내는 소리를 점차 단어로 형성할 수도 있다. "바"는 양의 울음소리가, "마마"는 "맘(엄마)"이, "다다"는 "대디(아빠)"가, "무"는 소 울음소리(음메)가 될 수 있다. 또는 이런 소리가 이름에 들어가 있는 강화물을 선택할 수도 있다. 그러면 아이가 소리를 낼 때마다 강화하려고 의식적으로 노력하게 된다. "바-다-바, 라이언! 잘했어! 바-다-바,라고 했네! 여기, 과자! 바-다-바,라고 했구나!"

맨드mand 세션 전후, 또는 세션 중에라도 움직임이 많은 활동을 시도해볼 수 있다. 어떤 아동은 활동적인 놀이와 감각적인 활동을 할 때 말 산출이 증가한다. 이 기회를 잘 활용하면 어떤 활동을 할 때 아이의 옹알이가 시작되는지, 실제로 대근육 활동을 할 때 아이의 옹알이가 더 늘어나는지를 확인할 수 있다.

아이의 구강근육 향상을 위한 물리적인 방법도 있다. 내가 만난 부모 중에는 Talk Tools(talktools.com)에서 개발한 비눗방울, 나팔, 빨대의 사용만으로 아이가 다섯 살 때 발화가 되었다고 하는 이도 있었다. 비록 효과성을 입증할 통제연구는 없지만, 팔근육을 강화하면 대근육 운동에 도움이 되는 것과 마찬가지로 구강근육을 강화하면 발화에 도움이 된다고도 말할 수 있을 것이다. 또 이 도구를 이용하면 아이가 입으로 바람을 불다가 소리를 내는 것으로 연결시킬 수도 있다. 이 도구를 발명한 사라 로젠펠드 존슨(Sara Rosenfeld-Johnson)은 이학석사이자 공인 언어재활사로, 미리 계획된 프로그램에 따라 점진적으로 더 얇은 빨대를 사용하고 더 불기 어려운 나팔을 불다 보면 실제로 더 많은 말이 산출되고 발음도 향상된다고 했다.

루카스가 4살일 때, 유명한 언어재활사인 조안 제렌서(Joanne Gerenser)가 루카스를 잠시 관찰한 뒤 아이의 시피컵(sippy cup, 뚜껑에 주둥이가 달린 컵)을 모두 버리라고 말한 적이 있다. 그녀는 시피컵을 붙잡은 채 치료실을 뛰어다니는 루카스를 보고는 이 시피컵이 발화에 방해가 됨을 알려주었다. 그녀는 시피컵이 젖병만큼이나 나쁘다면서, 빨대, 물병, 일반 컵을 사용하라고 권했다. 이 모든 것들이 바로 구강근육과 조절을 향상시키는 방법이었다.

조음 향상을 위한 단계

아이가 소리를 붙여 단어 비슷한 소리를 내거나 실제 단어를 몇 개 말하기 시작하면, 이제 다른 사람들도 아이의 말을 이해할 수 있도록 단어의 명료도를 학습시킬 때이다.

루카스도 조음이 뭉개질 때가 있었다. 루카스의 "물" 발음에 대해 제렌서가 해준 조언이 기억난다. 당시 루카스는 "물" 대신 "무"라는 단어를 쓰기 시작했다. 엄하게 대하면 정확하게 발음을 할 수 있었지만, 루카스를 대하는 대부분 사람들은 루카스가 "무"라고만 해도 물을 주었다. 아이가 단어를 명료하게 말할 수 있다면, 모든 성인은 정확한 발음만 인정하고 강화해야 한다. 목표를 높게 설정하고 한 번에 조금씩 높여야 한다. 이렇게 하면 아이는 시간이 지날수록 더 잘 이해할 수 있다.

루카스도 나이가 들수록 조음 문제가 계속 생겼다. 예를 들면 "마미" 대신 "마-이"라고 발음하기 시작했다. 갑작스런 아이의 퇴행을 ABA 치료사와 상의했지만, 조음은 자신의 전문 영역이 아니므로 학교의 언어재활사와 상의하라고 말해주었다. 상의 결과, 원인은 아이의 뭉개진 발음을 어른들이 받아준 탓이었다. 설상가상으로 당시 나의 해결책은 단어를 강조하여 발음하는 것이었다. 루카스는 모방 능력이 뛰어났기 때문에 자기가 들은 모든 단어를 그대로 따라하기 시작했다. 당시 나는 마지막 자음을 지나치게 강조하면서 거의 모든 단어의 끝에 "아" 소리를 덧붙였으므로, 내가 "마아아암"이라고 말하면 루카스에게는 "마마"처럼 들렸을 것이다. 그래서 루카스는 "컵-아", "스푼-아"처럼 자기가 말하는 모든 단어 뒤에 "아"를 붙이기 시작했다. 그러다 보니 우리 집에 어린 이탈리아인이 살고 있는 느낌이었다. 제렌서는 단어의 마지막 자음을 강조하지 말라고 조언했고 해당 문제는 거의 즉각 사라졌다.

루카스보다 발화량이 적은 아이들을 위해서는 무엇보다 아이들이 각 단어를 어떻게 발음하고 있는지 목록을 적어두는 것이 중요하다.

그래야 아이들이 정확히 단어 발음을 형성하도록 도울 수 있다. 내 경우는 플래시카드를 뒤져 발음하기 쉬운 한 음절 또는 두 음절 단어를 고른다. 예를 들면 cat, dog, bed. pop, puppy, mommy, apple, candy 같은 단어들이다.* 명확한 발음이 가능한 단어를 어느 정도 찾았다면 그 단어들을 하루 종일 아이와 연습할 것을 권한다.

이제 이 단어들을 세 그룹으로 분류한다. 첫 번째는 명확하게 발음할 수 있는 단어 그룹, 두 번째는 연습이 필요하지만 가능성이 보이는 단어 그룹, 그리고 발음하기 너무 어려운 단어 그룹이다.

그중 첫 번째 그룹에서 시작하면서 아이가 명확히 발음할 수 있는 단어들을 하루에도 여러 번 연습시키고 많은 강화를 주도록 한다. 다음으로는 언어재활사의 도움을 받아 두 번째 그룹에 있는 단어의 발음 형성을 돕는다. 명확한 단어부터 연습하는 게 우선이다. 세 번째 그룹의 단어는 일단 제쳐둔다. 발음하기 어려운 단어를 택트tact 연습에 사용하면 아이가 본질적으로 오류를 연습하는 것이므로 좋은 생각이 아니다.

아이가 말할 수 있게 하려면 여러 사람의 노력이 필요하다. 아이가 말하고 정확하게 발음하도록 도움을 주는 것은 모두의 몫이다. 이러한 기술을 지속적으로 사용하면 거의 대부분 아이들의 말하기와 이해

---

* 우리말에서 엄마, 아빠, 물, 밥, 포도, 나비, 컵 같은 단어에 해당한다. 음소의 발음은 모음이 쉽고, 자음의 경우 비음(ㅁ,ㄴ,ㅇ), 파열음(ㅂ,ㅍ,ㄷ,ㅌ,ㄱ,ㅋ), 파찰음(ㅈ,ㅊ) 순서로 발음이 쉽다. 마찰음(ㅅ,ㅆ)이 가장 발음하기 어렵다. 그러나 물론 아동마다 개인차가 크다.

력은 향상될 것이다. 그리고 아이든 어른이든 그 나이가 어떻든, 언젠
가 발화할 것이라는 희망을 버리지 말아야 한다. 오히려 아이의 언어
를 확장할 수 있도록 언어행동분석과 수어를 활용하여 끊임없이 도와
주어야 한다.

◀ 7장 ▶

무오류 학습과 전이 절차의 활용

지금까지 당신은 아이의 의사소통을 도와줄 다양한 방법을 배웠다. 이미 성공적으로 강화물을 활용하고 맨드mand를 가르치고 있기 바란다. 프로그램이 제대로 진행되고 있다면, 이제는 아이와 효과적으로 수업을 시작할 때이다.

이번 장에서는 촉구(prompt), 촉구 줄이기(prompt fading), 각 언어 기능별 전이기술(transferring skills across operant), 오류 수정(error correction)에 대해 자세히 알아볼 예정이다. 언어행동 프로그램의 성공 여부는 결국 이 개념들을 정확히 이해하고 수행했느냐에 달려 있다.

촉구(prompting)

촉구란 아이의 정반응 확률을 높여줄 약간의 힌트를 말한다. ABA와 언어행동분석이 기존 프로그램과 다른 점은 오류 수정에 대한 촉구 절차가 아주 세밀하다는 데 있다.

이 책 전반에 걸쳐 촉구라는 말을 언급했으므로 이 용어는 아마 익숙할 것이다. 하지만 다양한 형태의 촉구(prompt), 촉구 줄이기(prompt fading), 오류 수정(error correction)에 대해서는 추가 설명이 필요할 것 같다. 자폐나 발달 지연 아동을 가르칠 때는 ABA의 과학성과 언어행동분석의 개념을 잘 알고 있어야 할 뿐만 아니라 치료 절차 역시 매우 정확하고 적절해야 한다.

우리가 첫 ABA/로바스 프로그램을 시작한 것은 루카스가 세 살 때였다. 처음에만 해도 행동분석가가 우리 집에서 이틀을 보냈지만, 나중에는 한 달에 한 번 방문할 정도가 되었다. 로바스 박사 직속의 전문가로부터 고도의 훈련을 받았던 그는 촉구와 촉구 줄이기에 대해 자세히 알려주었다. 루카스의 담당 치료사들과 나는 때때로 그와 다른 팀원들이 보는 앞에서 루카스에게 직접 치료를 시연했다. 그는 우리가 주는 촉구가 너무 빠르거나 많지는 않은지, 강화가 너무 늦은 것은 아닌지 평가해주었다. 그는 적어도 일주일에 세 시간은 엄마인 내가 루카스의 치료사가 되어 전문가처럼 능숙해질 때까지 연습하기를 권했다(이건 내가 BCBA(행동분석 전문가)가 되려고 공부를 시작하기 전의 일이었다). 그의 조언은 내게 큰 도움이 되었다.

촉구의 위계

기본적으로 촉구는 형태에 따라 종류가 다양하고, 개입 정도에 따라 위계가 정해져 있다. 당연히 촉구의 개입 정도가 최소여야 아이가 스스로 성공할 수 있을 것이다.

가장 개입이 심한 촉구 형태는 "완전 신체 촉구"로, 아이가 지시에 따라 정반응할 수 있도록 손이나 몸을 잡고 움직인다. 예를 들어 아이가 "코 만져"라는 지시를 듣고도 그 뜻을 몰라서 모방을 못하면, 교사가 아이 손을 잡은 뒤 손가락을 촉구하여 코를 가리키게 한다. 이것이 "완전 신체 촉구"이다. "부분 신체 촉구"도 비슷한데, 다만 교사의 도움이 아이의 팔꿈치를 살짝 건드리거나 손을 얼굴 쪽으로 움직여주는 수준에 그쳐, 아이가 코 만지라는 지시를 스스로 해낼 수 있게 한다.

제스처 촉구는 사물을 포인팅하는 것으로, 아이의 몸에 손을 대지 않는 방법이어서 개입 정도가 훨씬 덜하다. 제스처 촉구는 '집중교수 세션(intensive teaching session)*은 물론, 일상 활동에서도 활용할 수 있다. 예를 들어 케이티가 "외투 입어"라는 지시를 따르지 않는다면, 한 번 더 지시를 내리면서 외투를 포인팅하여 촉구를 준다. 케이티의 듣기 능력이 부족하고 외투 입기가 새로 배우는 기술이라면, 우선은 신체 촉구부터 시작하여 되도록 빨리 개입이 덜한 제스처 촉구로 넘어가야 한다.

---

* 다음에 이어지는 8장, 9장, 10장에서 자세하게 설명될 예정이다.

"모델링 또는 모방 촉구"는 개입 정도가 더 적다. 아이에게 코를 만지라고 지시하면서 선생님이 자신의 코를 만지면, 선생님이 원하는 게 무엇인지 아이에게 힌트가 된다. 그래서 그 동작을 아이가 따라한다면 이 방법이 적당한 촉구이다. 이 촉구도 "부분 모방 촉구"로 넘길 수 있다. 선생님이 단지 코를 향해 손가락을 움직이기만 해도 아이는 힌트를 이해하고 동작을 따라할 수 있다.

언어행동 프로그램에서 사용되는 촉구에는 시각 촉구와 문자 촉구도 있다. 이 촉구가 모델링/모방 촉구보다 개입 정도가 더 적긴 하지만, 수용언어나 매칭 기술에서는 모델링이 사실상 가장 하위 수준의 촉구이다. 시각 촉구와 문자 촉구의 가장 큰 장점은 촉구를 주기 위해 어른이 항상 그 자리에 함께 있을 필요가 없다는 점이다. 시각 스케줄은 아이에게 시간 관리를 가르칠 수 있는 좋은 시각 촉구의 예시이다. 시각 스케줄은 아이의 자조 활동과 독립적인 기술 습득을 향상시킨다.

시각 촉구는 어른과 아동이 함께 있는 상태에서도 사용할 수 있다. 예를 들어 수어가 의사소통 수단인 아동에게 선생님이 지시를 내리면서 그 말에 해당하는 수어를 보여준다. 이것이 시각 촉구이다. 그래서 수어를 하는 아동에게 "공 가져와"라고 지시하는 동시에, 손으로는 수어로 "공"을 보여주는 것이다.

문자 촉구는 상급 아동이나 일반 아동에게 유용하다. 아동에게 "공 가져와"라는 지시를 내리면서 동시에 "공"이라는 글자를 보여주는 방법이다.

언어 촉구는 개입 정도가 가장 적은 탓에 하루 종일 빈번하게 사용되지만(사견이지만 어떨 때는 너무 자주 사용된다) 심각한 언어지연 아동에게는 그리 효과적이지 않다. 언어 촉구의 예로는 지시를 반복하고 계속 상기시키는 방법이 있다. 일종의 바가지 긁기 전략이다. 하지만 아이의 언어나 인지가 성인의 지시를 따를 수 없는 수준이라면 아무리 바가지를 긁어도 원하는 결과를 얻을 수는 없을 것이다.

불행히도 선생님 중에는 큰 목소리로 지시하고 될 수 있는 한 자세히 설명을 해주면 아이들이 잘 이해할 것이라 믿는 분이 있다. 예를 들면, 지미에게 "가서 신발 가져 와"라고 지시했다고 하자. 아이가 지시를 따르지 않으면 다음과 같은 잘못된 언어 촉구가 시작된다. "지미야, 가서 네 신발 가져다 윗 층에 놓아두라고 내가 너한테 몇 번을 말했잖니… 우리 이제 가야 한다고!" 지금쯤 눈치챘겠지만, 간결할수록 더 낫다. 단어 수를 줄일수록 아이가 듣고 처리하기에 더 쉽다.

또 다른 언어 촉구로는 문장 중 한 단어만 강하게 읽는 방법, 예를 들면 "코! 만져" 하는 방식이 있다. "코 만져"라는 지시를 이해 못하는 아동에게 "코!"를 강하게 말해준다고 해서 갑자기 잘 이해할리는 만무하다. 이런 아동이 기술을 습득하려면 개입 정도가 보다 높은 촉구가 동시에 필요하다. 기억하라. 당신이 원하는 것은 처음부터 가장 효과적인 촉구를 골라 사용하는 것이다. "코! 만져"를 아무리 외쳐도 전혀 반응이 없어 결국 신체 촉구나 모방 촉구로 넘어가는 것보다는, 개입 정도가 심한 촉구로 시작했다가 빠르게 촉구를 줄여가는 방법이 훨씬 더 낫다.

나는 처음부터 지시란 단순하고 명료해야 한다고 배웠다. 필요한 것은 딱 한 번의 선행 사건이다. 만일 아이에게 "코 만져"라는 지시를 내린다면 그것이 바로 당신이 주는 선행 사건이다. 당신은 아이의 행동을 기다렸다가 후속 결과를 주면 된다. 아이가 지시를 따르도록 개입 정도가 가장 적은 촉구를 사용할 뿐, 지시에 추가로 다른 지시나 또는 말을 덧붙이지 않는다. 하지만 나는 많은 어른들이 아무런 촉구도 없이, 똑같은 지시를 계속 반복하는 광경을 자주 목격했다.

ABA 치료를 시작한 직후 남편은 루카스에게 리모컨을 가져오라는 심부름을 시키기 시작했다. 당시 루카스는 리모컨이 뭔지 몰랐고 그래서 심부름을 할 수도 없었거니와, 아빠가 손가락으로 가리키는 방향이 어딘지도 몰랐다. 남편은 똑같은 언어 촉구와 똑같은 "부분 제스처 촉구"를 자꾸 반복해서 제공했다.

선행 사건은 너무 많았고, 촉구의 개입 수준은 충분하지 않았다. 그래서 루카스는 자리에서 도망쳐 자기 좋아하는 것만 했다. 불행히도 과제는 실패했고, 아이는 싫은 과제에서 도망쳤으므로, 사실상 아이의 반항만 강화되고 있었던 셈이다.

지시를 내릴 때는 단 한 번의 선행 사건을 제공하고, 단 하나의 행동을 기대하고, 단 한 번의 후속 결과만 제공하는 것이 가장 좋다. 주는 정보가 너무 많거나 점점 많아지는 것은 아이의 엉성한 반응을 강화할 뿐이며, 당신의 말을 무시하거나 반항해도 괜찮다는 걸 가르쳐주게 될 수도 있다.

아이에게 내리는 지시는 최대한 간단해야 하고 촉구의 개입 정도는 최소한이어야 한다. 그리고 보상은 즉각 실시한다. 공을 바구니에 넣으라는 지시가 별로 소용 없어 보여도 아동이 지시를 따랐을 때 보상을 하면, 아이는 지시 수행으로 원하는 것을 얻을 수 있다는 사실을 배운다. 촉구는 가능한 한 자연스럽고 온화해야 한다. 만일 아이가 공을 바구니에 던지지 않으면 아이에게 다가가 다시 한 번 지시를 내린 뒤, 마치 놀이를 하듯 아이의 팔을 잡아 공을 던지게 도와준 뒤 강화를 제공한다.

이런 식으로 아이는 지시를 따르면 보상이 온다는 것을 배운다. 일단 아이가 규칙적으로 촉구에 반응하면 이제는 아동의 발전 상황에 따라 점점 촉구를 줄여간다. 그렇지 않으면 아이는 촉구에 의존성이 생겨 혼자서는 뭔가를 배우려 하지 않게 된다.

무오류 학습(errorless teaching)과 전이 절차(transfer procedure)의 활용

아이에게 뭔가를 열심히 가르쳐 좋은 결과를 얻는 것은 매우 흥분되는 일이다. 몇 년 전 깨달은 사실인데, 아이에게 새로운 기술을 가르치거나 처음 만난 아동을 가르칠 때는 0초 촉구를 사용하는 것이 정말 중요하다. 다시 말하면, 아이가 과제에 대해 오답이나 오반응을 보일 아주 작은 낌새라도 보이면, 그 즉시 촉구를 해야 한다는 뜻이다. 그리고 아동이 과제를 이해하게 된 것 같으면 이제 서서히 촉구를 줄인다. 촉구를 줄이는 방법은, 촉구를 주고 나서 곧바로 전이 절차를 실시하는 것이다.

전이 절차를 배우던 4년 전은 나에게 깨달음의 순간이었다. 당시 루카스는 벌써 여섯 살이었고 집에서 ABA 프로그램을 실시한 지 3년이 된 시점이었다. 나는 홀리 킵과 체리시 트윅스가 주최한 언어행동 실전 워크숍에서 전이 절차에 대한 설명을 들었다. 나는 때로는 뇌졸중 환자에게 흔한 실어증이 루카스에게 있어서 상황에 적절한 말을 못찾는 게 아닐까 생각하곤 했다. 간호사 생활을 하면서 그런 경우를 많이 보았기 때문에, 나에게는 루카스도 비슷하게 보였다. 루카스는 벽장에 있는 과자를 원할 때면 내게 문을 열어달라고 몸짓을 했다. 심지어는 벽장 문이 열려 있어서 프리첼이며 쿠키며 크래커가 한눈에 보이는데도 루카스는 자기가 좋아하는 "프레첼"을 말하지 않았다. 내가 "프레첼"이라고 말하면 루카스는 그제야 "프레첼"이라고 앵무새처럼 따라 말했고, 그래야 내가 프레첼을 전해주었다. 늘 그런 식이었다.

그러나 전이 절차를 배워보니, 루카스가 실어증이 아니라는 사실이 명백해졌다. 문제는 내게 있었다. 아이의 반응을 촉구 수준에 내버려두고 전이 절차를 시도하지 않았던 것이다.

나는 워크숍에서 돌아오자마자 새로운 계획을 시도해보기로 했다. 루카스가 내 말을 따라 반복해도 곧장 프레첼을 손에 쥐여주지 않고 잠시 머뭇거리며 어깨를 으쓱거리거나 "뭐 줄까?"라고 말했다. 그래서 프레첼이 먹고 싶으면 다시 "프레첼"이라고 말하게 했다.

루카스가 스스로 "프레첼"이라고 말하는 것이 새로운 목표였다. 나는 이 개념에 대해 열심히 연구했고, 마침내 루카스를 상대로 실시했던 통제 실험의 결과가 2005년, 학술지인 〈언어행동분석(The Analysis of Verbal Behavior)〉에 게재되었다.

이 기술은 두 가지 방법으로 실시해볼 수 있다. 하나는 동일한 기능 속에서 실시하는 전이 절차이고, 또 하나는 서로 다른 언어 기능 간에 실시하는 전이 절차이다. 동일 기능 속 전이 절차란, 촉구에 의한 지시 따르기를 촉구가 없어도 (또는 촉구가 줄어들어도) 할 수 있게 하는 것이다. 앞선 루카스와 프레첼의 예가 바로 여기에 해당하는 "촉구 줄이기(prompt fading)"이다.

동일 기술 또는 동일 기능 속 전이 절차의 또 다른 예를 들어보자. 내가 수지라는 아이에게 수용기술을 가르칠 때였다. 예를 들어 "박수 쳐"라는 지시를 내려도 수용언어가 부족한 수지는 지시 수행이 불가능했다. 그렇다면 이때는 우선 "완전 신체 촉구"를 사용하여 즉시 수지의 손을 잡고 박수를 치게 한 뒤, 곧바로 M&M 등 강력한 강화물로 강화한다. 이는 개입 정도가 아주 많은 촉구이고 아직 전이 절차는 시행하지 않은 상태이다. 여기서 강화 직전의 촉구를 조금씩 줄이는 것이다. 물론 아예 뺄 수도 있다. 박수를 촉구한 직후 M&M를 주는 대신 칭찬 (또는 약한 강화물)을 준 뒤 다시 "잘했어… 박수 쳐"라고 재지시한 뒤 아이가 할 수 있는지 기다려보는 것이다. 내가 끈기 있게 칭찬을 계속하여 수지가 약한 촉구에도 반응하면, 그제야 강력한 강화물인 M&M를

주었다. 이 상황을 묘사하면 이런 식이다

교사 : "박수 쳐." 즉시 수지의 손을 잡고 박수를 치게 함.

수지 : 교사로부터 완전신체촉구를 받아 박수를 침.

교사 : "잘했어, 박수 쳐." 수지의 팔 또는 팔꿈치를 건드림.

수지 : 손뼉을 침.

교사 : 활짝 웃으며 M&M를 주고 "잘했어!"라고 말해줌.

다음은 택트tact의 전이 예시이다. 샘은 택트tact할 수 있는 사물이 몇 백 개쯤 되는 중급 수준의 아동이지만 "불도저"는 아직 택트tact하지 못한다. 다음은 이에 대한 전이 절차이다:

교사 : "이게 뭐야? 불도저."

샘 : "불도저."

교사 : "잘했어. 이게 뭐야?"

샘 : "불도저"

교사 : 칭찬 후 아이가 좋아하는 DVD를 짧게 보여줌.

강한 촉구에서 약한 촉구로 전이하는 것 말고도, 서로 다른 언어 기능 간에도 전이 절차를 시도할 수 있다.

내가 언어 기능간 전이에 대한 연구에 흥미를 느낀 때는 2001년이었다. 루카스가 6~7세였을 때 집에서 1시간 정도 떨어진 ABA 학교에 다니고 있었다. 입학한 지 4개월쯤 지났을 때 나는 루카스가 선생님들의 이름을 잘못 사용한다는 것을 알게 되었다. 예를 들어 치료사인 앰버가 우리 집에 왔다가 돌아가면서 "안녕, 루카스" 하고 인사를 하면 루카스는 "안녕, 헤일리"라고 답했다(헤일리는 루카스의 담임 선생님 이름이었다). 그럼 앰버는 아이의 오류를 수정하느라 "아니야, 나는 헤일리가 아니야. 안녕 앰버,라고 해야지"라고 말했고 그럼 루카스는 "안녕 앰버"라고 대답했다. 그는 (슬프지만) 전이 절차 없이 돌아간 셈이다.

당시 나는 BCBA(행동분석 전문가) 자격을 위한 수업 과정을 완료한 상태라서 이 상황이 어떤 상황인지, 그리고 뭘 어떻게 해야 할지 금방 알 수 있었다. 과거에 우리는 루카스에게 인사법을 가르치느라 꽤 열심히 노력한 적이 있다. 아이가 일반 유치원에 다닐 때 16명의 반 친구들 이름을 모두 가르친 적이 있었다. 그런데 ABA 학교에서는 선생님과 학생의 이름을 전혀 가르치지 않은 상태에서 인사법만 일반화시키다 보니 계속 루카스가 실수를 하고 있었고 또 많은 혼란을 초래했다. 명백한 프로그래밍 오류였다. 그래서 우리는 이를 수정하기 위해 즉시 절차에 착수했다. 이런 오류가 생길 때마다 우선 선결 요건이 갖춰져 있는지 그 여부를 살펴보아야 한다. 기초는 탄탄한 상태인가? 이 기술을 어떻게 잘게 쪼개야 루카스가 성공할 수 있을까?

이를 위해 루카스가 반 친구들의 이름을 모두 배워 성공적으로 사용했을 때를 돌이켜보았다. 우리는 아이들 사진을 보여주면서 이름을 택트tact하도록 가르쳤다. 한 번에 한 명씩. 마치 드릴로 구멍을 뚫듯이.

나는 담임 선생님께 같은 교실에 있는 선생님과 친구들 열 명의 사진을 보내달라고 요청했다. 마침 2주간 방학이 시작될 즈음이어서 나는 담임 선생님께 방학이 끝날 때까지 열 명의 이름을 모두 배우는 것이 루카스의 목표라고 말했다. 그리하여 매일 한 무더기의 사진을 꺼내들고는 한 번에 한 장씩 "이게 누구야?" 하고 질문하는 일이 시작되었다.

사진 열 장을 차례로 "사전 평가(cold probe)"*하는 과정을 거쳐, 세 장의 사진을 표적으로 선정했다. 테이블 위에 사진 세 장을 펼쳐놓고는 루카스에게 "앰버 만져"라고 지시했다. 아이가 앰버의 사진에 손을 대면, 동시에 "앰버"라고 에코익echoic하게 했다. 그러면 나는 즉시 이 수용언어를 택트tact로 전이하려고 "맞아… 이건 누구야?"라고 물었고 그럼 루카스는 "앰버"라고 답했다.

매일 5분에서 10분 정도를 할애하여 루카스에게 이름을 가르쳤다. 세션을 시작하기에 앞서 우선은 열 장의 사진 중 아이가 택트tact할 수 있게 된 것이 있는지 사전평가한 뒤, 택트tact가 가능해진 사진은 빼고 새로운 표적사진 세 장을 골랐다. 2주가 지나자 루카스는 10명의 이름을 모두 배웠고, 망설임 없이 유창하게 사용할 수 있게 되었다. 루카스는 2주 만에 모든 반 친구와 선생님의 이름을 알게 되었을 뿐 아니라, 이름에 인사말도 덧붙여 사용할 수 있게 되었다.

이 사건은 이것이 루카스를 위한 최적의 학습법임을 증명했고, 그 계

---

* 가르치려는 내용을 아동이 이미 알고 있는지, 또는 가르쳤던 내용을 아동이 잘 습득하고 있는지 확인하기 위해 실시하는 간헐적인 평가를 뜻한다. probe의 번역어가 탐사, 탐침인 것을 미뤄보면 이해하는 데 도움이 될 것이다.

기로 루카스와 다른 아이들을 대상으로 한 행동기능 간 전이 절차에 대한 연구를 계획하게 되었다. 나는 그 2주 동안 무슨 일이 있었던 건지 집중하고자 했다. 그 결과 밝혀진 사실인데, 당시의 나는 표현언어보다 월등했던 루카스의 수용언어를 활용하여, 수용언어에서 택트tact로 반 친구들의 이름에 대한 전이 절차를 실시하고 있었던 것이다. 그리고 시행 절차를 면밀히 검토해보니 그 외에도 에코익echoic에서 택트tact˝ 전이도 혼합하여 사용하고 있었다.

이제 이 행동기능간 전이 절차는, 해당 아이가 말을 할 수 있건 없건 상관없이, 내가 맡은 모든 아이마다 실시하는 기법 중 하나가 되었다 (무발화 아동이면 수어가 가장 효과가 좋다).

다음은 기능 간 전이 절차의 사례이다.

수용언어에서 택트tact 전이

교사 : "불도저 만져."

학생 : 불도저 그림을 만짐. (수용언어)

교사 : "이게 뭐야?"

학생 : "불도저." (택트tact)

에코익echoic에서 택트tact 전이

교사 : "따라해, 공."

학생 : "공." (에코익echoic)

교사 : 공이 그려진 그림을 들고 "이게 뭐야?"라고 말함.

학생 : "공." (택트tact)

매칭에서 수용 전이

교사 : 고양이 사진을 학생에게 보여주며 "고양이끼리 맞춰."

학생 : 고양이 사진끼리 매칭함. (샘플 매칭)

교사 : "고양이 만져."

학생 : 고양이를 만짐. (수용언어)

택트tact에서 인트라버벌intraverbal 전이

교사 : 숫자 9가 쓰인 플래시카드를 들고 "무슨 숫자야?"

학생 : "아홉." (택트tact)

교사 : "너 몇 살이야?"

학생 : "아홉." (인트라버벌intraverbal)

행동 기능 간 전이 절차는 아이의 강점을 발판으로 약점을 보완하는 아주 유용한 방법이다.

오류 수정

기능이 좋은 아동들조차 실수하기 마련이어서 실수 전에 즉시 촉구할 수 있도록 대비하는 것은 중요하지만, 그래도 실수는 발생한다. 오류를 어떻게 다루느냐에 따라 당신은 아이의 발달에 도움이 될 수도, 방해가 될 수도 있다. 좀 염려스럽긴 하지만, 그래도 주변 모든 사람들에게 아이의 오류를 적절히 다룰 수 있도록 가르쳐야 한다.

하지만 이것도 현실적으로는 어렵다. 그래서 어떤 오류는 어쩌면 부지불식간에 강화되고 있을지도 모른다. 중급 수준의 아동이 수영장 사진을 보고 "수영"이라고 하거나, 칠판을 가리키며 이름을 물으면 "선생님"이라고 대답하는 경우를 나는 자주 목격했다. 이것은 아동이 정답을 몰라서도 아니고 올바른 택트tact를 가르칠 수 없을 정도로 인지에 문제가 있어서도 아니다. 아동의 오류가 과거에 계속해서 강화를 받았기 때문이다.

오류를 수정하는 방법은 다음과 같다.

앤드류라는 8세 아동의 사례를 보자. 자폐 아동인 앤드류는 말을 할 수 있고 몇 가지 강화물을 맨드mand하거나 택트tact할 수 있다. 이제 당신은 이 아이에게 일반 사물의 그림을 보고 택트tact하는 것을 가르치려고 한다. 택트tact의 목표는 침대이다. 이 단어를 선택한 까닭은, 앤드류에게 침대 그림을 보여주면서 "이게 뭐야?"라고 물으면 "담요"라고 답하기 때문이다.

전혀 반응이 없는 아동보다 오답을 말하는 아동을 가르치기가 사실 더 어렵다. "침대"와 "담요", 또는 "의자"와 "앉아"는 비슷한 단어지만, 부모님이 아이의 오답을 활용하여 정답을 이끌어내려고 할수록 오히려 오류만 강화된다. 의자 그림을 보고 "앉아"라고 말하는 아동에게 오류 수정 절차를 잘 모르는 교사는 이렇게 대답한다. "맞아, 너 지금 의자에 앉아 있어, 그래. 그게 의자야.” 하지만 아동은 절대로 “의자”라고 말하지 않는다. “앉아”라는 단어만 강화될 뿐이다.

이러한 오류를 수정하려면, 일단은 사진이나 실제 침대를 가리키면서 다시 “이게 뭐야?”라고 묻는다. 그리고 앤드류가 “담요”라고 말할 틈도 없이 즉시 “침대”라는 말로 촉구를 준다. 앤드류가 “침대”라는 말을 에코익echoic하면 이제 당신은 “맞아. 이게 뭐라고?”라고 재차 질문하면서 에코익echoic에서 택트tact로 전이를 실시한다. 두 번째 질문에서는 촉구를 줄이거나(예를 들면 침대라는 말의 초성인 ㅊ만 발음한다) 앤드류가 아무런 촉구 없이 스스로 말을 하는지 기다려본다.

다음은 앤드류 오류 수정의 예시이다.

교사 : 침대 그림을 들고 “이게 뭐야?”라고 물어봄.

앤드류 : “담요.”

교사 : 침대 사진을 다시 들면서 재질문하되, 즉시 정답인 “침대”를 촉구함.

앤드류 : 교사의 언어촉구에 따라 “침대”라는 말을 에코익echoic함.

교사 : “맞아~ 이게 뭐라고?”

앤드류 : 촉구 없이 “침대”

오류는 실제 환경에서도 발생한다. 자폐나 언어장애 아동의 공통된 문제 중 하나는 대명사를 바꿔 사용하는 것이다. 엄마가 “공 나한테 굴려”라고 하면 아이도 “공 나한테 굴려”라고 하면서 공을 굴린다. 엄마가 “너 머리 빗어”라고 하면 아이도 “너 머리 빗어”라고 하면서 머리를 빗는다. 간단한 해결책은 대명사를 없애는 것이다. 아동이 반향어가 심할 경우 특히 좋은 방법이다. 그냥 간단하게 "공 굴려" 또는 "머리 빗어"라고 하면 된다. 아이가 충분히 발전한 다음에 촉구를 이용해서 적절한 대명사를 가르치면 된다. 아이를 가르칠 때는 항상 아이의 관점에서 말하는 버릇을 들여야 한다. 그래서 "너한테 쿠키 줘"라는 아이에게는 "나한테 쿠키 줘"를 촉구히여 에코익cchoic시킨 뒤, "맞아! 이제 다시 물어봐" 하는 식으로 전이 절차를 시행한다. 아이가 촉구 없이도 "나한테 쿠키 줘"를 성공하면 쿠키를 주어 강화한다.

대명사를 바꿔 말할 때는 강화하면 안 된다. 그랬다가는 다른 강화에서처럼 오히려 오류가 늘어나게 된다.

행동 기능에 대한 촉구, 촉구 줄이기, 오류 수정, 전이 기술은 아동을 가르치는 핵심 도구이자 무기이며, 어디서든 항상 연습해야 할 기술이다. 좀 어려워 보일 수는 있겠지만 꼭 기억하길 바란다. 당신도 충분히 아이를 강화시킬 수 있다. 아이의 반응이 정확해지면 당신 역시 보람을 느낄 것이다.

8장

수용언어와 비언어 기능 가르치기

1999년 루카스가 로바스 방식의 ABA 프로그램을 시작했을 때 우리가 처음 가르쳤던 기술은 수용언어, 모방, 매칭 기술이었다. 이미 루카스는 맨드mand와 빈 칸 채워 말하기를 포함하여 말할 수 있는 어휘가 100개쯤 되었지만, 일단은 로바스 프로토콜(protocol)*에 지정된 단계부터 시작했다. 바로 비언어기술이었다. 스키너는 수용언어를 청자 기술(listener skill)로 설명하면서, 모방이나 매칭 기술은 별로 주목하지 않았다. 이 기술을 "언어행동"으로 여기지 않았던 탓이다.

하지만 이러한 기술이 중요하지 않다는 의미는 아니다. 최근 언어행동 프로그램에서는 이러한 비언어 기능을 중요하게 생각하고 프로그램 초반부터 가르친다. 이 프로그램을 초반에 실시하는 게 좋은 이유

---

* 학업에 필요한 내용을 지정된 절차에 따라 체계적으로 나열한 틀. 이 틀을 기준으로 아동의 현재 수준을 평가(assessment)하기도 하고, 무슨 내용을 어떤 순서로 가르칠 것인가 정하기도 한다.

는 일단 촉구하기가 매우 쉽고(아이 입장에서는 말이 필요 없음), 언어행동 프로그램에 참여하려면 어떤 아동이든 지시 따르기(수용언어)가 필수적이기 때문이다. 처음에 가르치는 지시는 따르기 쉬운 것이어야 한다. 수용언어 기술의 미덕은 아이에게 말을 시키지 않아도 된다는 점, 그리고 순응하기 쉽다는 점이다. 또 아이의 아주 작은 반응에도 보상을 해주어, 다른 프로그램을 실행할 때 추진력이 되어준다.

이 기술을 가르치면 아이의 반항이나 좌절감을 학습으로 전환시킬 수도 있다!

청자 기술(수용언어 기술) 가르치기

최근 선드버그 박사로부터 "수용언어 기술"을 "청자 기술"이라는 용어로 대체한다는 소식을 들었다. 스키너 박사의 딸인 줄리 바르가스(Julie Vargas)가 선드버그 박사에게 오랫동안 이를 요청했던 이유는, 스키너 박사가 "수용언어"라는 용어를 지나치게 인지적인 것으로 믿었기 때문이라고 했다. 맨드mand, 택트tact, 에코익echoic, 인트라버벌intraverbal을 설명하기에 "표현언어"라는 단어가 너무 모호하다는 것과 같은 맥락에서, 수용언어를 평가하고 개발하는 과정을 설명하기에는 "청자 기능의 발달"이라는 용어가 더 낫다고 박사는 믿고 있다.

수용언어 또는 청자 기술이란 타인의 지시에 반응하는 능력이다. 청자 기술이 있는 아동이라면 "박수 쳐", "줄 서", "신발 신어" 같은 말에 적절히 반응할 수 있다. 일반 아동은 아직 말하기 전 월령이라도 "휴지 가져와"라든가 "리모컨 찾아봐", "엄마 가리켜봐"와 같은 지시를 따를 수 있다. 일반 아동의 발달과정을 살펴보면 채 한 살도 안 된 아동조차 수용언어 기술이 매우 높은 수준임을 알 수 있다.

자폐 아동은 돌 무렵에 청자 기술의 발달이 지체되거나 퇴행하여 진단 시점 즈음에는 거의 바닥 수준이 된다. 아마 당신은 아이가 이름을 불러도 대답을 않는다거나 신발을 신으라고 해도 반응이 없던 경험이 있을 것이다. 심지어는 "박수 쳐"라든가 "머리 만져" 등 아주 간단한 지시도 따르지 못한다.

ABA를 시작하기 전, 루카스에게는 수용언어가 거의 없었다. 내가 이 사실을 깨닫게 된 것은 둘째아들 스펜서가 태어났을 무렵으로, 그때 루카스는 18개월이었다. 루카스가 그냥 이해를 못하는 거라고 친구들에게 말했던 기억이 난다. 새로 태어난 아기도 까맣게 잊고 있었다. 스펜서를 낳고 집에 돌아와 가족사진을 찍을 때였다. 사진사가 우리 집으로 찾아와 루카스에게 휴지통에 버리라며 필름 보관통을 건네자 루카스는 바닥에 집어던지고는 원을 그리면서 뱅뱅 돌기만 했다.

몇 개월 뒤 루카스의 두 돌이 지나자 루카스에게 언어치료가 필요하다는 게 명백해졌다. 나는 진단평가서에 아이가 지시를 하면 신체 부위를 가리킬 수 있다고 썼다. 나중에 깨달았지만 그건 신체 부위를 설명해주는 바니(Barney) 책을 읽어줄 때에만 해당되었다. 그것도 머리, 코, 무릎, 발가락 순서로만 따라할 수 있었다. 바니 책이 없으면 루카스는 신체 부위를 잘 구별하지 못했다.

ABA 프로그램을 시작하려는 당신에게 반가운 소식이라면, 우리가 ABA 프로그램을 시작하자 루카스의 수용언어 기술이 매우 빠르게 발전했다는 사실이다. 지금은 지시 따르기나 수용언어 기술이 루카스의 강점이 되었다.

실제 환경에서 수용언어 기술 향상시키기

아이에게 지시 따르기를 가르칠 때는 7장에서 설명한 '촉구'가 매우 중요하다.

앞 장에서 언급했지만, 아이의 이름과 지시를 연결시키면 안 된다. 자기 이름을 불렀을 때 반응하는 자폐 아동은 드물다. 아이의 이름을 부르지 않을수록 오히려 아이가 호명 반응을 배우는 데 도움이 된다. 이름이 수많은 지시 중 하나로 묻혀버리지 않기 때문이다.

내가 아동에게 호명 반응을 가르치는 전략은 이렇다.

데니스는 호명 반응이 거의 없다. 그럼 우선은 주변의 모든 사람들에게 아이의 이름을 부르지 말거나 줄여달라고 요청한다. 그리고 데니스를 통제할 수 있을 만한 강력한 강화물(예. 과자, 풍선)을 몇 가지 준비한 뒤 데니스가 다른 활동을 하고 있을 때 그의 뒤로 간다. 몇 발자국 떨어진 곳에서 아이 이름을 부르고 난 뒤 즉시 어깨를 잡아 몸을 돌린 뒤 과자를 쥐여준다. 이후에는 점점 거리를 넓히거나 1~2초 정도 기다렸다가 어깨를 잡는 등 점진적으로 촉구를 줄인다. 데니스는 이제 자기 이름이 불릴 때마다 뭔가 좋은 일이 일어난다는 사실을 알게 된다. 하루 종일 강화를 줄 수 있을 때면 언제든 이런 방법으로 호명 반응을 가르칠 수 있다.

사실 청자 기술을 가르칠 때는 지시만 내리고 촉구는 빼야 한다. 한꺼번에 너무 많은 지시나 요구를 내리면 안 된다. 이렇게 프로그램 도입부를 아주 쉽게 만드는 이유는 당신과 아동 간에 신뢰를 쌓기 위해서이다. 그러려면 글렌 레이텀 박사의 조언처럼 부정적인 코멘트나 오류 수정을 할 때마다 그 이상으로 수많은 긍정적인 코멘트를 해줘야 한다. 박사는 부정적인 코멘트 한 번에 대해 긍정적인 코멘트가 여덟 번 필요하다고 설명했다. 그리고 모두 함께 이 프로그램에 동참해야 한다. 배우자, 베이비시터, 시어머니와 장모님까지.

모두가 협력하면 단기간에 아이의 지시 따르기는 향상된다. 협력하지 않으면 문제행동과 반항만 늘어난다. 그럴 경우, 아이와 어른 간의 상호작용을 관찰하고 긍정적인 코멘트와 부정적인 코멘트의 숫자를 기록하면서 누가 정해진 계획을 따르고 있지 않은지 찾아야 한다. 그리고 그 사람과 데이터를 공유하면서 아이와 어떻게 상호작용해야 하는지 시범을 보여준 뒤 처음부터 다시 시작하게 한다. 일반적으로 사람들은 자신을 긍정적인 사람이라고 과대평가하면서 자신의 수많은 부정적 코멘트에 대해서는 과소평가하는 경향이 있다.

집중교수 세션(Intensive Teaching Sessions)을 이용한 청자 기술 가르치기

집중교수 세션을 실시하기에 앞서 우선은 학습 목표로 선택할 청자 기술 종류를 다양하게 갖추고 있기를 권한다. 집중교수 세션 초반에는 지시 따르기, 신체 부위, 식별 등 수용언어 프로그램을 몇 개 실시하는 것이 좋다. 각 프로그램마다 학습 목표가 적어도 두 가지는 있어야 한다. 그래야 아동이 각각의 목표를 구별할 수 있는지 확인할 수 있다.

컨설팅 일을 시작했던 즈음 다니엘이라는 두 살 아들을 데리고 우리 집에 온 엄마가 있었다. 그는 아들이 몇 달을 배워서 지금은 "박수 쳐" 지시에 박수를 칠 줄 안다고 자랑스러워했다. 나는 다니엘이 정말 지시를 따를 수 있다고 말하려면 둘 이상의 다른 목표행동과 섞어놓아도 구별해서 박수를 칠 수 있어야 한다고 말했다. 그러자 그 엄마는 곧바로 낙담했다.

사정은 이렇다. 당신이 자폐 아동에게 딱 한 가지 기술만 떼어놓고 엄청난 강화를 주어 가르치면, 두 번째, 세 번째 기술을 가르치기는 정말 어려워진다. 치료사의 "박수 쳐"라는 말을, 다니엘은 "다다다"로 들었을 수 있다. 목표를 바꿔 "일어서"라고 해도 다니엘에게는 똑같은 "다다다"로 들릴 것이다. 이 두 가지 지시를 합했을 때 다니엘이 정반응하여 강화 받을 확률은 절반이다. 사실상 "박수 쳐"를 배운 게 아닌 것이다. 그래서 프로그램마다 적어도 두 가지 이상 학습 목표를 준비해야 아동이 촉구와 강화를 받으면서 처음부터 정확한 변별을 배운다.

박수 치기, 발 구르기, 일어서기, 앉기, 탁자 두드리기, 점프하기, 제자리 돌기, 손 올리기, 팔짱끼기 등은 집중교수 세션으로 실시하기에 모두 좋은 학습 목표이다. 이 목록 중 이미 할 줄 아는 것은 별도로 적어두었다가 아직 수행할 수 없는 행동 목표와 섞어서 가르치게 될 것이다.

아이의 목표행동을 확인했으면, 이제 아이의 수행 능력을 알아보기 위해 초반에 평가 또는 사전평가를 실시한다(참고자료 5의 주간 사전평가 양식 참조).

아이에게 "박수 쳐" "발 굴러" "일어서"라는 지시를 정반응하도록 가르치고 있다고 해보자.

수업에 앞서 목표행동 중 하나를 골라 (계속 같은 것만을 고르면 안되고 순서를 섞어야 함) 아이가 촉구 없이 지시에 정반응할 수 있는지 평가한다. "발 굴러"라고 말하면서 아이의 발을 쳐다봐서는 안 된다. 그것이 촉구가 될 수 있기 때문이다. 사전평가 중에는 아무 촉구도 주지 않도록 주의한다. 목소리를 높이지도 말고, "박수 쳐"를 지시한 뒤 아이의 손을 쳐다봐서도 안되며, 어떤 식으로든 아이를 터치하지도 않는다. 그러고는 평가지에 아이의 반응을 "네" 또는 "아니오"로 기록한다. 아이가 아무런 촉구 없이도 정반응할 때만 "네"에 동그라미를 친다. 그리고 다시 남은 두 개의 목표 행동을 평가한다.

다음은 수용언어 기술을 사전 평가하는 예시이다.

교사 : 촉구 없이 중립적인 목소리로 "박수 쳐"라고 말함.

아동 : 손으로 책상을 침.

교사 : 평가지의 "아니오"에 동그라미를 침.

목표 행동에 대한 사전 평가가 끝났으면, 이제 해당 목표 행동에 대한 훈련을 시작한다. 이를 위해 우리는 촉구 줄이기와 전이 절차를 모두 사용할 것이다. 가정이나 학교에 언어행동 프로그램을 컨설팅하다 보면 "아니오"가 너무 많은 평가지를 볼 때가 있다. 이럴 때는 사전 평가 후 얼마나 많은 수업을 진행했는지 물어본 뒤, 수업을 관찰하면서 전이 절차나 촉구 줄이기에 문제는 없는지 체크해주었다.

7장에서 설명한 바와 같이, 새로운 기술을 가르칠 때는 처음엔 완전 신체촉구에서 시작해서 점점 완전 모방촉구로, 다시 부분 모방촉구로 줄여 나간다. 오늘 세션 중에 목표행동이 여러 번 성공해야 다음 날 사전 평가에서 정반응이 나올 가능성이 높아진다. 사전 평가는 매우 중요한 평가 도구이다. 하지만 목표 행동이 습득되려면 학습의 양이 일단 많아야 한다.

이제 "발 굴러"를 수용언어로 가르쳐보자. "발 굴러" "일어서" 등을 지시하기에 앞서 의자에 아이와 마주보고 앉는 게 중요하다. 만일 책상을 사이에 두고 앉으면 "발 굴러"라는 지시 후 책상을 치워야 할 텐데, 이것이 촉구가 되어버린다. 우리가 가르치는 것이 신체 촉구가 아니라 청자 반응임을 기억하고, 어떤 형태든 시각 촉구는 절대 피해야 한다.

교사 : "발 굴러" 후 즉시 아동 무릎위에 손을 대고 완전 신체촉구를 이용하여 다리를 위아래로 움직여 발을 굴린다.

아동 : 교사의 완전 신체촉구를 받아 발을 구른다.

교사 : "잘 했어… 자, 발 굴러…" 아동의 무릎을 살짝 건드린다.

아동 : 줄어든 촉구에 발을 구른다.

교사 : 초콜릿을 주면서 "잘했어"라고 칭찬하고 웃어준다.

교사 : "박수 쳐."

다음으로 신체 부위를 가르쳐보자(앞선 수용기술과 비슷하므로 두 가지를 동시에 진행해도 무방하다). 일단 "배 만져," "발 굴러," "머리 만져"처럼 세 가지 표적 행동을 정한다. 신체 부위 프로그램은 아동이 지시에 따라 신체 부위를 터치하도록 가르친다. 처음에는 큰 신체 부분으로 시작하며, 신체 부위가 서로 너무 가깝지 않아야 한다. 예를 들어 배와 머리는 괜찮지만 코와 눈은 시작 단계에서 구분하기엔 너무 가까운 거리에 있다. 수용언어에서처럼 수업에 앞서 사전 평가를 실시한다. 수용언어처럼 신체 부위 기술에서도 촉구, 촉구 줄이기, 전이 절차를 적절히 섞는다. 다음은 모방이 가능한 아동을 대상으로 수용 신체 부위를 가르치는 예이다.

교사 : "머리 만져" 하면서 즉시 머리 만지는 시범을 보인다.

아동 : 시범에 따라 머리를 만진다.

교사 : "잘 했어"라고 하면서 아이 손을 머리에서 떼어 중립 위치에 가져간다.

교사 : 촉구 없이 "머리 만져"라고 지시한다.

아동 : 머리를 만진다.

교사 : "배 만져"라고 하면서 즉시 배 만지는 시범을 보인다.

앞선 두 예시 모두, 교수 중에 행동 기능 간 전이 절차가 얼마나 중요한지 보여주고 있다. "머리 만져"를 집중적으로 열 번 가르치고, 다시 "배 만져"로 넘어가면 안 된다. 처음부터 아이가 지시를 잘 듣고 구별하도록 가르쳐야 한다.

세 번째로 설명하고 싶은 수용언어 프로그램은 수용변별이다. 아이에게 수용언어 기술이 없다면 처음에는 사물을 하나만 놓고 아이에게 그것을 터치하도록 가르쳐야 한다. 예를 들어 테이블에 아기 신발을 올려두고 "신발 만져"라고 한 뒤, 다음엔 신발을 들어올린 뒤 "신발 만져"라고 지시한다. 이런 식으로 아이는 "만져"의 의미를 배운다.

일단 아이가 터치하는 법(또는 수용언어 기술)을 배우기 시작했으면, 이제 두 개의 사물 또는 두 개의 그림 간 변별로 넘어갈 차례이다. 그리고 서서히 사물이나 그림 개수를 늘린다. 대부분 아이들은 실물의 식별을 더 잘하지만, 간혹 그림을 더 잘 식별하는 아이도 있다. 최종적으로는 당신도 실물과 그림을 모두 활용하게 될 것이다.

아이 평가하기에서(3장 참조) 매칭이나 수용변별에 사용할 사물을 모아 투명한 박스에 모아두라고 권한 적이 있다. 이 사물들이 수업을 하는 동안 유용하게 사용될 것이다.

별도의 박스에 아이가 맨드mand(요청)하는 강화물이나 강화물을 찍은 사진을 두 장씩 모아둘 수도 있다. 실물 사진을 찍거나 구글(www.google.com)에서 원하는 사진을 검색해도 좋다. 이렇게 사진을 출력해두면 나중에 언어 기능을 가르칠 때 아주 유용하게 사용할 수 있다.

로버트의 사례를 통해 이 수용변별을 시작해보자. 로버트는 좋아하는 물건을 보여주거나 테이블에 놓으면 손으로 터치할 수 있다. 하지만 좋아하는 물건을 가지고 놀려는 성향이 강해서, 처음에는 테이블에 일반적인 사물(비강화물)을 두세 개 올려놓고 아이가 촉구 없이도 터치할 수 있는지 평가해보는 것이 좋다.

사물의 개수는 적어도 세 개는 되어야 한다. 로버트가 "신발 만져"에 신발을 만지고 "컵 만져"에 컵을 터치한다고 해도, 로버트가 이 목표행동을 모두 숙달했다고 확신할 수는 없다. 테이블 위에 사물이 두 개만 올라와 있으면 정답의 확률이 50대 50이 되기 때문이다. 적어도 세 개, 또는 그 이상의 아이템을 준비해야 아이가 목표행동을 숙달했는지 확인할 수 있다.

수업을 진행하면서 진도에 따라 사물은 조금씩 유사한 것끼리 준비한다. 운동화와 샌들, 컵과 물병을 테스트해본다. 이렇게 세 개의 물건 중에 식별하는 것을 숙달했다면 이제 테이블에 올려두는 물건의 개수를 늘려 여섯 개, 또는 그 이상의 사물 중에서도 변별할 수 있게 한다.

수용변별을 가르치는 절차는 사실상 전이 절차와 촉구 줄이기를 혼합한 것이다.

로버트에게 3가지 사물 간의 수용변별을 가르치기 위하여 우리는

3D 실물을 사용하려고 한다. 이때 주의해야 할 점이 있다. 카드나 사물을 계속 동일한 위치에 놓으면 안 된다. 매 교수 세션마다 놓는 위치를 섞는다. 아이가 특정한 카드에만 손을 뻗는지 확인하라. 한가운데 놓인 카드만 집을 수도 있고, 왼쪽 또는 오른쪽의 카드만 선택할 수도 있다. 그리고 카드를 너무 반듯하게 놓으려고 하지 말아라. 오히려 아이의 강박을 촉발시켜 문제행동을 일으킬 수 있다.

교사 : 테이블 위에 신발, 컵, 장난감 자동차를 놓고 "차 만져" 라고 말한 뒤 곧바로 자동차를 포인팅하거나 터치함. (제스처 촉구)

로버트 : 자동차를 만짐.

교사 : "맞아, 차 만져."

로버트 : 촉구 없이 자동차를 만짐.

교사 : "너 머리 어디 있어?" (이미 숙달한 기술)

로버트 : 머리를 만짐.

교사 : 촉구 없이 "잘했어. 차는 어디 있어?"

로버트 : 자동차를 만짐.

교사 : DVD 플레이어로 짧게 동영상을 보여주면서 로버트를 칭찬함.

이미 숙달한 기술을 중간에 삽입하는 것(앞 사례에서 "너 머리 어디 있어?")을 "방해 시도(distraction trial)"라고 하는데, 방해 시도를 삽입하는 이유는 수용변별에 여전히 촉구가 필요한지 확인하기 위해서이다. 어쩌면 아이가 처음부터 방해 시도에 잘 대처할 수도 있다. 우리의 목표는 내일 로버트에게 사전 평가를 실시했을 때 촉구 없이도 정반응을 나타내는 것이다. 독립 정반응을 연습시키는 중간에 아이가 숙달한 기술을 삽입하면 목표 달성에 도움이 될 것이다.

모방 기술 가르치기

일반 발달 아동에게 모방은 너무 쉬워서 가르치는 데 별다른 노력이 필요 없다. 그러나 자폐 아동은 타인 모방에 심각한 결함이 있어 그 능력이 매우 떨어진다. 아마 당신도 또래의 놀이나 부모의 집안일, 또는 유치원 모둠 활동 중 다른 아동의 손유희를 모방하는 자폐 아동은 별로 보지 못했을 것이다.

모방 능력에 결함이 있는 아동에게 이를 가르치는 것은 굉장히 중요하다. 로바스 프로그램에서는 발 구르기, 박수 치기와 같은 대근육 운동 모방을 맨 먼저 가르친다. 컨설턴트들은 대근육 운동 모방에서 소근육 운동 모방, 구강근육 모방, 마지막으로 음성 모방 순으로 넘어가라고 조언한다. 이 순서는 당시 모방 기술이나 음성 모방 능력이 전혀 없던 루카스에게도 동일하게 적용되었다. 순서를 따라 진행하는 것은 효과가 높았지만 그래도 음성 모방 기술을 가르치기까지는 몇 달이 소요되었다.

언어행동분석에서도 모방은 매우 중요하다. 하지만 대소근육 모방 기술이 탄탄해야 에코익echoic이나 음성 모방을 시작할 수 있는 것은 아니다. 다음 장에서 에코익echoic 기능을 설명하겠지만, 일단 지금은 대소근육 모방 기술을 어떻게 가르치는지 배워보자.

초급 학습자에게 실시할 만한 모방 프로그램은 두 가지이다. 하나는 장난감/사물 모방이고, 또 하나는 대근육 모방이다. 언어행동분석과 ABA 프로그램에 대한 가장 흔한 비판은 우리가 놀이 기술을 경시한다는 것이다. 어린아이일수록 놀이를 통해 모든 것을 학습하는데도, 우리의 관심사는 오로지 언어기술이라면서 불만을 표한다.

그러나 행동분석가로서 내가 알게 된 사실은 모든 아이들이 다 장난감을 좋아하지는 않는다는 것이다. 가상 놀이(pretend play)를 하는 방법도 모르고 아예 놀이에 아무 관심이 없는 경우도 있다. 그래서 놀이 기술을 가르칠 때는 언어기술을 가르칠 때와 동일한 방법을 사용해야 한다. 내가 모든 학습에서 동일하게 적용하는 방법, 바로 강력한 강화물을 아이가 관심을 두지 않는 장난감과 연합하는 방법이다.

처음에는 장난감 모방이 좋다. 초급 학습자에게도 실시할 수 있으며 맨드mand(요구)하기 프로그램에도 쉽게 접목할 수 있다. 장난감이 좋은 또 다른 이유는, 아이들이 당신을 재미있게 여기므로 지금 수업 중이라는 걸 모르게 할 수 있기 때문이다.

아이가 좋아하는 것이 아기용 장난감이면 거기서 시작해도 좋다. 망치 놀이, 팽이, 팝업 장난감도 좋고, 피겨, 농장 인형, 장난감 자동차, 컵이나 숟가락도 좋은 장난감이 된다. 프로그램을 시작할 때는 똑같은 두 개의 장난감을 준비해서 아이와 당신이 하나씩 나눠 갖는다. "따라해"라고 말하면서 동작을 취한다. 담요 위에서 자동차를 앞뒤로 밀거나 숟가락으로 컵을 젓는다. 곧바로 아이의 손을 잡고 아이가 자신의 장난감으로 동작을 모방하도록 촉구한다. 이후에는 지금까지 그랬듯 점차 촉구를 줄여 나간다.

시작 단계에서는 몇 개의 목표행동을 정한다. "따라해" 하면서 컵을 숟가락으로 젓도록 촉구하다가 점차 촉구를 줄이면서, 다음 목표로 "따라해" 하면서 숟가락으로 인형에게 밥을 먹이는 흉내를 낸다. 이렇게 가르치면 아이가 숟가락을 사용하는 서로 다른 방법을 변별하도록 가르칠 수 있다. 만일 컵을 숟가락으로 젓는 동작 하나만 목표행동으로 정하면, 아이에게 컵과 숟가락을 주고 "따라해"라고 했을 때 무조건 숟가락으로 컵을 젓기만 할 가능성이 크다.

켈리의 예를 보자.

교사 : "따라해" 하면서 차를 앞뒤로 미는 것을 보여준 후 곧바로 켈리가 자기 차를 앞뒤로 밀도록 완전 신체 촉구를 줌.

켈리 : 촉구를 받아 차를 앞뒤로 밈.

교사 : "잘했어. 따라해" 하면서 차를 앞뒤로 밈(켈리의 차를 포인팅하여 가리키거나 경우에 따라 부분 신체 촉구를 제공함).

켈리 : 제스처 촉구에 차를 앞뒤로 밈.

교사 : "잘했어… 여기 크레용이랑 종이." (아이에게 강화물을 줌)

장난감 모방 이상으로 운동 모방을 권한다. 수용언어, 지시 따르기,

신체 부위에서 정했던 것과 똑같은 목표행동을 활용하는 것도 좋은 생각이다. 동일한 기술을 모방으로 시작하면, 나중에 다른 언어 기능으로 전이하기도 쉽고 목표를 숙달하는 데도 용이하다.

이 작업에서 꼭 필요한 것은 정확한 평가이다. 언어행동 프로그램을 배우던 초반, 나는 아동의 능력 수준을 평가하는 수업을 관찰할 기회가 있었다. 교사는 자신이 박수를 치면서 "박수 쳐"라고 말했다. 나는 그에게 지금 평가하고 있는 기능이 무엇인지를 물었다. 만일 당시 그가 수용언어를 평가하고 있었다면, 그 행동의 시범을 제공해서는 안 되었다. 만일 그가 모방 능력을 평가하고 있었다면, "박수 쳐"와 같은 언어 촉구는 제공하면 안 되었다. 각각의 기능은 별도로 분리하여 평가해야만 한다.

모방 기술을 평가할 때는 "따라해"라는 지시어를 붙이기는 하지만, 평가를 하다 보면 언어 기능 간에 공통의 목표행동을 선택하는 것이 왜 유리한지 금방 드러난다. 수업 중 언어 기능 간 전이 절차를 사용하여 아동에게 목표행동을 보다 빨리 숙달시킬 수 있고, 일반화도 촉진할 수 있기 때문이다.

줄리에게 운동모방 기술을 가르치는 예이다.

교사 : "따라해"라면서 박수를 치고 부분 신체 촉구를 줌.

줄리 : 박수를 침.

교사 : "잘했어. 따라해"라고 하면서 박수를 침.

줄리 : 촉구 없이 박수를 침.

교사 : "따라해"라고 하면서 두 손으로 머리를 만짐.

줄리 : 두 손으로 머리를 만짐 (이 기술은 이미 완성된 것이라 촉구를 주지 않음).

교사 : "잘했어! 따라해"라고 하면서 박수를 침.

줄리 : 촉구 없이 박수를 침.

교사 : "정말 잘했어"라고 하면서 줄리를 간지럽히며 즐겁게 해줌.

시지각과 매칭 기술 가르치기

비언어 기능 중 마지막 기술은 시지각 영역이다. 이 영역의 초급 단계에서는 동일 사물과 그림의 매칭, 퍼즐 쌓기 기술을 가르친다.

이제 앞서 두 장씩 모은 똑같은 플래시카드나 사물 세트를 활용할 때가 되었다. 어떤 아이들의 경우엔 사물(실물이든 그림이든)이 자기가 좋아하는 강화물일 때 습득 효과가 가장 좋았다.

매칭 기술을 평가할 때는 "맞춰봐"나 "같은 거"라는 지시어를 사용해도 되고, 말없이 한 번에 카드 한 장씩 손에 건네줘도 된다.

하지만 내가 이 기술을 가르칠 때를 생각해보면, 나는 "맞춰"라는 말 대신 항상 해당 사물의 이름을 불렀다. 아동이 수어를 사용할 수 있으면 수어로 그 사물의 이름을 말해주었다. 이렇게 하면 간단한 단어나 언어 학습을 아동 프로그램 속에 자연스럽게 끼워 넣을 수 있다. 아이의 입장에서는 해당 사물의 이름을 반복해서 듣게 되므로, 나중엔 이름을 듣고 해당 사물을 선택하는 수용언어 능력이 향상된다. 심지어는 매칭을 하면서 수도 없이 함께 들었던 단어는 마침내 당신을 따라 에코익echoic 할 수도 있다.

조쉬에게 테이블 위 3가지 아이템을 매칭하는 수업 사례를 보자.

교사 : 숟가락, 인형, 고양이를 테이블에 올려놓은 뒤, 조쉬에게 똑같이 생긴 인형을 건네주면서 "인형"이라고 지시하고, 동시에 조쉬로 하여금 건네준 인형을 테이블 위 인형 옆에 나란히 놓도록 제스처로 촉구함.

조쉬 : 인형 옆에 인형을 내려놓음.

교사 : "맞아" 라고 한 뒤 다시 인형 하나를 들어 조쉬에게 건네며 "인형 맞춰"라고 말함.

조쉬 : 촉구 없이 인형을 맞춤.

교사 : 조쉬에게 비눗방울(강화물)을 불어줌.

매칭 기술을 가르칠 때는 아동이 수업 중인 사물을 갖고 놀지 않도록 주의해야 한다. 만일 조쉬가 사물을 만지작거리며 놀기만 할 뿐, 매칭하여 내려놓지 않으면, 사물을 바꾸거나 아니면 실물 대신 그림을 사용하는 게 좋다. 그림 매칭이든 3D 실물 매칭이든 같은 절차로 가르친다. 일단 조쉬가 그림끼리 매칭에 익숙해지면, 그림을 실물에 매칭하는 과제와 섞어본다. 미래에 어떤 형태로든 시각 스케줄을 프로그램에 사용할 계획이 있다면 이 부분은 특히 중요하다.

자폐 아동은 시각 추구가 강하고 퍼즐이 효과적인 강화물로 작용하므로, 퍼즐 기술은 프로그램에서 아주 재미있는 수업에 속한다. 퍼즐을 꼭 완성하려고 하거나 특정한 순서로만 퍼즐을 맞추려고 하는 강박 성향을 활용하면 아동에게 퍼즐이나 퍼즐 조각을 맨드mand(요구)하도록 가르칠 수도 있어 아주 유용하다. 그리고 여기서도 아동이 퍼즐을 맞추는 동안 다양한 언어를 아이에게 들려줄 수 있을 것이다.

아이가 퍼즐을 좋아하지 않는 성향이라고 해도 퍼즐을 아이의 강력한 강화물과 신중하게 연합하면서 이 기술을 가르칠 수 있다. 예를 들면 TV를 틀어놓은 상태에서 아이에게 퍼즐 조각 하나를 건네어 올바른 자리에 맞추게 하고 즉시 추가로 강화물을 제공한다. 효과적인 전략 중 또 하나는 후진형 연쇄이다. 후진형 연쇄란, 한 조각만 남기고 다 맞춰진 퍼즐을 건네주면서 아이에게 퍼즐을 완성하도록 시키고, 아이가 퍼즐 한 조각을 성공적으로 완성하면 그다음에는 퍼즐 두 조각을 남겨두는 식의 학습 방법이다.

어린 아동에게 퍼즐 기술을 가르칠 때는 퍼즐에 의미가 있는 것이 좋다. 가정에 흔한 물건이라든가 농장 동물 같은 것들이 대표적이다. 예를 들어 돼지 퍼즐 한 조각을 아이에게 건네면서 "돼지, 돼지, 돼지" 하고 말해주는 식이다. 그러면 아이는 도움을 받아 퍼즐을 맞추다가 나중에는 도움 없이도 완성할 수도 있다.

다음은 강아지만 빼고 다 맞춰져 있는 동물 퍼즐을 코너에게 가르치는 사례이다.

교사 : 코너에게 강아지 퍼즐 조각을 건네며 "강아지, 강아지, 강아지"라고 말하면서 아이를 촉구하여 강아지 조각을 제자리에 끼우게 함.

코너 : 촉구를 받아 조각을 끼움.

교사 : 강아지 조각을 다시 빼들고 아이에게 건네주며 "잘했어… 강아지, 강
아지, 강아지"라고 말함.

코너 : 촉구 없이 조각을 끼움.

언어행동 프로그램 초반부에 수용언어, 모방, 시지각 기술을 잘 다져 두면, 아동의 행동에 긍정적인 효과를 끼치게 된다. 이러한 기술을 빈번하게 학습하면서 아동은 순응이 증가하고, 촉구와 촉구 줄이기에 대한 기술도 늘어나며, 결국 언어기술도 향상된다.

다음 장에서는 서로 다른 언어 기능을 어떻게 가르치는지 배울 것이다. 언어 기능을 가르치는 기본 절차가 이번 장에서 배운 것과 사실상 똑같다는 사실을 알게 될 것이다.

차이는 촉구이다. 아이에게 말을 하도록 강제할 방법은 없다. 따라서 가장 중요한 것은 촉구가 가능한 영역의 기술을 가르치고, 아이가 성공을 했을 때 그 결과로 강화를 받는다는 것을 배우게 한다는 점이다. 이렇게 하면 아동은 동기부여가 되어, 좀 더 어려운 기술을 배울 때도 기꺼이 순응할 것이다. 또한 이러한 기술을 가르치는 동안 당신도 보다 훌륭한 언어행동분석 교사로 변모하게 된다. 능숙해질 때까지 촉구와 촉구 줄이기를 반복하다 보면 어느새 성공을 거두고 있는 자신을 발견할 수 있을 것이다. 그래서 스스로 강화가 필요할 때면 언제든 이 장으로 되돌아오기를 바란다.

◀ 9장 ▶

언어 기능 가르치기

학습에서 가장 어려운 부분은 아동과 치료사가 잘 연합하는 것, 그리고 아동이 눈앞의 몇 가지 사물을 맨드mand하는 일이다. 이 어려운 부분을 통과하면 이제 비로소 다른 언어 기능들을 가르칠 때가 온 것이다. 바로 택트tact, 에코익echoic, 인트라버벌intraverbal이다.

8장에서 논의된 비언어 기능도 중요하기는 하지만, 그것이 우리 프로그램의 핵심은 아니다. 우리의 목표는 아동이 구어든 수어든 또는 다른 어떤 체계를 통해서든, 되도록 빨리 의사소통을 할 수 있게 만드는 것이다.

표준 ABA 프로그램에서는 비언어 기능에 큰 비중을 두지만, 언어행동분석 집중교수 세션에서는 아동의 언어 반응에 최대한 많은 시간을 할애한다. ABA와 DTT(개별시도훈련)에서 비언어 기능을 강조하는 이유는, 촉구하기도 쉽고 무발화 아동에게도 가르칠 수 있기 때문이다.

내 경우엔 가정이나 학교에 프로그램 컨설팅을 실시할 때마다 그들의 프로그램과 집중교수 세션을 평가한 뒤 전체 프로그램 중 절반을 언어 기능에 할당하라고 주문한다. 무발화 아동 경우에도 마찬가지이다. 전체 시도 중에 적어도 50 퍼센트는 언어에 배정할 것을 권유한다(언어가 구어이든 수어이든 상관없다). 물론 언어 기능을 가르치는 것이 훨씬 어렵다. 그러나 우리의 목표가 궁극적으로 아동과의 의사소통임을 기억해 보면, 그만한 가치가 있음을 알게 될 것이다.

우리는 이미 맨드mand를 가르치는 방법에 대해 배웠다. 아마 당신 아이도 몇 가지 사물에 대해 맨드mand(요구)를 할 수 있게 되었을 것이다. 당연히 이 맨드mand는 구어 시범(모델링)이나 촉구가 없어도 가능해야 한다. 하지만 치료사들은 아이가 맨드mand도 채 하기 전에 다른 언어 기능들을 가르치려고 서두르다가 결국 모든 것을 엉망으로 만들었다.

아동에게 맨드mand 기술이 필요한 이유는, 택트tact, 에코익echoic, 인트라버벌intraverbal을 가르칠 때도 초반에는 상당 부분 "맨드mand의 틀" 속에서 가르치기 때문이다. 즉, 아동이 맨드mand에 숙달해야 이를 다른 언어 기능으로 전이시킬 수 있다는 뜻이다. 만일 아이가 어떤 사물을 갖고 싶은 분명한 동기가 발생했는데도 말이나 신호를 할 수 없다면, 택트tact나 에코익echoic을 가르치는 것은 불가능할 가능성이 높다. 맨드mand가 항상 가장 먼저 시작되어야 한다.

택트tact 기술 가르치기

"택트tact"란 보고 듣고 냄새 맡고 맛보고 접촉하는 대상의 이름을 말하는 것으로, 택트tact의 선행 사건은 일정 형태의 자극물(실물, 그림, 소리, 냄새 등)이고, 후속 결과는 칭찬 같은 간접적인 강화이다.

기술적으로는 "순수한" 택트tact의 선행 사건에는 교사의 "이게 뭐야?"라는 질문이 포함되지 않는다. 택트tact는 환경에 놓인 어떤 대상을 감지했을 때 나오는 발언이다. "여기 봐, 젖소가 한 마리 있네!"라든가 "베이컨 냄새가 나"와 같은 자발적이고 순수한 택트tact는 종종 당신의 주목을 끌기 위한 맨드mand로도 사용되는데, 자폐 아동은 바로 이 부분에 큰 결함이 있다. 주목을 끌기 위한 맨드mand는 프로그램의 후반부에서나 다뤄지는 어려운 기술이다. 따라서 "이게 뭐야?"라는 질문 없이 택트tact를 가르치기란 현실적으로 불가능하다.

택트tact에서 "이게 뭐야?"를 사용하는 또 다른 이유는, 다양한 자극을 활용해야 아이의 학습 기회를 확보할 수 있기 때문이다. 자폐 아동들에게 택트tact를 가르치려면 사물 하나당 수백 번은 시도해야 할 경우도 있다. 일반 아동들은 새로운 단어를 한 번만 듣고도 습득하지만, 자폐 아동들은 그렇지 않다.

그러므로 자극물(그림, 소리 등) 말고도 교사의 질문(이게 뭐야? 무슨 소리야?)까지, 모두 택트tact를 위한 선행 사건으로 제공해야 한다.

언어행동분석은 흑백논리가 아니다. 아동이나 성인이 뭔가를 말할 때, 많은 경우 그 말의 일부는 맨드mand이고 일부는 택트tact이다. 또,

일부는 택트tact이고 일부는 인트라버벌intraverbal인 경우도 있다. 이런 것에 너무 신경 쓰지 말자. 우리의 목표는 아동의 의사소통이다. 실제로 대부분의 언어는 "복합 통제"된다. 복합 통제란, 말에는 한 가지 이상의 기능이 담겨 있다는 뜻이다. 집중교수 세션 중에 우리는 다양한 언어 기능을 결합하여, 한 쪽에서 다른 쪽으로 전이하는 전략을 활용할 것이다.

택트tact에서 물건의 이름을 말할 때 사용되는 감각은 시각 말고도 후각, 청각, 미각, 촉각이 모두 포함된다. 이 장에서는 시각과 청각 자극을 아동이 어떻게 택트tact하게 가르칠지 그 방법을 설명할 것이다.

우선 시각 자극의 택트tact부터 시작하고, 이어 청각 자극에 대한 택트tact도 진행한다(동물 소리도 목표 중 하나이다). 냄새나 맛, 촉각을 택트tact하는 것은 추상적이므로 더 나중에 가르친다. 좀 더 발전된 고급 택트tact 기술로는 색, 특징(자동차에 달린 바퀴), 형용사 (차갑다 vs 뜨겁다), 전치사(기차가 트랙 위에 있어요 vs 기차가 트랙 밖에 있어요) 등이 있다. 이 고급 기술은 지금 당장은 생각할 필요가 없다. 이 수준까지 오려면 아이가 단순 택트tact할 수 있는 사물이 수 백개는 되어야 한다.

나는 새로 진단 받은 아동이 노란 의자를 보면서 그 이름('노란 의자')을 말하거나, 불자동차를 보면서 "빨간색"이라고 말하는 경우를 많이 보았다. 사실 기초도 아직 다져지지 않은 아동에게 사물의 색, 특징, 기능, 심지어는 조사까지 가르치려 드는 이들은 사실 다름 아닌, 선의에 가득찬 부모와 전문가들이다. 그러나 색깔 같은 고급 기술을 너무 일찍 가르치면 아이는 혼란에 빠져 이상한 말을 조합하게 되고, 나중에는 변별과제에도 어려움을 겪게 된다.

만약 아이에게 "노란 의자"나 "불자동차는 빨간색"이라고 가르치면, 어쩌면 아이는 의자는 모두 노란색이고 모든 자동차는 빨간색이라고 구별할지도 모른다. 훨씬 좋은 방법은 우선 기초적인 택트tact를 탄탄하게 다진 후에 최종적으로 색을 가르치는 것이다. 색과 택트tact를 결합하고 싶으면, 각각의 개념을 서로 분리해서 능숙해질 때까지 가르친다. 언어가 피라미드를 쌓는 과정이라면, 아래 바닥이 단단해야 다음 층을 쌓을 수 있는 법이다.

의자를 손으로 잡으면서 아이에게 "이게 뭐야?"라고 물으면 아이가 "의자"라고 대답할 수 있어야 한다. 같은 의자를 붙잡고 "무슨 색이야?"라고 물으면 대답은 "노란색"이어야 한다. 어느 경우든 "노란색 의자"가 대답으로 나오면 심각한 오류이므로 수정이 필요하다. 아이가 숙달한 택트tact의 개수가 100개를 넘지 않는다면 아직 색이나 특징, 기타 추상적인 개념을 가르치는 것은 피하는 게 좋다

일단 아이가 기본을 다졌다면, 같은 방법으로 고급 기술도 가르칠 수 있다. 어떤 자극이든 택트tact를 가르치는 방법은 다 비슷하다.

이제, 눈앞에 있을 때 맨드mand할 수 있는 아이템이 아이에게 10개 정도 있다고 하자. 아이가 맨드mand할 수 있는 강화물과 아이가 능숙하게 맨드mand할 수 있는 사물의 그림을 한데 모은다.

맨드mand를 택트tact로 전이시킬 때는 실물 강화물보다는 강화물의 사진이나 그림을 사용하는 편이 낫다. 실물을 사용하면 아이의 동

기가 자극되므로, 아이가 그 물건을 택트tact하는 것이 아니라 맨드mand하게 된다. 아이가 좋아하는 종류의 사탕이 눈에 띄자 이를 달라고 하는 것은 아이의 입장에서는 택트tact가 아닌 맨드mand이다. 실물에 대한 맨드mand를 가르친 후 해당 강화물의 사진을 택트tact하도록 가르치는 것이 더 높은 성공률을 보인다.

또, 언어행동 프로그램 세션을 이것저것 섞어서 진행할 때도 그림을 사용하면 더 쉽다. 실물 100개를 준비하는 것보다는 사물 그림 100장을 준비하는 게 낫다. 물론 여전히 실물도 몇 가지는 준비해두어야 한다. 사진 속의 신발이나 컵을 택트tact하는 것보다는 실물 신발이나 컵을 택트tact하는 것이 더 기능적이기 때문이다. 어떤 아이들은 사진 속의 컵으로 택트tact를 가르치면 실생활 속의 여러 다양한 컵을 보고도 일반화된 택트tact를 할 수 있지만, 어떤 아이들은 실물 컵과 사진 속의 컵이 다르다는 것뿐만 아니라, 종류가 다른 컵끼리 구분하는 법도 따로 가르쳐야 할 때가 있다. 아이에게 택트tact를 가르칠 때는 이러한 점을 반드시 염두에 두고 있어야만 그에 맞춰 창의적으로 프로그램을 개발할 수 있다.

다른 모든 언어 기능에서 그랬듯, 우선은 사전평가를 통해 아이가 택트tact할 수 있는 사물이 무엇인지 확인해야 한다. 예를 들어 강화물 그림도 몇 개는 택트tact할 수 있고, 일반 사물도 가끔 택트tact할 수 있다면, 그 단어들이 무엇인지 모두 목록으로 만들어 그중 아이가 정확히 택트tact하는 것은 무엇인지 평가한다. 아이가 택트tact할 수 있는 단어 옆에는 플러스(+) 표시를 하고, 오답 또는 무반응인 단어 옆에는 마이너스(-) 표시를 한다. 플러스 표시가 있는 단어는 이미 숙달된 것이므로 이 택트tact는 별도로 가르치거나 다시 사전평가할 필요가 없다.

언어행동 프로그램을 처음 시작하는 아동 중에는 택트tact 기술이 전혀 없는 경우도 많다. 그럴 때는 아동이 숙달한 맨드mand 목록을 보면서 택트tact의 목표를 정할 수 있다. 아이가 맨드mand할 수 있는 단어(쿠키, 그네, 고양이, 우유, 팽이)를 활용하여 다른 언어/비언어 기능을 가르치면 된다. 사실 자폐 아동에게 택트tact는 비언어 기능보다 숙달하기가 더 어렵다. 그러므로 항상 버릇처럼 아이의 택트tact 능력을 사전평가할 필요가 있다. 이때 "쿠키 만져봐"라고 수용언어를 평가한 뒤에 "이게 뭐야?"라면서 쿠키를 택트tact할 수 있는지 평가해서는 안 된다. 이미 그것이 쿠키라고 촉구했기 때문이다.

다음은 라이언의 택트tact 능력을 평가하는 예이다.

교사 : 쿠키 그림(라이언이 좋아하는 브랜드면 더 좋음)을 들고 "이게 뭐야?"라고 말함.

라이언 : 수어로 "쿠키"라고 표현함.

교사 : "잘했어"라고 하며 비눗방울(아이의 강화물)을 붙여주고 사전 평가지에 "예"라고 기록함.

교사 : 그네 그림을 보며 "이게 뭐야?"라고 말함.

라이언 : 수어로 "점프"라고 표현함. (오류)

교사 : 라이언의 손을 잡아 무릎으로 내리고 그림을 다시 보여주며 "이게 뭐

야?"라고 말한 뒤 다시 아이의 손을 촉구하여 "그네"를 수어로 표현하게

하면서 "그네"라고 말해줌.

라이언 : 완전 촉구를 받아 "그네"를 수어로 표현함.

교사 : "맞아, 이게 뭐야?"라고 말하며 그네 그림을 다시 보여줌.

라이언 : 수어로 "그네"라고 표현함.

교사 : "맞아, 이게 그네야!"라고 말하면서 "그네"를 수어로 표현함. 평가지에

는 "아니오"라고 기록함.

평가지에 "예"라고 기록하려면 아동이 3초 이내에 정반응을 보여야 하고, 정반응 전에 오반응이 나와서는 안 된다. 어차피 스스로는 오류를 수정할 수 없으니 정확한 택트tact에만 강화를 받을 것이다. 수어를 사용하는 경우에도 대답은 똑같이 명확해야 한다. 아동이 눈치를 보며 답이 될 만한 단어를 이리저리 스크롤한다면, 설령 그중에 정답이 포함되었다 해도 평가지에는 "아니오"라고 기록한다.

앞선 사례에서 보는 바와 같이, 평가지에 "아니오"라고 기록하기 전에 교사는 라이언의 오류를 수정해주었다. 평가 과정이라 할지라도 오류는 수정해줄 필요가 있기 때문이다. 라이언이 말을 할 줄 아는 아동이라면 수어가 아닌 말로 수정을 한다는 것 말고는, 오류 수정의 과정은 동일하다.

평가 과정에서 나타난 아동의 오반응은 교수 세션에서 목표행동으로 잡아 가르친다. 라이언의 사례를 보면, 라이언에게는 그네 그림을 보고 정확히 택트tact하도록 계속 가르쳐야 한다.

존은 여섯 살이고 말을 할 수 있다. 아이의 강화물은 자동차와 주스이고 아이는 이 두 단어를 모두 말할 수 있으며, 눈앞에 있을 때 맨드mand할 수도 있다. 이 두 사물의 사진을 찍어 맨드mand에서 택트tact로 전이하는 데 사용하기로 했다.

교사 : 실물 자동차와 주스를 그림과 함께 보여줌.

존 : 주스를 보고 "주스"라고 맨드mand하면서 손을 뻗음.

교사 : 주스 그림을 들어 보이면서 "이게 뭐야? 주스"라고 말함.

존 : "주스"를 에코익echoic함.

교사 : "맞아… 이게 뭐야?"라고 말하면서 주스 그림을 들어 보임.

존 : "주스."

교사 : 존에게 강화물로 주스를 건네줌.

이렇게 아동의 맨드mand를 택트tact로 전이하는 방법도 있지만, 어떤 치료사는 "매칭" 기술을 택트tact로 전이하기도 한다. 이 방법은 특히 수어를 사용하는 아동에게 효과적인데, 교사가 단어를 수어와 연합시키기 때문이다. 교사가 건네준 그림을 아동이 잘 매칭하게 되면, 이제 교사는 그림 중 하나를 들어 보이면서 "이게 뭐야?"라고 묻는다. 불과 몇 초 전에 보고 들었던 그림이므로 아동이 말이나 수어로 정반응할 확률이 높아진다.

다음은 이 과정이 진행되는 예이다.

교사 : 사탕, 그네, 감자칩 그림을 테이블 위에 놓음. 아론에게 그림을 보여주며 "사탕"이라고 말함.

아론 : 같은 사탕 그림끼리 매칭함.

교사 : 사탕 그림 하나를 들고 "이게 뭐야?"라고 물음.

아론 : "사탕."

또 수용언어에서도 택트tact로 전이할 수 있다. 이 방법은 특히 루카스에게 효과가 좋았고, 그래서 집중해서 연구한 결과가 2005년 언어행동분석 학술지에 게재되었다.

이 방식의 전이는 또 어떤지 살펴보자.

교사 : 트럭, 오븐, 치약 그림 중 "오븐 만져"라고 말함.

샘 : 오븐 그림을 만짐.

교사 : 오븐 그림을 들고 "이게 뭐야?"라고 말함.

샘 : "오븐."

이런 식으로 맨드mand할 수 있는 아이템을 아이가 모두 택트tact할 수 있을 때까지 반복한다. 이후에는 강화물이 아닌 사물을 택트tact할 수 있도록 똑같은 전이와 촉구 절차를 사용하여 가르친다.

에코익echoic 기술 가르치기

말을 모방하도록 가르치는 것은 언어라는 거대한 저수지에 수문을 터주는 일이다. 아이가 에코익echoic을 할 수 있으면 이 에코익echoic을 촉구로 활용하여 정반응을 더 잘 끌어낼 수 있다. 에코익echoic은 다른 언어 기능으로 전이할 때 그 사이를 연결하는 다리 역할을 해주기도 한다.

에코익echoic에서는 언어자극이 유일한 선행 사건이다. 따라서 순수한 에코익echoic 반응을 얻으려면 실물이나 그림을 제시하면 안 된다. 아동의 에코익echoic 기술을 평가하려면, 공이 없는 상태에서 "따라해, 공"이라고 말한 뒤 아동의 반응을 평가한다.

만일 아동에게 에코익echoic 기술이 없으면 체계적으로 이를 개발시켜야 한다. 그 과정이 촉구, 촉구 줄이기, 오류 수정인 것은 다른 언어 기능과 동일하다. 최종 목표는 물론 순수한 에코익echoic 반응이지만, 처음에는 "맨드mand의 틀" 안에서 시작해야 가장 바람직하다. 실제로 에코익echoic에 성공하는 경우는 아이가 강화물을 맨드mand할 때인 경우가 많다.

강화물 없이 아이를 앉혀 에코익echoic 훈련을 한다면 문제행동은 늘어나고 수업은 혐오자극이 될 것이다. 대신, 전이 절차를 활용하여 아이에게 이 기술을 가르쳐보자.

다음은 에코익echoic 전이의 예이다.

교사: 비눗방울을 준비해놓음.

앤디: "비눗방울." (맨드mand)

교사: 비눗방울을 불면서 "비누… 비누… 따라해, 비누…"라고 말함과 동시에 비눗물 통을 보이지 않게 책상 아래에 감췄다가 슬쩍 보여줌. 앤디가 반응을 하지 않으면 "비누"라는 말을 해줌.

앤디: (비눗물 통이 안보이는 상태에서) 교사를 따라 "비누"라고 에코익echoic함.

전이 절차의 다른 방법으로는 플래시카드 활용법이 있다. 처음에는 아이에게 그림카드를 보여주면서 에코익echoic을 시키다가, 다음에는 카드를 보이지 않게 뒤집은 뒤 시각 자극 없이 에코익echoic을 하도록 유도한다.

에코익echoic 기술은 아동의 발음도 향상시킬 수 있다. 교사의 얼굴과 입술의 움직임을 잘 볼 수 있는 자세로 아이를 앉힌 후 말이나 발음의 속도를 느리게 하면서 얼굴 표정을 과장하여 보여주면, 아이의 발음 향상에 도움이 되기도 한다.

인트라버벌intraverbal 기술 가르치기

─

마지막으로 배우게 될 언어 기능은 인트라버벌intraverbal이다. 이 기능은 대화의 필수 능력, 즉 질문에 대답하는 능력이다. 나를 포함하여 많은 자폐 아동 부모들이 아이와 언젠가는 대화를 나눌 수 있기를 간절히 바라지만, 그것은 마법이 아니라 체계적인 대화 기술 교육에 의해 가능하다는 사실을 나는 잘 알고 있다. 언젠가는 나도 루카스와 진짜 대화를 나눌 수 있으리라 굳게 믿는다. 루카스가 간단한 질문에는 대답을 할 수 있어서 이미 아주 짧은 길이의 대화는 하고 있는 상태지만, "의문사 의문문"(누구, 무엇, 왜, 언제, 어디를 사용한 의문문)을 묻고 대답하게 하려면 여전히 루카스에게도 별도의 교육이 필요하다.

다음은 일반 성인 간의 전형적인 대화에 나타난 언어 기능이다.

앤 : 전에 못 뵙던 분이네요. (주의 환기용 택트tact/맨드mand) 이 동네 처음이세요? (정보를 요구하는 맨드mand)

제이미 : 네, 뉴저지에서 새로 이사 왔어요. (인트라버벌intraverbal)

앤 : 아, 그래요. 뉴저지 어디요? (정보를 요구하는 맨드mand)

제이미 : 벤트노어(Ventnor)요. 아틀란틱 시티 옆이에요. (인트라버벌intraverbal)

앤 : 아틀란틱 시티, 참 좋죠. (주의환기용 인트라버벌intraverbal/맨드mand)

제이미 : 카지노 가보셨겠어요? (정보를 요구하는 맨드mand)

앤 : 그럼요! (인트라버벌intraverbal)

보는 바와 같이 일상 대화에는 세 가지 언어 기능이 혼합되어 있다. 고급 수준의 택트tact는 보통 주의 환기를 위한 맨드mand의 역할을 하면서 흔히 대화의 물꼬를 트는 실마리가 되어준다. "너 셔츠 마음에 든다"라거나 "오늘 날씨 참 좋다" 같은 말이 여기에 해당한다. 대화의 두 번째 요소는 정보 요구의 맨드mand이다. "너 어디 살아?" "거기 어떻게 가?" "너 왜 그랬어?" 같은 말이다. 이러한 고급 수준의 맨드mand 기술을 구사하려면 자폐 아동에게는 집중 훈련이 필요하며, 사물이나 활동을 정확히 요구할 수 있는 아이라도 그 후로 몇 달 또는 심지어 몇 년이 지나야 가르칠 수 있다.

대화의 마지막 부분은 인트라버벌intraverbal 반응이다(의문사 의문문의 대답에 해당). 인트라버벌intraverbal에서도 언어자극이 유일한 선행 사건이지만, 학습자가 교사와 똑같이 말해야 하는 에코익echoic 기능과 달리, 인트라버벌intraverbal은 교사와는 완전히 다른 말을 이용하여 반응해야 한다.

좀 복잡하게 들리겠지만, 실제로는 초급 단계의 인트라버벌intraverbal은 자장가나 노래의 빈 칸을 채워 부르는 즐거운 활동 같은 것이라서 꽤 가르치기 쉽다. 앞서 언급한 것처럼, 남편은 루카스가 두 살 때 우연히 몇몇 노래 가사 중 끝부분을 채워 부르는 능력을 발견한 적이 있다. 나 역시 많은 아이들을 평가하다가 그 과정에서 이 능력을 지닌 아이를 자주 만난다. 정작 부모님들이 그 사실을 모를 때가 많다.

일단 처음 인트라버벌intraverbal 기술을 가르칠 때는, 아이가 자주 들어서 익숙한 노래를 몇 개 고른다. 바니의 주제가인 "너를 사랑해" 같은 노래가 어린아이들에게는 매력적일 것이다. 또 "할아버지 농장에" 같은 노래도 발화량이 적은 아동에게 꽤 좋은 편이다. "이, 아, 이, 아" 다음에 "오"를 채우거나, 동물 소리를 흉내내는 "매~"나 "음메" 같은 소리는 발음하기도 쉽기 때문이다.

어린이집이나 유치원에서는 노래가 들어가는 활동이 많으므로, 인트라버벌intraverbal의 채워 부르기와 같은 기능적인 기술은 매일 연습시킬 필요가 있다. 좀 더 나이를 먹은 아동이나 성인들도 같은 방법으로 기도문, 국기에 대한 맹세, 애창곡 등을 가르칠 수 있다.

만약 아이가 말을 할 줄 알면, 아이가 발음할 수 있는 단어가 들어간 문장을 고른다. 처음에는 아이가 정말 좋아하는 노래를 고르는 것이 아이의 동기를 유발하므로 가장 좋다. 예를 들어 "곰 세 마리" 노래를, 명확한 발음으로, 느리지만 활기차게 부르기 시작한다. 그러다가 마지막 단어를 남겨두고 1~2초가량을 기다린다. 예를 들면 "아빠 곰, 엄마 곰, 아기 ___ ." 아이가 대답을 하지 않으면 그 부분을 과장해서 불러주고 나서, 다시 노래를 시작해서 시도해본다.

나단에게 이 기술을 가르치는 방법이다.

교사 : "아빠 곰, 엄마 곰, 아기 ___ (2초 기다리다가)··· 곰!"

나단 : 빙긋 웃음.

교사 : "아빠 곰, 엄마 곰, 아기 ___."

나단 : "곰."

교사 : "잘했어! 그래 곰! ···다시 해볼까? 아빠 곰, 엄마 곰, 아기 ___."

나단 : "곰."

교사 : "아빠 곰은 뚱뚱 ___ (2초 기다리다가)해!"

노래 하나에서 목표로 삼는 단어는 2~3개만 정한다. 예를 들어 앞선 노래에서는 "곰"과 "해"를 정했지만, 작은 별 노래에서는 "별"을 선택한다. 어떤 노래든 목표 단어가 자주 등장하고 아이가 부르기 좋아해야 한다. 아이가 목표한 단어를 모두 숙달하면 이제 같은 노래에 있는 다른 단어를 고르거나, 새로운 노래를 선택한다.

아이가 가사의 마지막 단어를 채울 수 있는 노래가 늘어나면, 이제 후진형 연쇄를 사용하여 가사의 마지막 두 단어를 남겨두기 시작한다. 예를 들어 나단이 "반짝 반짝 작은 ___"에서 "별"만 불렀다면, 이제 다음은 "작은 별"을 목표로 삼는다.

아이의 반응을 기다리는 시간이 2~3초를 넘어서는 안 된다. 아이가 응답을 하도록 강제할 수는 없기 때문이다. 만일 이 방법에 효과가 없으면, 별 모양의 인형이나 별 그림을 보여주면서 시각적으로 촉구해서, 택트tact에서 인트라버벌intraverbal로 전이하는 방법을 활용한다.

다음은 그 예이다.

교사 : 별 그림을 보여주며 "이게 뭐야?"

나단 : "별."

교사 : "맞아." 별 그림을 내려놓고 "반짝반짝 작은 ___"을 부르다가 별을 들어 보이면서 "별" 부분을 큰 소리로 부름. "다시 해볼까? 반짝반짝 작은 ___" 하면서 별 그림을 들어 보여줌.

나단 : "별."

교사 : "잘했어, 별! …반짝반짝 작은 ___" 하면서 이번에는 그림을 보여주지 않음.

나단 : "별."

교사 : "아름답게 비치네…."

구전동요(두껍아 ___ . 여우야 ___ , 뭐 하니) 같은 놀이 활동도 과정은 동일하다. 채워 부르기의 장점은 언어 획득에 아주 유용하면서도 배우는 과정이 즐겁다는 점이다. 수어를 사용하는 아동이라면 이미 알고 있는 수어(숙달된 맨드mand)를 활용하는 것이 제일 좋다. 예를 들어 공놀이를 하고 싶을 때 "공"을 수어로 표현할 줄 아는 아동이라면, 초반에 실시할 만한 채워 부르기는 "떼구르르 굴러가는 축구___" 같은 문장이면 된다. 비눗방울을 좋아하는 아이라면 "후후 불어요, 비누 ___ "라고 말해주고 아이가 "방울"이란 말을 수어로 표현하게 한다.

이 모든 것이 어떻게 의미 있는 대화로 전이된다는 것인지 아마 궁금할 것이다. 물론 단시간에 이뤄지지는 않는다. 지금 우리는 출발점에 서 있을 뿐이다. 아이가 노래도 잘 부르고, 채워 부르기도 숙달 수준이 되었다면 비로소 다음 단계로 넘어갈 때가 된 것이다. 아이의 택트tact 목록을 잘 살펴보고 다음 단계인 인트라버벌intraverbal에 어떻게 활용할 수 있을지 생각해보자.

아이의 택트tact 목록은 이미 침대, 고양이, 연필, 피자 같은 사물들로 이뤄져 있을 것이다. 이제 이 택트tact를 이용하여 사물의 특징이나 기능을 배워보자. 택트tact를 이용하여 특징, 기능, 범주를 가르칠 때는 목표한 사물 이름을 문장의 맨 끝에 두는 방법을 쓴다. 예를 들면 "우리가 잠자는 곳은 ___ "이라는 말에 아동이 "침대"라고 대답하는 것이다. "야옹야옹 우는 것은 ___"이라는 말에 아동이 "고양이"라고 대답하기를 기다려본다.

이 같은 고급 택트tact과정에서는 명사를 사용하는 것이 그림으로 촉구를 할 수 있어 좋다. "글씨를 쓸 때 필요한 것은 ___"이라는 말에 연필 그림을 보여주며 촉구하기는 쉽지만, "연필로 하는 일은 ___"이라는 문장은 촉구하기가 너무 어렵기 때문이다. 이렇게 질문에 빈 칸을 채우는 주고받기("우리가 잠자는 곳은 ___")를 할 수 있어야 비로소 "너 어디서 잠 자?"와 같은 의문사 의문문에 대답할 수 있다. 아이가 간단한 빈 칸 채워 말하기를 할 수 있게 되면, 이제 시각 촉구는 점차 줄이면서 이 기술을 보다 어려운 '의문사 의문문'으로 점차 전이시킨다.

콜린에게 빈 칸 채우기로부터 의문사 의문문으로 전이를 가르치는 예이다. 순수한 인트라버벌intraverbal이 되려면 아무런 시각 촉구 없이도 응답할 수 있어야 한다.

교사 : "우리가 자는 곳은 ___."

콜린 : "침대."

교사 : "맞아... 너는 어디서 잠 자?"

콜린 : "침대."

교사 : "우리가 물을 마실 때 쓰는 건 ___."

콜린 : "컵."

교사 : "맞아… 너는 뭘로 물을 마셔?"

콜린 : "컵."

잊지 말아야 할 사실은, 아이가 유창하게 택트tact할 수 있는 단어를 사용해야 한다는 점이다. 아이가 "자동차"라는 단어를 택트tact할 수 없다면, "바퀴가 있는 것은 ___ ."이라고 물어도 아이가 혼란스러워 하거나 대답을 못할 가능성이 높다. 내가 여기에 대한 뼈저린 교훈을 얻은 것은, 몇 년 전 루카스에게 "날개가 있는 건 뭐야?"라는 질문에 "비행기"라고 대답하도록 가르칠 때였다. 몇 달 뒤, 나는 프로그램에 실수가 있음을 깨닫게 되었다. 실제 비행기 날개를 손으로 가리키며 루카스에게 저게 뭐냐고 묻자, 루카스는 날개라고 말하지 못했다.

아이에게 아무 의미도 없고 아무런 기능도 하지 못하는 문장을 외워봐야 소용이 없다. 그러므로 눈앞에 보이지 않는 사물에 대한 질문에 대답하도록 인트라버벌intraverbal을 가르칠 때에는 그 사물의 적절한 기능 뿐만 아니라 해당 사물에 대한 택트tact를 할 수 있도록 가르쳐야 한다.한 번은 교실에서 학생들에게 "솔이 달린 물건은…"이라고 질문하는 것을 본 적이 있다. 올바른 대답은 "빗자루"였다. 하지만 아이들은 빗자루를 보고도 솔을 택트tact할 수 없었을 뿐 아니라, 솔 부분을 보고 솔이라고 택트tact할 수 있는 아이도 별로 없었다.

가르치고 있는 10세 아동의 언어 발달이 3세 수준이라면, 유치원생 수준의 택트tact와 인트라버벌intraverbal을 고른다. 인트라버벌intraverbal을 연습시키는 와중에도 택트tact 역시 꾸준히 연습시켜야 한다. 그렇지 않으면 택트tact 능력은 계속 떨어진다. 아이가 고양이를 보고 "야옹"이라고 하거나 피자 그림을 보고 "피자 먹어"라고 말하기 시작했다면, 택트tact기술이 여전히 탄탄하지 못하다는 의미이다. 이렇게 택트tact를 무너뜨리는 인트라버벌intraverbal은 잠시 중단하고, 택트tact를 유창한 수준이 되도록 연습시킨다. 높은 수준의 인트라버벌 intraverbal 기술, 예를 들면 "너 주말에 뭐했어?"라든가 "오늘 학교에서 뭐했어?"와 같은 질문에 대답하는 능력은 훨씬 복잡해서 가르치기 매우 어렵다. 이 수준에 도달하려면 필요한 중요 사항이 몇 가지 있다.

1. 당신도 답을 모르는 질문은 하지 않는다. 아이의 담임 선생님으로부터 그날 학교에서 있었던 일을 전달받아 알고 있어야만, 필요한 경우에 아이에게 촉구를 해줄 수 있을 것이다.

2. 아이가 기본적인 인트라버벌intraverbal 기술을 완성했다면, 이제 아이가 좋아하는 DVD나 책을 활용하여 높은 수준의 인트라버벌 intraverbal 기술을 연습시킨다. DVD를 잠시 멈추거나 책을 덮은 후 의문사 의문문을 몇 가지 묻는다. "우디는 어디 있어?" "저 사람 지금 뭐해?"

3. 역시 카본 박사의 클리닉에서 배웠는데, 높은 수준의 택트tact와 인트라버벌intraverbal을 가르치는 데 있어 핵심은 직접적인 촉구(에코익echoic)를 주지 않는 것이다. 아이 스스로 문제를 해결하고, 유연하게 대답하도록 가르쳐야 한다. 예를 들어 토이 스토리에서 우디가 침대 밑에 있고, 당신이 묻는 말에 아이가 대답이 없거나 "몰라"라고 대답했을 때, "침대 밑"이라고 직접적인 촉구는 주지 않는다. 대신 침대를 가리키면서 "이게 뭐야?"라고 묻고 아이가 "침대"라고 답하면 이제 당신은 "잘했어, 자, 우디는 어디 있

어?라고 물으면서 침대 밑에 있는 우디를 가리키는 것이다. 비디오를 보면서 아이가 질문에 성공적으로 대답한다면 다음으로는 시각자극이 없는 상태에서도 인트라버벌intraverbal 질문에 대답할 수 있도록 가르쳐야 한다. 이 기술은 특별히 더 어렵다. 그러므로 아이가 아주 능숙하게 전치사(조사)를 사용할 수 있고 모든 사물과 동작과 영화 속 등장인물과 책을 택트tact할 수 있기 전까지는, 이 높은 수준의 택트tact와 인트라버벌intraverbal을 가르치려고 시도해서는 안 된다.

이제 언어행동 프로그램의 기본 사항을 모두 배웠다. 이제 배운 모든 내용을 종합하여 아이를 위한 계획을 세울 때이다.

· · · · ·

10장

종합하기

이제 ABA와 언어행동분석의 원리를 알게 되었으니 이 원리들을 종합하여 당신의 아이(부모인 경우)와 학생(전문가인 경우)을 위한 특별한 프로그램을 만들 수 있다.

이 책의 모든 장에서 말한 바와 같이 우선은 천천히, 그리고 편안하게 이 기법들을 일상생활(자연스러운 환경)에 적용한 뒤, 이후 집중교수세션(intensive teaching session)을 시작하기를 권한다.

자연스러운 환경에서 ABA/언어행동분석 시행하기

부모님들로부터 듣는 가장 큰 불평 중 하나는 아이의 치료에 깊이 개입하고 싶지 않다는 것이다. "전 그냥 부모이고 싶어요. 치료사나 선생님이 되고 싶지 않아요." 나의 답은 이렇다. 교육이야말로 양육의 모든 것이라고. 부모는 아이들의 첫 번째이자 최고의 선생님이며, 이는 자폐나 다른 장애가 있는 아이일수록 더욱 그렇다. 우리 아이들은 명확한 가르침 없이는 잘 배우지 못하므로, 뒤로 물러나 "단지 부모"만 될 수는 없다.

우리 아이들에게는 수백 번의 반복 학습과 시행착오가 필요하다. 수업 시간뿐 아니라 하루 종일 그렇다. 만일 어떤 식으로든 오류나 문제 행동이 강화되면 그 행동은 늘어날 것이고, 아이는 발전하지 않을 것이다. 아이의 교육에 있어 가장 핵심은 프로그램의 일관성이다.

아이가 하루에 ABA/언어행동분석 프로그램을 몇 시간이나 받아야 하는지 물으면 내가 항상 "아이가 깨어 있는 시간 전부"라고 대답하는 이유가 바로 여기에 있다.

당황할 필요는 없다. 그렇다고 집에 하루 24시간 와 있을 사람을 구해서 주당 100시간씩 치료실이나 책상에 아이를 앉혀놓으라는 말이 아니다. 오히려 매주 많은 시간을 할애하여 집중교수 세션에 투자해야 한다는 뜻이다. 하지만 그만큼이나 중요한 것은 부모와 주양육자 모두 ABA와 언어행동분석의 원리를 이해하고 있어, 편의점에 다녀오는 일도 하나의 학습 경험이 될 수 있도록 하는 일이다. 행동분석가나 언어재활사로부터 받는 치료 세션만큼이나 중요한 일이다.

교수법 가운데 NET(Natural Environment Teaching, 자연환경교수)라는 것이 있다. 이 교수법은 치료실 환경이 아닌 자연환경(실생활)에서 의도적이고 계획된 훈련을 실시하는 방법이다. 실생활에 언어행동분석을 연계한 우리 방식이 이 NET와 비슷해 보이긴 하지만, 의도적이고 계획된 NET에 비해 아동의 그날그날 상황에 대응한다는 점에서 우리 방식은 이 NET와 약간 차이가 있다. 아마 당신도 NET와 ITT(Intensive Trial Teaching, 집중시도훈련)를 모두 필요로 하게 될 것이다.

우선, 언어행동분석이 일상생활과 결합되도록 가정환경을 조성해야 한다. 이 전략은 발달장애나 심각한 언어장애 아동을 상대하는 모든 성인이 사용할 수 있다. 아이와 함께 하는 모든 사람이 일관된 모습을 보일수록 아이는 더 잘 배운다. 그러므로 아이와 함께 생활하는 부모, 조부모, 베이비시터, 치료사, 교사 등 모두에게 이 전략을 잘 설명해주도록 한다.

이 개념들은 앞 장에서 충분히 설명해두었지만, 마음에 새겨두어야 할 사항이 몇 가지 있다.

1. 아이를 더욱 긍정적으로 대하라. 부정적인 피드백 한 번에 긍정적인 피드백은 여덟 번을 사용하라.
2. 어려운 요구는 줄이되, 촉구가 가능한, 따르기 쉬운 지시를 내리고 아이가 성공할 수 있을 때까지 기꺼이 노력하라.
3. 아이를 언제나 다정하게 대하라. 아이가 순응하도록 소리를 지르거나 물리적인 힘을 사용하지 말아라.
4. 아이의 이름을 너무 자주 부르지 말아라. 특히 요구를 하거나 안 된다고 말할 때 더욱 그렇다.
5. 강화물이 될 만한 아이템을 찾아두고 아이에게 전해줄 때마다 반

드시 그 이름을 2~3번 말해주어라. (주로 말을 사용하겠지만 아직 무발화인 아동일 경우엔 말과 수어를 함께 사용한다.)

6. 사물의 이름은 한두 단어 길이의 문장으로, 약간 과장되면서도 천천히, 그리고 더 활기찬 톤으로 하루 종일 반복해 들려주어라. (아이와 계단을 올라가면서 "위로, 위로, 위로.")

7. 문제행동이 일어난다고 해서 아이에게 건넨 요청을 거두거나 강화물을 얻을 수 있게 하는 식으로 문제행동에 반응하지 않는다. 문제행동으로는 자신이 원하는 것을 얻을 수 없음을 아이에게 가르쳐야 한다.

8. 오류 수정, 촉구, 전이 절차는 온종일 시도해야 한다. 아동의 정반응을 위해 촉구를 줄 때마다, 또는 무엇인가 수정해줄 것이 있을 때마다 반드시 한 번 더 질문을 던짐으로써 아이가 보다 독립적인 반응을 보이도록 하라.

이 8가지 제안을 하루 내내 실시하면 이른 시일 내에 아이의 변화를 보게 될 것이다. 아이가 더 행복해지고 순응적이 될수록 당신 역시 행복해질 것이다. 이 8가지 사항에서 출발하는 것이 바람직한 이유는, 이 모두가 별도의 데이터 수집이나 서류 작업을 요구하지 않으면서도 지난 수십 년간 ABA 연구에서 군건한 지지를 받은 방법이기 때문이다. 이러한 전략을 일상생활과 통합시킬 방법을 찾았다면, 이제 행동주의 접근법을 활용해 아이를 가르칠 수 있는 길에 들어선 것이다.

치료 세션 시작하기

하루 한 시간씩 집중훈련을 실시하려는 부모든, 하루 3시간 언어행동 프로그램 실시하도록 고용된 행동치료사든, 일주일에 한 번 30분 동안 아이를 보는 언어재활사든, 집중교수 세션을 시작하려면 어느 정도의 지침이 필요할 것이다. 그래야 편안하게 언어행동분석 프로그램을 시작할 수 있다.

우선, 아이의 전반적인 기능이 어느 수준인지 알아볼 필요가 있다. 먼저 언어행동 평가양식(참고자료 2 참조)을 작성해보고, 더불어 어떤 종류의 물건이나 활동을 아이의 강화물로 사용할 수 있을지 결정한다.

가능할 때마다 아이와 함께 생활하는 사람들 모두에게 도움을 요청하여 아이의 현재 기능 수준을 철저히 평가하고 강화물 후보 목록을 정하도록 한다.

일단 데이터를 수집했으면, 이제 강화물과 강화 활동을 당신 자신과 연합하기 시작한다. 아주 천천히 진행하라. 스스로를 학습에 밀어붙이는 불도저가 아닌, 아이를 응석받이로 키우는 할머니로 여겨라(연합 전략의 복습이 필요하다면 4장을 참조).

수업을 시작하려고 할 때 맨 먼저 맞닥뜨릴 문제는 바로 문제행동일 확률이 높다. 그도 그럴 것이, 이 프로그램을 시작하는 대부분 아이들은 맨드mand하기에 어려움이 있어서, 신체적인 행동으로 의사소통을 하기 때문이다. 문제행동의 평가와 중재에 필요한 데이터를 수집하고 (2장 참조), 행동 중재 계획을 종합한다. 언어행동 세션을 진행하는 동안에는 문제행동을 계속 기록하면서 2장에서 설명한 문제행동 감소 전략을 실행하면 된다. 만약 언어행동 세션 중에 이러한 문제행동이 지속적으로 나타난다면, 관련하여 필요한 전략을 설명해줄 수 있는 BCBA(행동분석 전문가)와 상담해볼 것을 권한다. 시간이 지나면서 새로운 문제행동은 언제든 나타날 수 있으므로, 행동평가는 지속적으로 시행하고 있어야 한다.

문제행동 대처 전략의 시행과 함께 이제 맨드mand하기 프로그램을 시작한다. 맨드mand하기는 5장에서 충분히 다루었지만, 맨드mand 훈련을 언어행동 프로그램에 결합하려면 추가로 알고 있어야 할 조언이 몇 가지 있다. 우선 아동이 하루 중에도 맨드mand할 수 있는 기회를 수백 번이고 만들어야 한다. 또, 자기가 공부하고 있다는 사실도 몰라야 한다. 그러려면 요구가 아주 느리고 쉬워야 한다. 단, 맨드mand 하기는 ITT(Intensive Trial Training, 집중시도훈련) 중에는 포함시키면 안 된다. 맨드mand하기는 NET(자연환경교수) 내에서 가르쳐야 한다.

이것이 정확히 무슨 말일까? 언어행동 컨설턴트 사이에서도 여기에는 약간의 이견(異見)이 있지만, 내 생각은 이렇다. 학습 세션 중이라도 동기(motivation)가 발생한다면, 그 세션을 실시하고 있는 곳이 치료실 책상(보통 ITT가 실시되는 장소)이라고 하더라도 이것을 NET로 간주할 수 있다는 말이다. 맨드mand하기는 동기에 의한 것이므로, 본질적으로 맨드mand는 NET 내에서 발생된다고 할 수 있다.

보통 생각하는 ITT 세션이란 대개 테이블에서 실시하는 것, 빠른 속도로 진행하는 것, 목표행동과 데이터 수집과 VR(변동 비율) 스케줄이

다양하게 혼합된 것으로 인식하기 쉽다. 그러나 ITT 세션은 그 교수형태가 기준에 부합하는 한, 마루바닥이든 야외 피크닉 테이블이든 부엌의 조리대에서든 어디서나 실시할 수 있다. ITT 세션 중에는 강력한 강화물이 필요하고, 아이가 맨드mand(요청)하지 않아도 교사는 이 강화물을 아동에게 준다.

강화의 비율은 좀 다르지만, 언어행동 프로그램을 하는 아이들에게는 두 가지 형태의 수업(NET와 ITT)이 모두 필요하다. 아동과 프로그램을 시작할 무렵에는 거의 모든 수업이 NET 형태를 취하지만, 학령기 아동으로 갈수록 이 방식은 어렵다. 대부분의 학습이 놀이환경이 아닌 장소(예를 들면 교실 책상)에서 일어나기 때문이다. 만일 아동이 책상에서 대부분의 학습 시간을 보낸다면, 반드시 치료사나 선생님은 책상에서 건네줄 수 있는 강화물을 많이 보유하고 있어야 한다. 아이가 강화물을 얻으러 자꾸 책상을 벗어나서는 안 된다. 나는 작은 TV나 DVD, VCR을 공부하는 책상 근처에 두라고 권한다. 재미있는 아이템, 음식물, 활동 같은 것들이 연합되어야 공부하는 책상이 강화될 것이기 때문이다. 기억하라. 어디서든, 무엇을 하든, 아이가 학습 공간으로 행복하게 달려와야 한다.

NET는 계획적으로 고안된 것으로, 아이의 동기를 유발하여 활용하는 절차가 포함된다. 아동에게 맨드mand하기를 시키거나 간단한 인트라버벌intraverbal의 빈 칸 채우기, 일반화된 택트tact를 연습키는 것도 여기에 포함된다. 당신이 점토를 손에 쥐고 놀고 있으면 아이가 다가와 점토 통을 열어달라고 맨드mand할 수도 있다. 당신이 그 점토로 뱀 모양을 만들면 아이가 "뱀"이라고 택트tact할 수 있을 것이고, 마침내 당신이 "쉬이익~ 하고 소리내는 건…"이라고 말하면서 아동이 빈 칸을 채워 말하도록(인트라버벌intraverbal) 유도할 수 있다.

사실 내가 훈련시킨 치료사들에게도 NET는 수행하기 훨씬 어렵다. 특히 언어행동의 기본 원리에 익숙하지 않다면 더욱 그렇다. 비록 수업이 놀이를 기반으로 하고 있지만 훨씬 더 정확해야 한다. 창의력은 필수적이다. 만약 당신이 매일 똑같은 지점토로 똑같은 뱀을 만든다면, 아이는 지루해지고, 기계적으로 반응할 확률이 높다.

NET에도 동기부여나 VR(변동 비율) 강화 스케줄이 포함되어 있긴 하다. 괜찮은 NET를 보면 어른이나 아이 모두 즐겁게 놀이를 하는 것처럼 보인다. 하지만 혼자 인형의 집 놀이에 익숙한 아이 옆에 당신이 털썩 앉아 무언가를 요구하고 질문을 한다면, 당신의 존재는 아이에게 혐오자극이 될 수 있다. 그러면 인형의 집은 강화물로서의 역할을 잃을 것이고, 심각한 역효과를 낳게 된다.

ITT 세션

―

언어행동치료에 대해 대부분 사람들은 빠른 속도로 진행되는 ITT 세션을 떠올린다. 물론 사실이긴 하지만, ITT를 하기 위해서는 먼저 언어행동 프로그램의 기본을 완전히 소화한 다음이어야 한다. 만일 ABA와 언어행동분석 모두에 대한 배경 정보 없이 ITT 세션을 실시한다면, 올

바르게 ITT를 수행하기란 불가능하거나, 불가능하지는 않더라도 매우 어렵다.

ITT는 중요하다. 우리 아이들이 의미 있는 발전을 하려면 매일 많은 양의 집중훈련을 실시해야 한다. 당신 스스로 ITT를 실시할 수도 있겠지만, 재정적으로 여유가 있다면 이 부분에 집중했으면 한다. 언어행동분석의 바로 이 부분이야말로 아이의 발전에 맞춰 개별화되고 업데이트 되어야 하는 부분이다.

ITT 세션 시작하기

먼저, ITT를 위해 아이가 하루 중 몇 시간 동안 책상 앞에 앉아 있을 수 있는지 측정한다. 2000년 루카스가 로바스 방식의 ABA에서 언어행동 프로그램으로 전환했을 때 이미 루카스는 거의 모든 수업 시간 동안 편안하게 책상 앞에 앉아 있을 수 있었다. 당시 루카스는 2년 동안 유치원을 다니고 있었고 좋은 착석 행동을 유지하고 있었으며, 실제로 책상에 앉아 수업하기를 좋아했다.

ITT를 시행하기에 앞서 책상과 강화물이 잘 연합되어야 한다는 점을 명심하기 바란다. TV나 DVD를 준비하고 다른 강화물들도 손 닿는 곳에 둔다. 책상과 강화물을 연합하면서 서서히 ITT 세션 안에 수용변별, 모방, 시지각 과제를 넣어 실시한다. 어떤 아동은 퍼즐을 완성하는 동안 계속 TV나 음악을 켜두어야 할 경우도 있다. 그래야 재미있는 것이 끝났으니 요구가 뒤따르겠구나,라고 느끼지 않기 때문이다. 강화물이 갑자기 제거되고 과제요구가 제시되었을 때 편안하게 느낄 아동은 별로 없다.

이제 아이에게 사탕을 주면서 점차 TV를 끈다, 그리고 다시 TV를 켠다. 그다음엔 TV를 끄고 아이에게 영화를 맨드mand하도록 시킨다. 그리고 TV를 다시 켠다. 그다음엔 TV를 끄고 간단한 모방을 시킨다. 그리고 다시 TV를 켠다.

이렇게 하면서 결국에는 변동 비율을 늘리다가 마침내 실제적인 ITT 세션을 시작하는 것이다.

ITT를 적절하게 수행하기 위해서는 당신 스스로 (목표행동, 자료, 기록지 등을) 잘 정리해두어야 하고, "앉아서 하는 기술"에 능숙해져야 한다.

목표행동, 기록지, 자료를 계획하고 준비하는 것은 아이가 자고 있는 밤중에 (치료사라면 아동이 치료실에 오기 전에) 할 수 있는 간단한 일이다.

다음은 그 계획에 대한 단계별 절차이다.

1단계

우선 아이를 평가하는 것으로 프로그램을 시작한다. 평가 없이는 당신에게 필요한 자료, 목표, 기록지가 무엇인지 알 수 없다. 언어행동 평가양식(참고자료 2)이 도움이 될 것이다.

평가를 진행함과 동시에, 아이에게 실시하는 각 프로그램별로 아이가 무엇을 알거나 모르는지 학습 진도표(참고자료 4)에 계속 기록한다. 평가와 진도표 작성은 동시에 진행한다. 실제로 컨설팅을 나가보면 치료사가《언어 및 학습기술의 평가(Assessment of Basic Language and Learning Skills, ABLLS)》양식에 아동이 50개를 택트tact할 수 있다고 기록했으면서 정작 그 택트tact 단어가 무엇인지, 택트tact를 못하는 단어는 무엇인지 기록해두지 않은 경우가 정말 많았다. 평가 때마다 그 결과를 자세히 기록해두면 프로그램 계획이 훨씬 수월해진다.

각각의 기술에 대한 학습 진도표를 완성했으면 날짜 칸에 "M"('마스터'의 뜻)을 기록하여 이미 숙달된 기술이라고 표시할 것을 권한다. 이 진도표에는 아직 숙달하지 못한 기술들도 나열해두어야 나중에 목표를 정할 때 도움이 된다. 이 진도표를 3공 바인더에 색인을 붙여 보관하면 나중에 수용 프로그램, 택트tact 영역, 인트라버벌intraverbal 기술을 쉽게 찾을 수 있다. 이외에도 이 바인더에 포함되어야 할 것은 기술 평가양식, 강화물 평가, 행동 데이터, 이전의 평가지 등이다.

다음은 이제 막 언어행동 프로그램을 시작하는 초기 아동에게 내가 추천하는 프로그램의 예시이다. 아래의 각 기술마다 별도의 학습 진도표를 작성해야 한다.

1. 수용 지시 (박수치기)
2. 수용 신체 부위 (머리 만지기)
3. 수용 변별 (소 선택하기)
4. 장난감 모방 (자동차 앞뒤로 굴리기)
5. 동작 모방 (따라해–박수 치기, 단, "박수 쳐"라고 말하지 않음)
6. 3D 매칭 (3D 와 3D – 돼지 모형과 돼지 모형)

7. 2D 매칭 (2D 와 2D – 사탕 그림과 사탕 그림)

8. 택트tact하기 (3칸을 만들고 3D, 2D, 일반화 택트tact 3가지 기록)

9. 에코익echoic (따라해 "공")

10. 인트라버벌intraverbal 빈 칸 넣기 (반짝반짝 작은 __)

2단계

각 프로그램마다 2~3개의 목표를 정하고 이 목표를 주간 사전평가 양식에 적는다(참고자료 5 예시 참조). 내가 권하는 방법은 주간 평가지 외에도 모든 일별 데이터 양식(129페이지의 '맨드 횟수 기록지', 51페이지의 ABC '샘플 기록지' 참조)을 클립보드에 끼워놓고 하루 중 어느 때든 즉시 꺼내어 사용하는 방법이다. 첫 목표를 정했으면 그 시작 날짜를 학습 진도표에 표시한다.

3단계

여러 가지 다양한 방법을 사용해본 결과 가장 좋은 정리 시스템은 카드를 사용하는 방법이다. 프로그램 시작 단계부터 이 카드 시스템을 도입하고 목표행동이 숙달될 때마다 카드를 한 장씩 추가하는 것이 매우 유용하다. 일단 처음에는 아이가 이미 알고 있는 모든 기술을 별개의 카드에 각각 적는다. 컨설턴트에 따라 언어 기능별로 서로 다른 색의 카드를 사용하라고 조언하기도 한다. 예를 들어, (수용 신체변별을 포함한) 모든 변별 지시는 분홍색 카드에 적고, 모방은 초록색 카드에, 인트라버벌intraverbal은 보라색 카드에 적어두는 식이다. 또는 처음에는 간단히 하얀색 카드만을 사용하다가 점차 카드 우측에 서로 다른 색깔의 점을 표시하여 구분하는 것도 괜찮은 방법이다.

카드 시스템이 중요한 이유는, 아이가 기술을 습득할수록 숙달한 기술 전부를 당신 머릿속에 기억하는 것이 불가능하기 때문이다. 그래서, 어떤 기술은 연습에서 빼먹기도 하고, 또 이미 알고 있는 기술인데도 "머리 만져"나 "너 코는 어디 있어?"를 연습시키기도 한다. "네가 잠자는 곳은 ___" 같은 보다 어려운 기술을 연습시키는 것이 더 유익한데도 말이다.

이렇게 좀 더 복잡한 기술이 있어야 "가구에는 뭐가 있지?", "부드러운 물건엔 뭐가 있지?"와 같은 질문에 대답하는 기술로도 넘어갈 수 있다.

단순 택트tact에 사용되는 그림/사진 플래시카드는 정리하기도 쉽고 준비하기도 편하다. 또, 그림 카드가 촉구의 역할을 하므로 교사는 "이게 뭐야?"라는 지시만 내리면 된다.

숙달된 기술을 카드에 잘 정리해두면 다른 기술들, 즉 "박수 쳐", (두 팔을 머리 위로 올리며) "따라해"와 같은 기술을 연습할 기회가 많아진다. 한 장의 카드에는 한 가지 기술만 적는다(226페이지의 '아는 것' 박스에 들어갈 목표행동 카드(샘플) 참조). 카드가 있으면 3D 입체사물을 택트tact하는 것도 더 쉬워지는데, 예를 들면 방 안에 실제 TV가 있는 상태에서 TV가 그려진 카드를 들고 신호를 주며 "이게 뭐야?"(실제 TV)를 가르칠 수 있다.

아이가 알고 있는 기술과 택트tact할 수 있는 그림들을 모아 플라스틱으로 된 박스에 넣고 박스 겉면에 "아는 것"이라고 표시한다.

다음, 목표행동(각 프로그램별로 아직 할 수 없는 기술 2~3가지)을 카드에 적는다. 단, 이 목표행동을 적는 카드의 색깔은 이미 알고 있는 기술에 사용한 것과는 다른 색으로 하고, 박스 역시 비슷해 보이지만 전혀 다른 박스를 준비하여 보관한다.

▶ '아는 것' 박스에 들어갈 목표행동 카드 (샘플) ◀

코 만져	박수 쳐	따라해 "바나나"
이게 뭐야? (귀)	집 주소 뭐야? 중앙로 123	따라해 (박수)
엄마 뭐해? (노크하기)	아빠 곰은 뚱뚱 (해)	반짝반짝 작은 (별)

그리고 이 모든 자료를 투명한 이동식 수납장에 넣은 뒤 각 자료와 서랍마다 표식을 해둠으로써, 언어행동 프로그램 방법을 알고 있는 치료사라면 누구든 자리에 앉아 이 프로그램을 실시할 수 있게 한다. 당신이 아동의 주된 치료사라고 해도, 아동 입장에서는 복수의 치료사와

세션을 진행하는 것이 더 즐겁다. 정리가 잘 되어 있을수록 더 좋은 법이다.

4단계

목표행동은 주간 단위로 숙달시키는 것이 좋다. 그리고 그 내용을 꾸준히 기록한다. 대부분의 아동에게 있어 "어떤 기술이 숙달되었다"라고 하려면 아동이 사전평가지에 3회 연속해서 '예'를 얻어야 한다. 그러면 곧바로 평가지에 해당 아이템을 아동이 숙달했다고 형광펜으로 표시한다(참고자료 5. 주간 사전평가 양식 참고). 그런 뒤 학습진도표에서 해당 아이템 옆에 해당 날짜를 적는다. 마지막으로 숙달된 목표행동을 숙달된 카드로 분류하고 "아는 것" 박스에 넣는다. 이미 숙달한 목표행동은 제거하고 새로운 목표행동을 추가하는 작업을 매주 실시하면서 목표행동에 대한 평가지를 새로 작성하도록 한다.

매일 단 몇 분만 자료 정리에 할애하면 당신 기분도 좋아질 것이다. 그리고 금요일 저녁이나 주말 오후, 월요일 오전 일찍, 한두 시간만 짬을 내어 평가지를 업데이트하여 작성하고, 새로운 목표행동과 새로운 자료를 골라 넣는다.

이제 이렇게 정리가 되었으니 아이를 가르치는 일은 더 부드럽게, 그리고 "착석 상태에서" 할 수 있다.

ITT 세션을 시작하면 처음에는 간헐적으로 쉬운 요구를 제시하는 맨드mand하기 세션처럼 보일 것이다. 이 ITT 세션을 자연 환경(실생활)에서 진행하더라도 계획한 목표행동의 평가는 완료하도록 한다. 아이가 그네를 타거나 모래상자를 갖고 놀거나, 심지어 점심 식사를 하는 동안이라도 평가 데이터는 완성할 수 있다.

점차 요구를 늘리고 아동에 대한 VR(변동 비율)도 늘림으로써, 아동이 강화를 받기 전에 필요한 요구 사항을 수행하게 한다. 그러나 너무 빠르게 가서는 안 된다. 그랬다가는 세션 중 문제행동이 급증하는 것을 보게 될 것이다.

쉬운 아이템과 어려운 아이템 섞기

그렇다. 여러 차례에 걸쳐 시작은 쉽게, 요구는 줄이라고 말했지만, 그게 무슨 의미일까? 아이가 알고 있는 아이템이 든 상자부터 시작하라는 뜻이다. 알고 있는 아이템 박스와 아이가 모르는 아이템의 박스를 꺼내어 세션 중에 이 두 가지를 섞는 것이다. 처음에는 아는 단어들을 사용하겠지만, 이따금 목표로 잡고 있는 모르는 기술을 시험 삼아 삽입해보는 것이다. 새로 잡은 목표행동마다 처음에는 0초에서 2초 정도의 촉구를 주다가 점차 기능간 전이를 시도하면서 가능한 한 촉구를 줄인다. 쉬운 과제와 어려운 과제의 비중은 80:20이 될 수도 있고 50:50이 될 수도 있다. 비중보다 중요한 것은, 처음에는 강화의 VR(변동 비율)을 아주 낮게 유지해야 한다는 점이다.

언어 기능을 섞고 다양하게 가르치기

ITT 세션은 서로 다른 언어 기능과 비언어 기능(매칭 기술은 제외)들이 아주 자연스럽게 섞여야 한다. 처음에는 "코 만져" 같은 요구로 시작했다가 다음에는 책상 위에 미리 몇 개의 사진을 올려두고 아이에게 "트럭 만져"를 시킨 뒤, 다음에는 의자 그림을 가리키면서 "이게 뭐야?"라고 물을 수도 있다. 마지막으로는 시범을 보여주고 동작을 모방하도록 한 뒤, 독립적으로 반응했을 때 강화하는 것으로 세션을 마칠 수 있다.

빠른 수업 진행

언어행동 세션을 지켜본 사람들이 가장 인상 깊게 여기는 부분이 바로 빠른 수업 진행이다. 숙련된 언어행동치료사라면 강화 변동 비율이 10 정도인 중급 아동에게 세션 중 분당 20개 내지 25개의 반응을 얻는다. 빠르게 수업을 진행하면서 목표행동을 다양하게 섞고 진도에 따라 과제의 난이도를 모니터링 하면서, 아동의 실수도 예방하거나 수정하기까지 한다니 불가능해 보일 것이다. 하지만 이렇게 말해주고 싶다. 가능하다. 연습하면 당신도 배울 수 있다.

빠른 수업 진행에 능숙해지고 싶다면, 일단 아이가 잘 알고 있는 카드로 먼저 프로그램을 연습하고, 아동의 신규 목표행동이나 모르는 아이템 카드를 가르칠 때는 숙련된 언어행동 전문가를 옆에 두고 평가를 구한다. 전문가가 없을 경우엔 아이의 양육자나 다른 치료사 등 동기가 있는 두세 명의 사람들이 서로서로 관찰하면서 능숙해질 때까지 피드백을 주면 된다.

다음은 숙련된 언어행동 치료사가 진행하는 일반적인 5분짜리 ITT 세션의 모습이다. 각 시행 단위(run-through) 사이는 잠깐의 강화 시간으로 분리되어 있다. 메건의 변동 비율이 5로 설정되었다는 의미는 강화와 강화 사이에 평균 5개의 요구 사항이 있다는 뜻이다(오류를 예방하거나 수정하기 위한 전이시도는 하나의 시도로 간주한다). 이 세션의 목표는 자동차와 신발 택트tact하기, 박수와 만세 동작의 모방, 그리고 "반짝반짝 작은 ___"에 "별"이라는 단어를 채우기이다. 이 외에는 메건이 이미 알고 있는 아이템들이다. 교사의 요구는 일반 글자로, 메건의 응답은 모두 굵은 고딕체로 표기했다.

시행 단위 1

이게 뭐지? **컵.** (아는 것)

이게 뭐야? **거품.** (아는 것)

잘했어. 이게 뭐야? 신발. (0~2초 촉구). **신발.** (촉구를 받아 정반응) 맞아, 이게 뭐야? (전이 절차, 촉구 없음). **신발.** (촉구 없이 정반응, 세 번 연속 정반응 후 사탕과 칭찬을 강화로 줌)

시행 단위 2

노래 불러요. 반짝 반짝 작은 ㅂ ___ (0~2초 부분 언어 촉구). **별.** (촉구를 받아 정반응). 잘했어, 다시 불러요. 반짝 반짝 작은 ___ (전이 절차, 촉구 없음) **별.**

대단해! 이게 뭐야? **침대.** (아는 기술)

이게 뭐야? **신발.** 잘했어, 여기 비눗방울이야. (네 번 연속 정반응 후 강화를 줌)

시행 단위 3

따라해, 공. **공.** (아는 에코익echoic)

이게 뭐야? **의자.** (아는 것)

따라해. (박수를 친 후 메건의 팔꿈치를 촉구함) **박수를 침.** (부분 신체 촉구를 받아 정반응) 잘했어. (박수치기 시범을 보이며) 따라 해. (전이 절차, 촉구 없음) **박수를 침.** (촉구 없이 정반응)

이게 뭐야? **사탕.** (아는 것)

따라해, 고양이. **고양이.** (아는 에코익echoic)

(박수 치면서) 따라해. **박수를 침.** (방해 시도 후 정반응. 메건은 여섯 번 연속 정반응 후 30초간 스폰지밥 영상을 강화로 틀어줌)

시행 단위 4

이게 뭐야? ㅊ ___ (0~2초 언어 촉구) **차.** (부분 촉구를 받아 정반응) 맞아, 이게 뭐지? **트럭.** (전이 절차에 오류) 이게 뭐지? 차. (완전 언어 촉구로 문제 반복) **차.** (완전 언어 촉구를 받아 정반응) 맞아, 이게 뭐지? ㅊ ___ (부분 촉구를 받아 전이 절차) **차.** (부분촉구를 받아 정반응)

(박수치면서) 따라해. **박수를 침.** (촉구 없음)

잘했어, 따라해. (만세 동작 후 즉시 완전 신체촉구를 줌) **양팔을 머리 위로 들**

어올림. (0~2초 촉구를 받아 정반응) 잘했어. (만세 동작을 하면서) 따라해. **양 팔을 머리 위로 들어올림.** (촉구 없이 정반응)

잘했어. (박수 치면서) 따라해. **박수를 침.**

대단해! (네 번 연속 정반응 후 스펀지밥 영상을 강화로 틀어줌)

5분 세션에 대한 변동 비율을 계산하려면 각 시도마다의 정반응 수를 더하고 이를 4번의 시도 수로 나누면 된다. 앞선 경우 3, 4, 6, 4를 더하여 17이었다. 그리고 이를 4로 나누니 4.2가 되었다. 변동 비율이 정확히 5는 아니지만 전체 세션에 비하면 사소한 문제이니 걱정할 필요는 없다. 다만 가끔 변동 비율을 계산해보면서 올바로 진행하고 있는지 확인해볼 필요가 있다. 한 번은 변동 비율이 7이었던 세션인데 강화를 주기까지 25개의 정반응을 요구했던 수업을 본 적도 있다. 그러므로 가끔은 다른 성인이 당신을 관찰하도록(또는 스스로 비디오를 녹화해서 모니터링 하도록)해서 비율을 점검해야 한다. 제대로 진행하고 있는 것을 확인하려면 시간을 내어 데이터를 구해보는 것이 좋다.

시작 단계에서는 속도에 대해 걱정하지 말아라. 우선은 오류가 나는 부분을 개선하고 촉구를 주거나 촉구 줄이기에 신경을 쓴다. 그리고 나서야 보다 복잡한 ITT 기술로 넘어가는 것이다. 운전이나 기타를 처음 배울 때를 기억해보자. 아마 신체의 모든 움직임을 신경써야 했을 것이고, 아주 어색하고, 또 느렸을 것이다. 실제로 운전을 한다면, 차의 모든 제어장치가 어디에 붙어 있는지 잘 알고 잘 사용하기 전까지는 시속 100km로 속도를 낼 엄두가 나지 않았을 것이다. ITT도 마찬가지이다. 연습을 할수록, 그리고 다른 관찰자로부터 피드백을 얻을수록 속도는 올라간다.

능숙해진다고 오류가 없어지지도 않는다. 그러므로 완벽한 ITT 기술을 습득하느라 자신에게 너무 심한 압박을 주지 말라. 기술은 발전시키면 되는 것이다. 그러므로 자신에게 현실적인 목표를 정하고, 의심이 들 때마다 아동 역할을 해 줄 다른 성인을 구해 기술을 연습하라. 세션을 녹화한 뒤 오류가 있는지 분석하도록 한다. 당신의 기술이 향상될수록 자녀 역시 그럴 것이다. 이제 아이의 언어기술을 늘리고 문제행동을 줄이는 데 어떻게 ABA/언어행동 프로그램을 활용하는지 배웠을 것이다. 다음으로는 배변이나 옷입기처럼 아이의 자조기술을 증진시키기 위한 행동접근법으로 넘어갈 차례이다.

11장

배변과 자조기술 가르치기

발달 지연 아동의 부모에게는 말이 늦는 것만 고민거리는 아니다. 발달 지연 아동은 배변이나 옷 입기 같은 자조기술 대부분을 아주 느리게 배우거나 아예 배우지 못한다. 하지만 지금까지 아이의 의사소통을 돕기 위해 배웠던 기술을 사용하면 이러한 필수 기술들을 아이에게 가르칠 수 있다.

배변 기술 가르치기

영유아를 키우는 부모라면 배변 훈련이 왜 필요한지 잘 알고 있다. 아이가 나이를 먹어 영유아기를 벗어나도록 이 기술을 습득하지 못하면 그 이유는 더 명확해진다. 대소변 문제에는 상당한 시간과 에너지와 자원이 소모된다. 일반 아동을 키울 때도 3년 동안 기저귀와 물티슈를 대는 건 부담이겠지만 내가 상담한 아이 중에는 12살이 되어서도 배변 훈련이 되어 있지 않은 경우가 꽤 있었다. 게다가 이 비용이 아이의 언어와 학업을 위해 사용될 수 있음을 생각하면 더욱 타격이 크다. 또, 덩치가 큰 어린이용 방수 기저귀나 일회용 기저귀는 구하기 힘들고, 기저귀 가는 시간만큼 다른 중요 기술을 가르칠 시간을 낭비한다.

가장 중요한 마지막 사항인데, 배변 훈련이 되어 있지 않으면 보육시설이나 학교 배치에 큰 영향을 받는다. 일반 유치원은 아이가 입학 전에 배변 훈련이 되어 있다는 것을 전제하므로, 어렸을 때 배변 훈련이 제대로 안 된 많은 아동들은 정규 학교의 입학이나 학급 입실을 거부당한다. 그리고 이런 상황은 아이가 자랄수록 더 암담해진다.

아이들은 사회적 관계에서 쉽게 거부당한다. 4~5세이상의 아이가 배변 훈련이 되어 있지 않아 공공장소에서 실수라도 한다면 또래 아동들에게 쉽게 따돌림 당한다. 이런 사건은 아이의 형제자매까지 난처하게 만들면서 종종 전체 가족에게 영향을 끼친다.

전문가들은 자폐를 가진 이들이 배변 훈련에 가장 어렵다고 말한다. 전통적인 배변 훈련 방식이 전혀 통하지 않기 때문이다. 물론 자폐 아동에게 이를 가르치는 것이 어렵다는 것에 동의하지만, 불가능한 것은 아니다. 1974년 출판된 나단 아즈린(Nathan Azrin) 박사와 리차드 폭스(Richard Foxx) 박사의 《하루 만에 완성하는 배변 훈련(Toilet Training in Less Than a Day)》에서는 5세 정도가 되면, IQ 30의 중증 정신지체 아동이라도 성공적으로 배변 훈련을 시킬 수 있다고 했다.

배변 훈련에 관한 책은 많지만 특별히 행동주의 접근법을 활용하여 자폐 아동을 훈련시키는 책은 별로 없다. 그래서 나는 자폐 아동을 위한 배변 훈련 프로그램을 만들기 위해 배변 훈련에 관련된 책 여섯 권에서 다양한 기술을 조합했다. 그중 세 권은 내가 좋아하는 책으로, 앞서 언급한 《하루 만에 완성하는 배변 훈련(Toilet Training in Less Than a Day)》, 폭스와 아즈린(1973)의 《발달장애인을 위한 배변 훈련(Toilet Training Persons with Developmental Disabilities)》, 던랩(Dunlap), 코겔(Koegel) 부부(1984)의 《중증 장애아동을 위한 배변 훈련(Toilet Training for Children with Severe Handicaps)》이다.[*]

가장 먼저 할 일은, 당신의 아이가 배변 훈련을 받을 준비가 되어 있는지 판단하는 일이다. 아이의 생물학적 연령 뿐만 아니라 발달 연령도 고려해야 한다. 아이가 세 살인데 발달 연령은 18개월이라면 아직은 너무 이르다. 하지만 같은 18개월의 기능 수준이라도 아이의 실연령이 다섯 살이라면 시작해야 할 나이다. 그 밖에 고려할 사항들은 다음과 같다. 아이가 기저귀가 젖거나 더러워지는 것을 알아차리거나 신호를 보내는가? 변기, 손 씻기, 옷 입기에 관심이 있는가? 변을 볼 때 엄마로부터 도망가거나 숨지 않는가? 아이가 규칙적으로 변을 보고 밤 사이에는 변을 보지 않는가? 이 질문에 대부분 그렇다라고 답을 할 수 있다면 이제 당신 아이는 배변 훈련을 할 준비가 된 것이다.

---

* ABA 배변 훈련에 대한 국내 번역서로는 《배변 훈련-발달장애아를 위한 배변 훈련 가이드(원저 Toilet Training Success: A Guide for Teaching Individuals with Developmental Disabilities)》가 있다. (Frank Cicero지음, 정경미, 신나영 옮김, 2016, 학지사)

타이밍 역시 중요하다. 이제 막 진단을 받은 아이라면 배변 훈련이 우선이 아니라 언어훈련, 특히 맨드mand하는 법을 가르치는 것이 최우선이다. 아무런 문제없이 강화와 후속 결과를 제공할 수 있는 긍정적인 행동프로그램이 자리를 잡았다면, 이제 배변 훈련을 시작하기에 적당한 때이다.

또한, 이사를 계획하거나 동생이 태어나거나 가족에 큰 변화가 있을 예정이라면 훈련을 시작하지 않는다. 스트레스가 심할 때 배변 훈련을 시작하면 어떤 아이든 매우 힘들다. 배변 훈련의 타이밍이 좋지 않으면 종종 아동의 퇴행이 나타나기도 한다.

배변 훈련을 시작하기 가장 좋은 때는 당신이 이 훈련에 전념하여 끝까지 완주할 준비가 되었을 때이다. 적어도 2주 동안은 이 기술의 연습을 위해 집에 있으면서 거의 배변 훈련에만 전념할 수 있어야 한다. 그리고 이후 3개월 동안은 큰 변화가 일어날 만한 계획을 세워서는 안 된다. 배변 훈련이 출발 단계부터 잘못되는 이유는 초반에 충분한 시간을 확보하지 않았던 탓이다. 그리고 일단 배변 훈련을 시작했다면 포기하지 말고 계속 견뎌야 한다. 배변 훈련이 너무 힘들어서 (실제로도 정말 힘들지만) 중간에 포기하면, 1~2년 후에는 그보다 더 힘들어질 뿐이다.

아직 아이의 배변 훈련 프로그램을 시작할 준비가 되지 않았다면, 준비가 되기 전까지 도움이 될 만한 몇 가지 단계를 미리 시도해볼 수 있다. 먼저 자주 아이 옷을 갈아입혀서 늘 뽀송뽀송한 상태를 유지한다. 3세 이하의 아동이라면 유아용 변기나 시트를 구매한다. 아이가 그보다 크다면 일반 변기를 쓰면 된다. 매일 아침 또는 목욕 시간마다 아이를 변기에 앉히고 지켜본다. 어떤 아이들은 변기에 그냥 앉아 있는 것만으로도 많은 보상을 필요로 하므로, 미리 강화물을 준비해야 할 경우도 있다. 변기와 강화물을 연합시킨다고 보면 된다.

아이가 운 좋게도 소변이나 대변을 봤다면 미친 듯이 아이를 칭찬해 준다. 남자아이를 훈련시킬 때도 항상 변기에 앉혀서 소변을 보게 한다. 대변 훈련이 완전히 끝나기 전까지는 서서 소변을 보도록 하지 않는 것이 좋다. 가끔 변기에 익숙하게 앉아 있다가 우연찮게 대변을 보면서 훈련이 되는 경우도 있기 때문이다. 아빠를 보고 서서 소변 보는 것을 익히는 아동들도 있겠지만, 그렇게 되면 앉아서 대변을 보는 법은 전혀 배울 수가 없다.

이제 신체 기능을 설명하는 데 필요한 단어를 선택할 때가 되었다. 무슨 단어를 사용해야 하는지도 베이비시터나 학교 선생님과 상의한다는 것이 좀 어리석게 보일지는 모르지만, 이 역시 일관성에 있어 중요한 부분이다. 단어를 선택할 때는 이 단어들이 오랫동안 사용된다는 사실을 고려해야 한다. 따라서 "변기"보다는 "화장실"이, "쉬"보다는 "오줌"이 더 낫다.

끝으로, 훈련을 시작하기에 앞서 며칠 동안은 아이가 언제 소변과 대변을 보는지 기록해둔다. 대부분의 아동들은 자기만의 배변 패턴이 있기 마련이다. 우리 몸은 대개 기상 후 15분 뒤나 식사 후 15분 후에 반사적으로 대변 신호를 보낸다. 그러므로 아이에게 이러한 패턴이 있는지 알아보기 위해 아이의 식단, 기상시간 등을 확인해야 한다.

주간 소변 훈련

—

본격적으로 배변 훈련을 시작할 준비가 되었다면, 우선 주간 소변 훈련부터 시작한다. 어떤 아이들은 변기에 앉혀놓으면 소변을 보기도 하지만, 그렇다고 이 아이들이 소변이 마려울 때 화장실로 가자고 표현한다는 뜻은 아니다. 훈련 일정이 중단되면 소변 실수를 하는 것도 지극히 정상이다. 제일 먼저 아동에게 숙달시켜야 하는 것은 스케줄을 지킬 수 있도록 훈련시키는 일이다. 서면으로 된 배변 계획을 만들어 두어야만 선생님, 베이비시터, 부모님이 포함된 팀원 모두가 배변 훈련 스케줄, 강화물, 실수를 했을 때 대처법, 문서작업 등에 일치된 의견을 가질 수 있다.

배변 훈련 계획 중에는 즉각적이고 확실하면서 동기부여가 될 만한 강화물을 선택하는 일도 포함된다. 배변 훈련에서는 지연 강화물은 사용하지 않는다. 자폐 아동들은 "일주일 동안 변기에 쉬하면 기차 사줄게" 같은 말에는 보통은 동기부여 되지 않는다.

가끔은 칭찬 스티커가 효과를 보일 때도 있다. 이럴 때는 아이가 화장실에 다녀올 때마다 스티커를 표에 붙여주고, 미리 약속한 개수만큼 스티커를 다 모으면 장난감이나 특별한 선물로 바꿔주기도 한다. 하지만 아이가 토큰 시스템에 잘 반응할지 확신이 서지 않는다면 사용하지 말라. 대신 즉각적인 강화물을 준비해두는 게 낫다.

ABA의 모든 영역에서 그렇듯, 강화물이란 당신이 사용하는 강력한 무기이다. 그냥 "잘했어" 정도는 아이가 기저귀를 포기할 만큼 가치가 충분하지 않다. 이미 ABA/언어행동을 실시하고 있다면, 배변 훈련에만 사용할 특별한 강화물을 선택해야 한다. 특정한 사탕이나 동영상도 좋은 강화물이다. 내가 맡았던 아이 중 하나는 접힌 우산을 강화물로 사용한 적이 있다. 직원에 의하면 모두 우산을 갖고 오는 비 오는 날을 아이가 좋아하고, 또 우산을 머리 위에서 빙빙 돌리는 것도 좋아한다고 했다.

배변 훈련은 힘든 과제이므로, 아이가 정말 좋아하지만 자주 얻을 수 없는 물건이나 활동을 강화물로 골라야 한다.

내가 추천하는 방법은 할인 마트에 가서 물건을 잔뜩 사서 "배변 훈련 주머니"에 넣어두고, 아이가 배변에 성공했을 때 하나씩 골라 갖게 하는 것이다. 처음에는 성공할 때마다 칭찬을 하면서 하나를 고를 수 있게 하지만, 점점 기준을 높여 하루에 한 번 또는 일주일에 한 번 고를 수 있게 한다.

배변 훈련을 시작하면 기저귀는 떼고 팬티만 입힌다. 경험상 일반 기저귀나 배변 훈련용 기저귀는 훈련에 방해만 되었다. 아이는 젖었다는 걸 느낄 수도 없고, 부모가 아이의 실수를 바로 알 수도 없기 때문이다.

배변 훈련을 할 때는 집에서 실시하는 것이 가장 이상적이다. 팬티만 입히고 바지는 입히지 않아야 아이가 실수를 해도 빨리 알아차릴 수 있다. 그래도 꼭 팬티 위에 바지를 입혀야 한다면, 단추나 벨트 없이 허리가 고무줄로 되어 있는 바지를 입혀야 한다. 아이가 학교를 가거나 외출해야 할 경우에는 훈련용 기저귀나 비닐 재질 기저귀를 팬티 위에 입혀서, 아이가 소변을 보면 팬티가 젖었다는 걸 느낄 수 있도록 한다.

어떤 이유에서든 배변 훈련 중에도 아이에게 반복적으로 기저귀를 입혀야 한다면, 기저귀가 젖었을 때 즉시 알려주는 배변 알람을 구매하여 기저귀 안에 넣어둘 것을 권한다. 낮잠을 자거나 밤에 잘 때는 기저귀를 계속 사용해도 좋다. 소변을 참는 훈련은 한참 나중 단계이다. 하지만 잠자리에 들기 두 시간 전까지는 기저귀를 하고 있지 않도록 하는 게 좋다. 아이가 기저귀에 소변을 볼 수 있는 구실을 줄 수 있기 때문이다.

또, 아이가 깨는 즉시 기저귀를 벗기고 곧바로 아이를 데리고 가서 변기에 앉혀야 한다. 이 시간이 아이가 변기에 대소변을 볼 확률이 가장 높기 때문이다. 아이가 변기를 사용한 후에는 (배변에 성공하지 못했더라도) 스스로 뒤처리를 하고, 바지를 올리고, 손을 씻게 한다. 필요할 경우에는 도움을 준다. 바지를 내릴 때는 발목까지 내리되, 아예 벗지는 않도록 가르친다. 옷을 벗어버리는 것이 습관이 되면 나중에 고치기 힘들다. 배변 훈련 과정 전체에 걸쳐 가능한 아이가 독립적으로 수행할 수 있도록 격려해준다.

배변 훈련에는 5단계가 있다. 관련 서적으로는《하루 안에 끝내는 배변 훈련(Toilet Training in Less Than a Day)》이나《중증 장애아동을 위한 배변 훈련(Toilet Training for Children with Severe Handicaps)》등이 있다.

배변 훈련 5단계는 다음과 같다.

1. **물 마시게 하기** : 짠 음식을 먹이면 계속 물을 마시므로 (하루에 8~10잔) 아이가 화장실에 가는 횟수가 늘어난다. 하루 종일 일정

하게, 예를 들면 시간당 100mL씩 물을 마시게 해야 아이가 화장실 가는 것을 예측할 수 있다. 1L의 물이라도 아무 때나 마시게 하면 화장실에 갈 시간도 자꾸 달라진다.

2. **배변 스케줄 만들기** : 한 시간에 한두 번 배변하는 스케줄을 만든다. 아이에게 "화장실 갈 시간이야"라고 (또는 당신이 쓰는 말로) 말해준다. 아이가 "화장실"이라고 말하거나 신호를 보내게 하고 화장실로 데려간다. 이때 아이가 소변이나 대변을 보면 아주 크게 강화해주어야 한다. 만약 아이가 스스로 화장실로 가기 시작했다면 이 스케줄은 멈춰도 좋다.

3. **마른 바지 점검하기** : 여기에는 두 가지 목적이 있다. 하나는 배변을 실수했는지 확인하기 위해서이고, 또 하나는 바지가 젖지 않은 것에 대해 보상을 주기 위해서이다. 아이에게 "바지 말라 있어?"라고 물어보고 아이로 하여금 팬티 상태가 어떤지 느끼게 한다. 아 마른 바지 점검하기는 아이의 수준에 따라 5분 간격에서 1시간 까지 간격으로 시도할 수 있다. 또, 바지가 말라 있으면 강화물로 보상한다. 아이가 실수를 한 것 같으면 즉시 바지를 점검한다.

4. **실수에 대한 긍정 연습** : 리차드 폭스 박사와 같은 배변 전문가들은 "긍정 연습(positive practice)"이 배변 훈련 과정에 매우 중요한 단계라고 말한다. 긍정 연습이란 아이가 실수한 장소에서 변기로

아이를 데리고 빠르게 5번에서 10번을 연속하여 오가는 것을 뜻한다.*

5. **데이터 기록하기** : 아이의 배변 성공과 대소변 실수의 내용을 모두 기록하고 보관한다. 이 기록은 아동의 소변 간격뿐만 아니라 평상시 아이의 대변 보는 시간도 알려준다. 데이터를 기록하는 일은 배변 프로그램의 성공 여부를 평가하는 데 매우 유용하다.

긍정 연습은 루카스를 포함한 많은 아동에게 효과적인 절차였지만, 사실 긍정 연습은 과잉교정(over-correction)**의 한 형태라서 대개 벌의 역할을 한다. 그러나 나는 긍정 연습 없이도 배변 훈련이 가능하다고 믿는다. 또, 배변 훈련 프로그램 초기에는 긍정 연습을 사용하지 말아야 한다. 우선은 아동이 긍정 연습이라는 부정적인 후속 결과 없이, 배변 스케줄과 정적 강화를 사용하는 것만으로도 훈련이 가능한지 살펴야 한다. 특히 아이의 몸집이 크거나 공격적인 경우, 또 학교처럼 반복적인 처벌 행위가 낙인효과를 발휘하는 장소일 경우에는 어떤 형태의

---

* 긍정 연습이란 아이가 잘못을 했을 때 그것을 나무라기보다는 해당 잘못에 대한 올바른 대체 행동을 반복해서 연습시키는 방법이다. 그러나 강화를 기반으로 한 학습이 아니므로, 긍정 연습이라는 명칭과 달리 엄연한 처벌의 한 방법이다. 따라서 다른 처벌 방법과 마찬가지로 사용에 매우 신중해야 한다.

** 아동이 잘못을 했을 때 잘못한 이상으로 원상회복을 시키는 처벌의 절차. 예를 들어 바닥에 침을 뱉은 아이에게 교실 바닥 전체를 청소시키는 식인데, 이 역시 처벌의 방법이므로 극히 제한해서 사용하여야 한다. ABA에서는 반드시 강화와 동기부여를 통한 중재 방법을 사용해야 하며, 처벌은 상해의 위험 등 불가피할 경우에 택하는 최후의 수단으로 정하고 있다.

긍정 연습도 사용하지 않는 것이 좋다.

배변 훈련을 계획할 때는, 실시하고 있는 절차를 정확히 적어두고 필요에 따라 계획을 수정한다. 또, 모두가 일관되게 동일한 절차를 사용해야 한다. 만약 긍정 연습을 사용하지 않기로 했다면, 아이가 실수를 하더라도 차분하지만 단호하면서 감정을 절제해야 한다. 웃거나 미소를 짓는 등 당신 기분이 좋다고 아이가 판단하도록 해서는 안 된다. 촉구를 주어 옷을 갈아입게 하면서도 불필요한 관심은 주지 않는다.

기타 기술들

그림 스케줄을 사용하면 아이들에게 언제 화장실로 가야 하는지 알려줄 수 있다. 그림 스케줄을 사용할 때는 반드시 여분의 변기 그림을 하나 더 만들어두어야 아이가 스케줄 외의 시간에도 화장실에 가고 싶다는 요청을 할 수 있다.

만일 아이의 인지 수준이 낮으면 변기에 앉아 있는 동안 몸을 앞으로 숙이거나 아랫배를 가볍게 눌러 배변을 할 수 있게 도와준다.

기저귀를 입은 채 서거나 쪼그려서 대변을 보는 아이라면 변기에 앉아 있는 동안 발 밑에 발판을 놓아주면 도움이 된다. 또, 변기에 앉았을 때 바닥에 발이 닿지 않는 아이들에게도 이 방법을 사용하면 좋다.

어떤 아이들에게는 좋아하는 캐릭터가 있는 속옷을 입히면 좋은 효과를 볼 때가 있다. 아이가 자신이 좋아하는 캐릭터를 적시고 싶지 않은 것이다. 하지만 아이가 어떤 속옷을 입든 별로 신경쓰지 않는다면, 변색되거나 버려도 상관없는 저렴한 흰색 속옷을 입힌다.

타이머는 아이가 너무 오랫동안 변기 위에 앉아 있을 때 사용하는 도구이다. 아이가 소변이나 대변을 보지 않고 5분 이상 변기에 앉아 있으면 안 된다. 또한 화장실을 편안한 환경으로 만들어주어야 한다. 만약 아이가 화장실을 갈 시간인데 문제행동을 일으킨다면, 이것은 화장실이 강화와 잘 연합되지 않은 탓이다. 그럴 때는 한 걸음 물러나, 아이가 스케줄 간격대로 화장실에 들어가고 변기에 앉는 것만으로도 크게 보상해줄 필요가 있다.

대변 훈련

소변 훈련이 된 아이는 소변을 보는 도중에 자연스럽게 대변을 보게 될 수 있다(바로 이 점이 남자아이들도 대변 훈련이 완전히 끝나기 전까지는 앉아서 소변을 보게 하는 이유이다). 대변 훈련 중에 아이가 기저귀를 잘 입지 않으면 대변으로 인해 집안이 난장판이 되므로, 아이가 의식적으로든 자발적으로든 변기에 대변을 보면 엄청나게 강화를 주어야 한다.

만약 소변 훈련이 잘 되어 있는 상태에서도 대변 실수가 계속된다면, 아이에게 주는 강화물이 충분히 강력한지 재차 확인해야 한다. 아이가 가장 열광하는 강화물을 대변 훈련에서 사용하면 좀 더 훈련이 쉬워질 수 있을 것이다. 하지만 이 모든 방법이 실패했다면, 긍정 연습을 실시한다. 평소처럼 아이를 씻긴 후, 아이가 실수한 자리와 화장실 사이를 연속해서 5~10번을 왕복하게 한다.

우리는 루카스가 만 네 살 반이었을 때 소변 훈련을 시키면서 긍정 연습을 사용했다. 한두 달 만에 루카스는 스케줄에 따라 소변을 볼 수 있게 되었고, 우리는 매우 기뻤다. 하지만 하루이틀에 한 번씩은 계속 속옷에 대변을 보았다. 아이는 내가 자기를 쳐다보지 않을 때를 기다렸다가 소파 뒤로 가서 쪼그려 앉아 속옷에 대변을 보았다. 말할 것도 없이 나는 매우 절망했다.

아무 변화 없는 3~4개월이 지난 뒤, 나는 예전에 만난 적이 있는 리차드 폭스 박사에게 전화를 걸어 루카스에게 벌어진 상황에 대해 도움을 받고자 했다. 그는 루카스가 죽고 못 사는 강화물을 찾아 대변 실수에 대해 긍정 연습을 할 때 써보라고 말했다.

그래서 나는 루카스가 변기에 대변을 보는 날에는 아이를 차에 태우고 맥도널드로 가면서, 변기에 대변을 본 것이 얼마나 자랑스러운지 말해주었다. 폭스 박사와 통화한 지 이틀 만에 루카스는 대소변을 완전히 가릴 수 있게 되었고, 그래서 긍정 연습은 한두 번 실시에 불과했다.

야간 훈련

아이의 주간 대소변 훈련이 완료되었다면 이제 야간 훈련을 시작해도 좋다. 운이 좋으면, 아이 스스로 터득하여, 매일 아침 실수하지 않은 채로 일어나게 될 것이다.

5일 연속 실수 없이 밤을 보냈다면 이제 기저귀 말고 속옷을 입고 자게 한다. 밤에 가끔 실수할 수도 있지만, 그럼에도 기저귀를 벗기는 것은 꼭 필요한 단계이다.

별다른 훈련을 하지 않고도 매일 아침 실수 없이 일어나고 있지 못한다면, 아이에게 실시할 만한 전략이 몇 가지 있다. 일단 오후에는 아이의 물 섭취량을 늘리되 잠자기 2시간 전에는 그 양을 몇 모금 정도로 줄인다. 또 취침시간과 기상시간이 규칙적이어야 한다. 이 부분은 수면장애가 있는 자폐 아동에게는 특별히 어려운 단계이므로, 만일 밤중에 자주 깨는 아이라면 그 즉시 화장실을 사용하도록 해야 한다.

만약 밤중에 소변 실수가 지속되면 아이가 신체적으로 이상이 없는지 의사의 진찰을 받도록 한다. 아이는 잠든 동안에는 방광을 조절할 수 없으므로, 밤중에 있었던 실수에 대해 야단치거나 창피를 주는 등 벌 주는 일은 없어야 한다. 하지만 아이가 10살이 넘어서도 소변 실수가 지속되면서 건강상에는 아무 문제가 없는 경우라면, 배변 알람기 사용을 고려해보고 또 배변 훈련 전문가와도 상의할 것을 권한다.

화장실 사용법 가르치기

유감스럽게도, 아이가 스케줄에 맞춰 성공적으로 화장실에 가게 되면 많은 부모가 배변 훈련을 종료한다. 하지만 아직 아이가 촉구 없이도 자발적으로 화장실 가는 법을 배운 것은 아니다. 만약 매시간 아이에게 화장실에 가고 싶은지 물어봐야 한다면, 아이의 배변 훈련이 완료된 것이 아니므로 당신의 일도 아직은 끝나지 않은 것이다.

ABA/언어행동분석 프로그램에서와 마찬가지로, 아이가 보다 독립적으로 이 기술을 숙달하게 하려면 면밀한 계획을 통해 점차 촉구를 줄이면서 스케줄을 조절해야 한다. 아이가 수어나 그림으로 의사소통을 한다면 (스케줄에 맞춰) 아이가 당신에게 "화장실"이라는 신호를 보내도록 촉구하면 된다. 아이가 말을 할 수 있다면 당신이 "화장실 갈 시간이야"라고 말했을 때 아이가 "변기"나 "화장실"이나 미리 정해둔 단어를 말하도록 촉구하면 된다.

화장실을 가는 도중에 아이를 두세 번 멈춰 세우고 장난스럽게 어깨를 으쓱하면서 "우리 지금 어디 가?"라는 식으로 묻는다. 그리고 아이가 수어나 말로 변기를 말하도록 한다. 지금 우리가 연습하는 것은 아이가 화장실을 맨드mand하도록 하는 것이므로, 아이가(촉구가 있었든 없었든) 화장실에 가자고 성공적으로 맨드mand할 때마다 반드시 강화를 해주어야 한다.

아이가 스케줄에 따라 한 시간 단위로 변기에 소변을 보면서 2~3일 동안 아무런 실수도 하지 않는다면, 이제 이 스케줄을 90분 간격으로 늘린다. 아이가 언제 화장실을 다녀왔는지 다른 식구들이 모를 수 있으니, 일정이 변경되었을 때는 타이머를 사용해야 한다. 그 후 다시 아이가 2~3일간 아무런 실수도 하지 않았다면 스케줄을 2시간 간격으로 늘린다. 만약 간격을 조정했을 때 아이의 실수가 증가한다면, 간격을 아주 조금씩만 조정하도록 한다.

아이가 스스로 화장실로 가려면 요의가 충분히 느껴져야 하므로, 화장실 가는 간격은 이를 느낄 수 있을 만큼 충분히 길어야 한다. 훈련 기간 중에는 아이가 화장실에 가고 싶을 때마다 반드시 당신에게 그 사실을 말하도록 해야 한다. 그래야 외출 상황에서도 아이가 화장실을 찾을 때 당신이 도와줄 수 있다.

훈련 종료 후 발생한 배변 실수에 대한 대처법

배변 실수는 대부분 아이들에게 가끔 일어나는 일이니 그리 걱정할 필요는 없다. 하지만 그 정도가 실수 수준을 넘어서면, 퇴행을 막기 위해서라도 빨리 그 원인을 조사해볼 필요가 있다.

우선은 장염이나 요로감염과 같은 의료 문제가 없는지 확인한다. 아이가 인스턴트 음식을 많이 먹었거나 식사량이 늘어난 경우, 이러한 식단의 변화 역시 실수가 늘어난 원인이 될 수 있다. 아이가 먹는 약이나 보충제가 바뀌어도 대소변 실수를 야기할 수 있다.

학교에서의 배변 활동은 어떤지 아이의 담임 선생님과 점검하는 것도 잊으면 안 된다. 만약 아이가 집, 학교, 지역사회 어디서든 스스로 화장실을 갈 수 있다면 배변 스케줄을 따로 둘 필요가 전혀 없다. 배변 스케줄을 지정하는 것은 새로운 학교나 학급에 배정되었을 때이다. 대개 학교나 학급에서는 학생들이 학교에 등교했을 때, 간식 시간에, 점심시간에, 그리고 하교 전에 화장실 가는 것을 규칙으로 두고 있는 경우가 많다. 훈련이 충분히 된 아동이라면 이런 환경에서는 화장실 스스로 가기 훈련은 그만두는 편이 낫다. 아이가 요의를 느끼지 않기 때문이다. 아이가 실수를 하는 것은 스케줄에서 벗어나 배탈이 나거나 점심 때 너무 많은 주스를 마셨을 때 같은 경우인데, 배변 훈련을 마친 아동에게 스케줄에 맞춰 화장실을 가게 하면 오히려 촉구 의존도가 생기게 된다.

마찬가지로, 아이에게 온종일 "너 지금 화장실 갈래?"라고 묻지 않는다. 대신 오랫동안 차를 타기 전이나 수영하러 가기 전에 일반 아동들에게 묻는 것처럼 물어보는 것이 좋다.

만일 아이가 아무 이유 없이 날마다 비슷한 시간에 대소변 실수를 한다고 판단되면, 그 시간에만 실시하는 적용하는 스케줄을 다시 만들어 아이에게 실시한다.

작년 여름, 루카스는 수영장에서 수영할 때 조금씩 대변 실수를 하는 문제가 있었다. 이 때 우리는 대변이 새어 나오는 것을 방지하기 위해 아이의 수영복 안에 속옷을 입혔다. 그리고 수영하러 가는 날에만 배변 스케줄에 맞춰 대변을 보게 했다. 아이에게 속옷과 수영복을 입히기 전에 변기에 앉혔고, 매 시간 간격으로 수영장에서 데리고 나와 변기에 앉힌 후에 다시 수영장에 들어가게 했다. 그 외의 시간에는 배변 스케줄을 사용하지 않았고, 아이에게도 화장실에 가고 싶은지 자주 묻지 않았다.

얼마나 오래 걸리나?

━

배변 훈련 기간은 아이에게 달려 있다. 일반 아동도 마찬가지이다. 훈련 기간은 며칠, 몇 주, 몇 달까지도 걸린다. 그렇다고 몇 년이 걸리는 것은 아니다. 배변 훈련에 성공하려면 데이터를 기반으로 해야 한다. 그리고 협력해야 한다. 무슨 일이 있든 포기하면 안 된다. 필요에 따라 계획을 수정하면 된다. 절대로 포기해서는 안 된다. 다른 어떤 기술보다 당신 아이에게는 이 중요한 기술이 필요하다. 그리고 당신이 아이를 도와 그 목표를 이룰 수 있다.

자조 기술 가르치기

━

손 씻기나 옷 입는 기술도 배변 훈련과 연결된 중요한 기술이다. 손 씻기, 학교 사물함에 외투 걸기, 포크로 치킨 먹기, 윗옷 입기 등 자조 기술은 언어 능력과는 별개로 배워야 할 과제들이다. 이러한 자조 기술은 모두 하나로 연결되어 있는 다양한 기술의 총합이다.

우리는 루카스에게 말 그대로 몇 년 동안이나 손 씻는 법을 가르쳤다. 정확히는 햇수로 4년간이다. 우리는 단계마다 언어로 촉구를 주었으며, 손 씻는 순서를 사진에 코팅하여 세면대 위에 붙여놓기도 했다. 그러나 실망스럽게도 루카스는 여섯 살에 ABA 학교에 들어갈 때까지도 손 씻기를 배우지 못했다. 언어 촉구나 순서를 알려주는 사진은 손 씻기 같은 복잡한 기술을 가르치는 데는 별로 효과적이지 않다는 사실을 깨달았다. 대신 과제분석을 실시하고, 필요한 만큼 아이의 뒤에서 신체 촉구를 주면서 점진적으로 촉구를 줄여가는 방법이 제일 좋은 방법이다. "손 씻어"라는 지시를 내린 후에는 말을 최대한 하지 않아야 한다. 우리의 목표가 아이 혼자서도 손을 씻을 수 있게 하는 것이고, 언어 촉구는 없애기 어렵기 때문이다.

루카스가 학교에서 손 씻기를 배울 무렵에 나는 ABA 이론 수강을 마쳐가고 있었고, 과제 분석에 대해 배우는 중이었다. 과제 분석은 여러 단계로 이루어진 기술을 아이에게 가르칠 때 유용한 방법이다. 과제 분석에 관해서 내가 아는 최고의 책은 2002년 앤디 본디와 동료들이 지은 《교육의 피라미드 접근법: 아동을 위한 학업 계획(The Pyramid Approach to Education: Lesson Plans for Young Children)》이다.

나만의 과제 분석을 연습하기 위해, 복잡한 기술 중 하나를 선택하여 단계별로 쪼개어 적어본다. 일반 아동은 이 기술을 어떻게 수행하는지 관찰하거나 당신 스스로 수행을 해본 뒤 단계별로 적어 보면 좀 더 쉽게 이해가 될 것이다.

다음은 손 씻기에 대한 과제 분석의 예이다.

1. 냉온수 꼭지를 잡고 물을 튼다.
2. 비누통 주둥이에 왼손을 놓은 채 펌프에 오른손을 올린다.
3. 펌프를 두 번 누른다.
4. 두 손을 다섯 번에서 열 번 정도 문지른다.

5. 수도꼭지 아래에 손을 대고 거품을 없앤다.

6. 수도꼭지를 잡고 물을 잠근다.

7. 수건을 집어 손을 닦는다.

8. 수건을 수건걸이에 다시 건다.

아이와 함께 이 과제를 수행할 때는 (고체 비누든 액체 비누든) 비누 종류도 같은 것으로, 비누를 두는 곳도 항상 같은 위치로 하여 절차가 일관되게 해야 한다. 만약 당신이 세면대 왼쪽에 비누통을 놓았다면, 비누통 주둥이에 오른손을 놓은 채 비누 펌프에 왼손을 올리도록 가르쳐야 할 것이다. 중요한 것은 모든 사람이 일관적이어야만 촉구를 서서히 없앨 수 있다.

일단 과제 분석을 완료하면, 각각의 단계에 해당하는 아이의 능력을 평가해본다. 아이에게 손을 씻으라고 지시한 후 아이가 어떻게 하는지 지켜본다. 아이가 찬물을 트는가? 그냥 서 있기만 하나? 당신이 멈추라고 하지 않으면 계속 비누통을 펌프질하는가? 당신의 평가를 통해 아이를 어디서부터 가르치기 시작할지를 알 수 있다.

각 단계를 분리해서 가르치지 말고, 물 흐르듯 자연스러운 하나의 행동으로 가르쳐라. 아이는 모든 과정을 하나로 인식해야 하고, 그 과정을 정확한 순서대로 외워야 한다. 이를 위해서는 아이의 등 뒤에 서서 필요한 만큼 아이의 팔과 손을 촉구함으로써 아이가 실수하지 않도록 막아주고 끝까지 부드럽게 모든 단계가 진행되도록 한다.

과제 분석은 집안일을 가르칠 때도 유용하다. 식탁을 차리거나 장난감을 정리할 때도 과제 분석을 이용할 수 있다. 일련의 단계를 만들어 지속적으로 가르치면 아이도 충분히 배울 수 있다. 전에 맡았던 아이 중에는 14세의 다운증후군 여학생도 있었는데, 학교에서 식탁 차리는 법을 배우고 있었다. 내가 교사에게 했던 첫 질문은, 어떤 식으로 식탁 차리기를 시작하도록 가르치고 싶으냐였다. 아이가 그릇을 한 번에 하나씩 가져와야 할까? 네 개를 한꺼번에 가져와야 할까? 수저는 언제 받으러 가야 할까? 아니면 접시를 갖다 놓기 전에 미리 접시 위에 수저를 올려놓아야 할까?

그제야 선생님은 사실 절차에 대해서는 생각해본 적이 없고, 그냥 아이가 "스스로 식탁을 차리게" 가르치고 싶었다고 말했다. 나는 선생님에게 절차 단계를 만드는 것이 중요하고, 아이가 독립적으로 이 과제를 수행할 수 있을 때까지 아이의 뒤에서 부드럽게 촉구를 주면서 점차 촉구를 줄여야 한다고 설명했다.

이런 절차는 옷 입기나 옷 벗기와 같은 다양한 자조 기술에도 똑같이 사용할 수 있다. 이러한 기술에도 후진형 연쇄가 유용하다. 나머지 순서는 당신이 다 해주고, 아이에게는 제일 마지막 순서만 하도록 가르치는 것이다. 일단 아이가 해당 단계를 숙달하면 이제 마지막 순서에 있는 두 단계를 할 수 있도록 가르친다.

만약 신발과 양말을 벗는 게 목표라면, 일단 아이의 신발 끈을 풀어주고 신발을 아주 헐겁게 만들어준 뒤, 아이에게 "신발 벗어"라고 지시하면, 아이는 간단히 수행할 수 있다.

양말을 벗는 것도 동일하다. 아이의 양말을 벗기 쉽도록 느슨하게 만들어준 뒤, 아이에게 양말을 벗으라고 지시한다.

옷을 입거나 벗는 기술을 가르칠 때 치수가 큰 옷을 사용하면, 바지를 입거나 양말을 신을 때 큰 노력을 하지 않아도 된다. 아이에게 도움이 필요하면 항상 아이의 뒤에서 신체 촉구를 주면서 아이가 어디까지 스스로 할 수 있는지, 촉구의 수준은 어떻게 바꿔야 하는지 느낄 수 있어야 한다. 배변 훈련과 자조 기술을 가르치는 일은 여러 면에서 언어를 가르치는 것만큼 중요한 일이다. 여기서도 행동주의 기법은 그 효과가 과학적으로 검증되었다. 아이가 스스로 할 수 있는 것이 많을수록 미래에 더 많은 기회를 가질 수 있다. 또한, 독립적인 배변과 자조 기술은 아이의 언어와 학습능력에 더 많은 시간을 쏟을 수 있도록 해준다.

◀ 12장 ▶

맺는 글

지금까지 우리는 언어행동분석 프로그램이라는 도구를 통해 우리 아이들이 세상 밖으로 항해할 수 있게 도와줄 방법들을 배웠다. 이미 해 보았겠지만, 프로그램을 세우는 일은 사실 그리 어렵지 않다. 아직까지 자폐를 완치할 방법은 없다. 그래서 당분간은 당신과 아이와 가족에게, 자폐는 있는 그대로의 사실로 존재할 것이다.

하지만 그것이 돌이킬 수 없는 비극은 결코 아니다. 이번 장에서 나는 BCBA(행동분석 전문가)의 입장을 벗어나 같은 "부모"의 입장에 서서, 아이의 진단에 대처하는 법, 적절한 치료를 제 때에 실시하는 법에 대해 조언을 드리고자 한다.

이 장은 특별히 부모님들께 초점을 맞추고 있지만, 전문가들도 함께 읽어주길 바란다. 가족과 함께 일하며 그들의 정서를 이해하는 것이야말로 효과적인 아동 중재에 큰 부분을 차지하기 때문이다.

당신의 아이가 이제 막 자폐나 다운증후군 같은 장애를 진단 받았다면, 다음과 같은 말들을 해주고 싶다.

가능한 빨리 아이의 진단을 받아들여라

아이의 장애를 빨리 인정할수록 대처도 빨라진다. 이미 당신의 삶은 완전히 바뀌었고, 이전에 상상했던 것과 달라졌다. 하지만 희망을 잃지 말자. 우리 아이들도 행복하고 보람찬 삶을 살 수 있다.

루카스가 자폐 진단을 받을 무렵, 내게 이런 얘기를 해 준 친구가 있다. "일단 네 아이가 자폐진단을 받았다면, 너는 자폐가 중심이 된, 완전히 새로운 세계로 들어가는 거야." 그 말은 사실이었다. 나는 아이의 진단 이후 자폐와 관련된 수많은 일들을 겪기 시작했다.

가끔 나는 진단 시점 "1년 전"이나, 치료를 시작하고 "6개월 후"를 기억해보곤 한다. 그래서 삶이 한순간에, 완전히 바뀔 수 있다는 것을 받아들이기가 얼마나 어려운지 누구보다 잘 알고 있다. 하지만 빠를수록 좋다. 자폐 진단이 당신 가족의 삶을 송두리째 바꿔버린다는 것은 틀림없는 사실이다.

그 변화를 쉽게 받아들일 수 없다고 해도 걱정할 필요는 없다. 당신만 그런 것은 아니니까. 루카스를 진단했던 정신과 의사가 당시 내게 했던 말을 지금도 기억한다. 그는 루카스가 정상이 아니며 그렇게 될 수도 없고, 그래서 우리 부부의 삶도 정상적일 수 없을 거라면서 많이 힘들 거라고 말했다. 그때 나는 정상적인 삶을 포기할 준비가 되어 있지 않다고, 아이가 학교에 가기 전까지만 힘들고 싶다고 말했었다. 아직 세 살이었던 루카스의 일생을 더불어 힘들게 살 수는 없었다.

그때 나는 집중치료를 하면 루카스가 완전히 회복되리라고 확신하고 있었다. 애써 긍정적이었던 나에 비해 남편 찰스는 생각이 달랐다. 정신과 의사로부터 진단을 받아 들고 집으로 돌아오는 길에 찰스는 이런 식으로 말했다. "아마 결혼도 못하고 대학도 못 갈 거야," "우리랑 평생 살아야 할지도 모르지." 나는 눈물을 흘리며 남편에게 그만하라고, 나는 거기까지 가고 싶은 마음이 전혀 없다고 말했다. 단 하루도, 단 1년도 말이다. 나는 20년 뒤 루카스의 모습을 그려볼 마음도 없었다. 그때 내 최우선 순위는 ABA 집중치료 프로그램에 아이를 데려가 매일 치료를 받게 하는 일이었다.

루카스가 진단을 받던 날의 나는 "회복"이라는 말을 흑백논리에 따라 문자 그대로만 이해했다. 그래서 심지어는 몇 년 뒤에 열릴 "완치 파티"를 머리 속으로 상상하고 있었다. 찰스가 루카스의 좋지 않은 예후만 생각하다 보니 너무 비관적이 되었다고 생각했다.

자폐 진단에 대한 반응은 같은 부부 사이에서도 이렇게 서로 다르다. 나처럼 어느 한쪽이 전적으로 긍정적이고 가끔은 비현실적인 반면, 다른 한쪽은 정반대 의견을 보인다. 그러나 결국 나의 낙관주의와 찰스의 비관주의는 루카스에 대한 서로의 희망과 꿈과 걱정을 나누면서 서서히 균형을 잡아갔다.

하지만 루카스가 어떤 방향으로 자라든, 우리의 삶은 정말 완전히 바꿨었다. 진단 당시 나는 간호사였다. 7년이 지난 지금은 BCBA이자 벅스 카운티 자폐협회의 초대 회장이 되었다. 지난 몇 년에 걸쳐 나는 작가, 강연자, 컨설턴트, 자폐의 전문가가 되었다.

실패 정의하기

＿

아이가 자폐에서 "회복"하지 못한다고 해서, 학교에서 손이 많이 가는 아이라고 해서, 아이가 누구와도 대화를 나눌 수 없다고 해서, 당신 스스로나 아이를 실패자로 여기지는 말기 바란다. 내 친구 캐롤에게도 중도 자폐인 아들이 있다. 캐롤은 사실 내가 이 자폐 세계에서 만난 첫 친구이다. 누군가 그의 전화번호를 주었고, 나는 그의 집을 방문하여 그의 아들 앤소니가 받는 치료 세션을 보게 되었다. 그리고 그다음부터 캐롤과 많은 시간을 함께 보냈다. 2000년에 플로리다로 날아가서 빈센트 카본 박사를 만난 사람도 캐롤이었고, 언어행동에 대한 정보를 처음 전해주면서 나더러 시작해보라고 한 사람도 캐롤이었다. 그의 우정이 없었다면 나의 길이 어떻게 바뀌었을지 알 수 없다. 그러나 그의 지지와 조언, 그리고 그의 노력과 나의 노력에도 불구하고, 우리 두 아들들은 여전히 또래 수준에서 아직 한참 떨어져 있다. 노력 수준으로 자폐가 "치료"될 수 있다면 아마 우리 아들들은 몇 년 전에 다 치료되었을 거라고 우리끼리 얘기한 적이 있다.

하지만 ABA와 언어행동분석이 우리 아들들을 각자 수준의 높은 단계까지 끌어올렸음을 우리는 잘 알고 있다. 아이들 나이가 이제 벌써 열 살이지만, 포기하기에는 아직 너무 이른 나이다. 학습은 계속된다. 그리고 우리도 전진한다.

자폐에 관한 책 중에 저자가 부모인 책들은 대부분 어떤 특정한 치료를 아주 잘 받은 아동의 부모가 쓴 책이었고, 그 부모 중 일부는 자신의 아이가 자폐로부터 "완치"되었다고 주장하기도 했다. 그러나 최고로 좋은, 최신의 ABA 프로그램을 시행한다고 해도 대부분 자폐 아동은 완전한 회복이 불가능하다. 수많은 자폐 아동을 만나보았지만 그중에서 또래와 전혀 구별되지 않을 정도로 자폐로부터 완전히 "회복"된 아이는 아주 극소수였다. 이런 이유로 나는 회복이라는 것이 당신의 최우선적인, 또는 유일한 목표가 되어서는 안 된다고 생각한다.

그러나 행동 중재를 받은 아이들 대부분은 상당한 진전을 보이므로 당신의 아이도 또래와 구별되지 않을 만큼 회복될지도 모를 일이다. 그것이 우리가 쉬지 않고 노력해야 할 이유이다. 어떤 아이는 다른 아이에 비해 좀 더 많이 발전할 수도 있다. 일반 아동도 그건 마찬가지이다. 그러니 당신의 아이를 다른 아이와 비교하지 말라. 대신 아이의 강점을 찾고 이를 활용하여 약점을 보완해야 한다.

고기능/저기능의 덫에서 벗어나라

가끔은 주변 사람들의 조언을 무시하는 것이 훨씬 좋을 때가 있다.

이 세계에 있다 보면, 당신의 아이가 너무 고기능이어서 또는 저기능이어서 ABA나 언어행동분석 중재를 받아도 별 소용이 없다고 확신하는 전문가와 가족들을 만날 수도 있다. 내 경험은 다르다. 아이의 정도가 어떻든 ABA와 언어행동분석은 틀림없이 도움이 된다.

간혹 부모님들에게 듣는 말 중엔 이런 것도 있다. "우리 아이는 그냥 PDD-NOS(비전형자폐)*예요." "우리 애는 아스퍼거라서 저는 그 자폐 모임에는 참가하고 싶지 않아요. 거기 아이들은 대부분 저기능이거든요." 그런 식의 비교는 마치 서로 다른 암을 비교하는 것과 같다. 암의 종류에 따라 나타나는 결과도 다 다르지만, 그래도 어떤 암이든 우리의 삶을 바꾸어놓는다.

솔직히 말하면 나는 "고기능" 자폐가 무엇인지 잘 모르겠다. 루카스가 아기였을 때 다녔던 유치원이 일반 유치원이었고 루카스가 겉으로는 "정상"으로 보였기에, 나는 루카스를 고기능이라고 생각했다. 루카스는 손을 펄럭거리지도, 몸을 흔들지도 않았고, 공격적이거나 자해를 하지도 않았다. 그럼에도 루카스가 중도 자폐로 진단을 받았으므로 나는 "고기능"이라는 말은 더는 쓰지 않게 되었다.

대신 나는 루카스를 기준으로 놓고 다른 자폐 아이들을 판단하기 시

---

* PDD-NOS(비전형자폐)라는 용어는 미국 정신의학회에서 출판하는 〈정신장애 진단 및 통계 편람(Diagnostic and Statistical Manual of Mental Disorders, DSM)〉 4판에서 사용했던 용어로, 당시에는 자폐, 아스퍼거증후군, 아동기 붕괴성 장애, 레트 증후군 등을 전반적 발달장애(Pervasive Developmental Disorder, PDD)라는 넓은 범주 하에 분류했다. 전형적인 증상을 보이지 않는 경우엔 비전형적인(Not Otherwise Specified) 자폐로 진단하게 했다. 현재 사용 중인 5판(DSM-5)에서는 이 범주명을 모두 폐기하고 자폐스펙트럼장애(Autism Spectrum Disorder, ASD)로 통일하여 지칭한다.

작했다. 루카스를 정중앙에 두고 다른 아이들이 그보다 고기능인지 저기능인지를 평가하곤 했다. 그러던 어느 날 그 모든 것이 부질없음을 깨닫게 한 사건이 있었다. 루카스의 입학을 고려하고 있던 한 ABA 학교를 방문했을 때였다. 모임활동 시간이 되었을 때 한 아이가 착석이 되지 않아 아주 애를 먹고 있었다. 아이가 땅바닥을 뒹굴면서 선생님들을 힘들게 만들었다. 아이의 행동을 다루기 위해 선생님들은 지정된 절차대로 대응하고 있었지만 나는 고개를 절레절레 저었다.

그 상황을 보고 나니 학교 수준에 비해 루카스가 너무 고기능이 아닌가 고민이 되었다. 학교 담당자가 나에게 의견을 물었고, 나는 모임활동시간에 벌어졌던 일을 설명하면서 루카스가 그 반에 들어가면 오히려 퇴행할 것 같아서 걱정이라고 말했다.

그러자 담당자는 모임활동시간에 심각한 행동을 보였던 그 아동은 교과서를 읽을 줄도 알고 그 학년에 해당하는 수학실력도 있으며, 루카스 보다 말도 잘한다고 알려주었다.

그 순간 나는 "고기능"과 "저기능"이라는 말을 머릿속에서 지워버렸다. 이 용어는 극히 주관적이며 쓸모 없는 말이다. 만약 선생님에게 한반에 속한 아이들을 고기능에서부터 저기능까지 순서대로 줄을 세우라고 하면, 아마 못할 것이다. 아이들마다 각자 잘하는 기술과 영역이 서로 다르기 때문이다. 학업 기술은 좋지만 사회성 기술이 낮은 아이도 있고, 말은 잘하면서 문제행동이 많은 아이도 있다.

불행히도 아이가 "정상"에 가까워 보일수록 아이를 옹호해야 할 상황은 아마 더 늘어날 것이다. 어떤 부모님은 아이의 진단명을 감추려고 노력하지만 오히려 그것이 문제를 키운다. 막상 학교에 가보면 또 래와 차이나는 것을 숨길 수 없기 때문이다. 이런 "고기능" 학생은 학 교환경에 잘 어울리지 못하면서 오히려 놀림이나 무시를 당하기 쉽고, 개별적으로 제공되는 언어, 학습, 사회성기술 학습을 받지도 못하게 된 다. 그래서 따로 과외 선생님을 두고 아이(겉으로만 멀쩡한)에게 필요한 것들을 가르쳐야 할지도 모른다.

이런 이유로 나는 아이를 고기능이나 저기능이라고 부르는 데 반대 하는 입장이다. 대신 아이의 강점과 요구 사항을 평가하여 이를 향상 시킬 수 있는 서비스를 아이가 받을 수 있게 해야 한다.

가능한 빨리, 가능한 많은 치료를 실시하라

루카스가 처음 진단을 받았을 때 나는 그 정도가 경미해서 곧 회복 될 것이므로 많은 치료는 필요 없다고 믿었다. 그때는 몰랐지만, 내 생 각은 틀렸다.

글렌 던랩(Glen Dunlap) 박사의 1일 워크숍에 참석했을 때, 나는 박 사에게 루카스는 너무 많이 치료 받을 필요는 없다고 말했던 적이 있 다. 그러자 그는 내게 루카스가 최중증의 자폐 아동이라고 가정하고 치료를 받게 하라고 조언했다. 그는 자신의 경험상 루카스 수준의 세 살 짜리 아이정도면 커서 8세쯤 되었을 때 일반 아동들처럼 될 수도 있고 그렇지 않을 수도 있는데, 어렸을 때만 해도 자폐가 너무 심해서 제대로 회복되리라는 희망이 전혀 없던 아이들이 8세 무렵이 되어 또래와 구분하기 어려울 만큼 회복되는 경우도 보았다고 했다.

던랩 박사에 따르면, 경증이나 중도 수준의 아이들이 나중에 오히려 심한 중증의 아동보다 뒤처지게 되는 것은, 정말 절실한 필요에도 불구하고 집중 치료를 받지 않은 탓이라고 했다. 그는 내가 필요 이상의 치료를 루카스에게 시켰다고 해도 절대 후회하지 않을 거라고 하면서, 오히려 엄마 혼자의 판단으로 충분히 적극적인 치료를 시키지 않은 것을 후회하게 될 수 있다고 조언했다.

아이에게 딱 맞는 치료를 제공하는 것은 쉽지 않다. 그러나 그것이 핵심이다. 전문가의 말이라고 액면 그대로 받아들이지 말길 바란다. 30개월 아들의 언어치료를 1달에 1시간 정도 수준으로 줄였다고 말해준 엄마도 있었다. 아이가 여전히 1년 정도는 뒤처진 상태가 분명했는데도 말이다. 엄마는 아이가 잘하고 있으니까 치료사가 그랬을 거라고 믿었다. 이 엄마에게 필요한 것은 전문가의 의견보다는, 보다 객관화된 데이터나 표준화된 언어검사 결과였을 것이다. 필요한 치료를 중단하거나 생각보다 일찍 치료시간을 줄이는 이유는 보통 아이의 학습이 향상되어서가 아니라 치료사의 수급이나 금전적인 문제인 경우가 많다. 의심스러울 때는 객관적인 데이터를 찾아보면서, 집중치료의 필요성을 확인해보아야 한다.

아이의 적극적인 옹호자가 돼라

나의 조언 중 가장 부조리하게 들릴지도 모르겠다. 아마 당신은 아이의 교육과 서비스를 제공받을 권리를 위해 싸워야 할 것이다. 물론 운이 좋아서 싸우지 않아도 된다면 더 좋겠지만(사실 그건 다른 사람들이 이미 그 길을 닦아놓은 덕분이다), 그렇지 않다면 이 전쟁을 훌륭하게 치러낼 방법이 있다. 가장 중요한 준비는 아이에게 필요한 요구 사항과 지금 받고 있는 서비스의 목록을 아주 잘 정리해놓는 것이다.

루카스가 세 살이 되어 진단을 받은 순간부터, 나는 모든 순간마다 아이를 위해 투쟁하고 있는 느낌이 들었다. 제공되는 교육 서비스가 이상적인 것과는 거리가 멀다는 것을 금방 알게 되었고, 실제로도 전혀 받아들일 수 없는 수준이었다. 몇 달 만에 나는 변호사와 법정 속기사, 관련 증인들과 2년에 걸친 법적 투쟁에 돌입하고 있었다. 놀랍게도 서류상으로는 모두가 내 편이었다. 나는 석사 학위가 있었고, 직장에서는 간호사들에게 목표설정을 교육시키는 인사개발 담당자였으며, 오랫동안 수간호사 역할을 맡았다. 기록은 익숙한 업무이었고 언제든 자신감이 넘쳤다.

나에게는 가족이 있었고, 나를 지지하며 아이들을 돌봐줄 사람들도 많았다. 금전적으로도 여유가 있었고, 필요한 정보는 인터넷에 넘쳤으며, 나를 어디든 데려다 줄 차량도 있었다. 아이 교육을 위한 외부평가를 직접 섭외할 만한 능력도 있었다. 이 복잡한 교육 시스템도 아주 빨리 이해했다.

나는 내가 이 교육법 시스템에 대한 "적법 절차(Due Process)"*를 아주 쉽게 처리할 수 있을 거라 믿었다. 하지만 이번에도 내가 틀렸다. 놀랍게도, 루카스가 당연히 받아야 할 요구 사항을 얻기 위해 나는 힘들게 싸워야만 했다. 특수교육 대상자의 부모를 대변해줄 국선 변호인이 없어 돈도 많이 들었다.

1990년대의 내가 살고 있던 카운티는 (다른 대부분 카운티처럼) 10년은 뒤처져 있었고 ABA 치료는 제공하고 있지 않았다. 그러나 아이의 인생이 달린 문제라 믿었던 나는 신속히 대응했다. 다행히 같은 시기에 적법절차의 이행에 대해 함께 소를 제기했던 분들의 도움을 받았고, 교육당국도 자세를 바꾸어 루카스뿐만 아니라 카운티 내의 모든 아동들을 위해 보다 나은 서비스를 제공하게 되었다.

어떤 이들은 싸움을 택하기 보다는 아이를 더 좋은 학군으로 전학시키는 방법을 택하기도 한다. 하지만 내 생각에는 전학보다는 내가 있는 그 지역의 프로그램을 변화시키는 것이 더 중요하다. 교육서비스라는 것이 교육행정이나 교육위원회에 의해 언제라도 변경될 수 있기 때문이다. 예를 들어 "자폐 치료에 호의적인" 학군으로 이사를 갔는데, 몇 년 후 새로 선출된 교육위원회가 해당 프로그램의 예산을 삭감할 수도 있다. 집을 팔고 정든 곳을 떠나 온 가족이 낯선 곳으로 이사를 갔는데, 내가 원했던 그 선생님이 몸이 아파 그만두거나, 또는 처음부터

---

* 전장애교육법(미공법 94-142, 1975년 제정)에서 제시한 6가지 원칙 중 하나로, 장애아동의 평가와 배치 등 교육적 의사결정을 내리기 위해서는 공청회를 거치고 부모의 동의를 얻는 등 절차적으로도 장애아동의 교육권과 부모의 권리를 보장하도록 명시하고 있다.

그곳에 없을 수도 있다. 좋든 나쁘든, 교육정책과 프로그램은 고정불변이 아니다.

지난 몇 년간 나는 자폐 아동의 교육요구에 맞는 좋은 시스템을 만들기 위해 교육청과 카운티, 주정부와 협력했다. 펜실베니아 언어행동 프로젝트, 그리고 개인 컨설팅 업무를 펼치면서 수많은 전문가들과 만날 수 있는 특권을 얻었고, 그들을 통해 자폐학생이 다니는 공립학교 교실에 ABA와 언어행동분석을 포함시킬 수 있게 되었다. 그들은 ABA와 언어행동분석이 자폐와 관련 장애를 갖고 있는 아동들에게 효과가 있음을 알아보았다. 최근 한 선생님은 자신이 과거에는 자폐 학생을 어떻게 가르쳐야 할지 잘 몰랐다면서 ABA와 언어행동분석을 도입한 이후 학생이 보여준 발전에 큰 인상을 받았다고 말했다. 최근 그는 국제행동분석준전문가(Board Certified assistant Behavior Analyst) 시험 준비를 시작했다.

그러므로 아이의 옹호에서 잊지 말아야 할 사항은, 아이의 적절한 프로그램을 수립하기 위해서는 학교와 협력해야 한다는 점이다. 하루아침에 끝낼 수 있는 일도 아니고, 엄마의 입장에서도 많은 노력과 인내가 필요한 작업이다. 아이를 옹호하는 일은 절대 개인적인 일이거나 끔찍한 일이 아니다. 자신감은 중요하지만 공격적이어서는 안 된다. 아이를 위한 목표는 높게 설정해야겠지만, 어느 시점에서는 중요한 서비스를 위해 타협해야 할 경우도 있다는 점을 인식해야 한다.

미국의 특수교육은 '무상의 적절한 공교육(Free Appropriate Public Education, FAPE)'에 의거한다. 듣기에는 좋은 소리 같지만, 그렇다고 당신의 아이를 위해 교육 행정가들이 당신이 생각하는 수준의 '무상의 적절한 공교육'을 제공하려고 애를 쓴다는 의미는 아니다.

그러니 항상 준비해야 한다. 모든 서류들을 정리하여 보관하라. 그래야 보고서를 작성할 수 있다. 아이를 위한 프로그램의 부적절함을 알리려면 잘 정리된 사람으로, 잘 준비된 사람으로 보여야 한다.

개별화 교육계획 회의나 그 밖에 아이의 교육과 프로그램을 논의하는 곳마다 친구나 가족을 동반시켜 회의 내용을 기록하거나 녹음하라고 부탁하라(녹음의 경우 교육당국의 사전 동의가 필요한 경우가 있다). 이런 자리에 가보면 상대편에는 예닐곱이나 되는 사람들이 마주 앉아 있어서 위압감을 느끼는 때도 있다. 그래서 회의에 누군가를 데리고 가는 것이 중요하다.

도움의 손길을 요청하는 것도 처음부터 취할 수 있는 좋은 태도이다. 루카스가 세 살이었을 때 지역의 정신보건협회로부터 무료 법률서비스를 받았었는데, 그때의 조언이 얼마나 소중했는지 모른다. 또 특정한 법률정보가 필요하면 변호사와 법률가를 만나 기꺼이 비용을 지불하면서 조언을 구했다. 추천할 만한 법률가나 변호사를 지역에 있는 자폐협회 등에서 소개해줄 수도 있다.

그리고 가능하면 모든 것을 기록하라. 아이와 관련하여 누군가와 전화통화를 했다면, 그 사람의 이름과 주소를 얻은 뒤 대화 내용을 담은 편지를 보내어 통화 내용에 대해 확인받아라. 또 누군가와 직접 만날 때마다 그 만남에서 보거나 들었던 내용, 당신의 관심사, 추가로 필요한 정보 등에 대해 편지를 써 보내도록 하라(가능하면 처리를 약속해준 사람도 명기하라).

게리 메이어슨(Gary Mayerson, 이분도 자폐아의 아버지이다)이 2004년 펴 낸《아이를 희생시키지 않고 교육 담당자와 협상하는 법(How to Compromise with Your School District without Compromising Your Child)》과 웹 사이트 www.wrightslaw.com이 도움이 될 것이다.

법적분쟁을 피하려면 특수교육법에 대해 최대한 공부를 해두길 바란다. 자녀 옹호를 위한 워크숍에도 참석하고, 경험 있는 다른 부모들과도 연대하기 바란다.

전문가나 교육행정가와 협력할 때는 ABA의 기본원리를 잘 기억하자. 아이와 마찬가지로 이들과의 협력을 이끌어낼 때도 당신 스스로를 강화와 연합하고(회의에 도넛을 사간다거나), 요구 사항도 줄이며(한꺼번에 너무 많은 것을 요구하지 않고), 잘하고 있는 일에는 긍정적인 강화를 주어야 한다!

새로운 치료는 한 번에 하나씩 시도하라

이제 막 진단을 받은 아이의 부모들이 저지르는 실수 중 하나는, 각종 치료를 한꺼번에 몽땅 시도한다는 점이다. 아이에게 도움을 주고 싶은 마음은 십분 이해하지만, 자폐의 경우에는 좀 더 실용적으로 접근해야 결과도 더 좋다.

가능한 한 빨리 ABA/언어행동분석 프로그램을 시작하고 그 효과를 살펴보자. 물론 치료법의 종류는 수없이 많다. 식이요법, 약물치료, 생의학, 감각통합치료, 관계기반 치료 등등. 이 모든 치료법을 동시에 시작해버리면 그중 어떤 것이 효과가 있고 어떤 것은 효과가 없는지 알 수 없게 된다.

루카스를 진단했던 제임스 코플란(James Koplan) 박사는 본인도 자폐에 관련된 약물은 사용하지만, 행동 중재 프로그램이 잘 자리 잡은 다음에만 쓴다고 했다.

우리로써는 루카스에게 실시한 ABA 프로그램이 워낙 효과가 좋았으므로, 만일 우리가 동시에 약물치료를 시작했다면 그것이 오롯이 행동 중재 프로그램에 의한 것이었는지 구분할 수 없었을 것이다.

대부분 부작용이 있었지만, 우리 역시 지난 7년간 10여 개의 약물을 시도했었다. 약은 한 번에 하나씩만 시도했다. 그래야 그 약의 특정한 효과를 알 수 있었기 때문이다. 나는 그렇게 못했지만, 약의 복용량이나 보조제, 실시하고 있는 다른 모든 치료 내용까지 꼼꼼히 기록해둘 것을 권한다. 약을 바꿀 때마다 해당 약물의 개시일과 종료일을 기록하고, 약마다 나타나는 긍정적인 효과와 부작용을 모두 기록한다.

또 중요한 것은, 어떤 치료를 언제 중단할지, 언제 다른 치료를 추가할지 잘 알고 있어야 한다는 점이다. 글루텐 프리 식단을 수년 동안 유지하면서도 여전히 문제행동이 많은 10대 아이들을 보았다. ABA 프로그램을 실시하지 않기 때문이다. 아이에게 나쁜 음식을 먹이지 않으려고 스트레스를 받다 보니 부모들이 ABA나 언어행동분석 같은 행동 중재 프로그램의 과학적인 연구 결과는 잘 모르고 지나간다.

그렇다고 보조적인 치료나 생의학 치료법을 무시하라는 뜻은 아니다. 이런 치료법들도 틀림없이 많은 아이들에게 도움이 된다. 다만 행동 중재 프로그램을 최우선에 두고 다른 치료들을 한 번에 하나씩 추가해야 각각의 효과를 평가할 수 있다고 나는 믿는다.

아이의 치료에 관한 모든 것을 공부하라

루카스가 로바스 ABA 치료 프로그램을 시작했을 때, 컨설턴트는 우리 부부 중 한 명이 치료사가 되는 것이 어떠냐고 내게 권했다. 그는 스펜서(비장애 형제)를 일주일에 5시간 정도 베이비시터에게 맡기고 루카스에게 실제 치료세션을 실시해볼 것을 권했다. 정말 좋은 조언이었다. 나중에 보니 내가 정말 이 일을 좋아하고 있었고, 결국 BCBA 자격 취득까지 준비하게 되었기 때문이다. 하지만 꼭 그 정도까지는 아니더라도, 루카스의 반응을 관찰하고 그의 강점과 약점을 파악하면서 아이의 입장을 이해할 수 있다는 점에서 큰 도움이 되었다. 컨설턴트가 방문할 때마다 나는 루카스를 맡아 세션을 진행했고 컨설턴트의 피드백을 받으면서 마침내 우리 집에 오는 다른 치료사들을 훈련시킬 수 있을 정도의 능력을 갖추게 되었다.

만일 당신이 자폐나 관련 장애를 지닌 아동을 치료하는 전문가라면 반드시 부모님을 참여시키기 바란다. 읽을 자료도 배포하고, 당신의 치료를 관찰하게 하라. 만일 치료에 관해서는 전문가 수준인 부모님이라면(자폐 세계에서는 흔한 일이지만), 어떤 방식이 아이에게 효과적인지 알려달라고 요청하라. 가능한 한 부모를 참여시켜야 할 이유는, 전문가가 떠나도 부모는 여전히 그 자리에 남아 있기 때문이다.

자신을 돌보라. 그리고 미리 걱정하지는 말라

당신이 손을 놓고 있으면 자폐와 발달장애는 당신의 삶을 지배한다. 누구에게나 해결해야 할 일은 산더미지만 한 번에 해결할 수 있는 일은 그리 많지 않다.

가능하면 가족과 친구들을 컨퍼런스나 치료 세션에 동행시켜라. 이 책을 읽게 하고, 아이에게 해줄 수 있는 일들을 알려주어라. 그들 역시 더 많이 알수록 더 많이 당신을 도와줄 수 있다. 나의 어머니도 매번 함께 워크숍에 참가하여 배울 수 있는 것이라면 뭐든 배웠고, 나중에 내가 벅스 카운티 자폐 협회를 설립할 때도 도움을 아끼지 않았다. 교육청과의 소송 때도 나의 두 부모님은 항상 내 편에 서 계셨고, 내가 컨퍼런스나 모임에 참여하는 동안 아이들을 돌봐주셨다. 내가 대화 상대가 필요하거나 의기소침했을 때, 소송으로 인해 좌절하고 있을 때 내 여동생과 친구들이 나의 편이 되어주었다.

당신도 친구들에게 기대라. 아이의 프로그램을 수립할 때마다, 그들을 아이의 삶으로 끌어들이자. 가능할 때마다 그들에게 아이를 맡겨보자. 특별한 보살핌이 필요한 아동일수록 부모가 아닌 사람의 말을 경청하고, 그들과 관계를 어떻게 형성하는지 배워야 한다. 또 당신에게는 휴식이 필요하다. 그래서 누군가 아이들을 단 몇 시간이라도 봐주겠다고 하면 그 제의를 기꺼이 받아들여라! 여유가 된다면 베이비시터를 고용하는 것이 보다 규칙적으로 휴식시간을 가질 수도 있고, 이따금 가족이나 친구들이 애를 봐주는 것에 의존하지 않아도 된다.

비록 자폐가 당신 삶을 지탱하는 힘이 되었지만, 잠시 여기서 벗어나 다른 일에 몰두할 여유를 갖는 것이 중요하다. 코플란 박사는 나와 남편에게 어떤 때는 혼자서만, 어떤 때는 둘이 함께 시간을 보내라고 조언했다. 또 가끔은 남편과 스펜서 둘만의 조합으로, 어떨 땐 나와 루카스만 함께 시간을 보내라고도 했다. 때로는 루카스를 집에 남겨두고 스펜서만 데리고 시간을 보내면서 루카스가 없는 삶을 즐기고 경험할 필요가 있다고도 조언해주었다.

루카스가 진단을 받던 그날, 코플란 박사는 나와 남편에게 부부 상담을 받으라고도 권유했었다. 루카스가 진단 받던 날, 남편은 루카스가 한밤중에 우유를 달라고 하면 내가 곧바로 아이에게 우유를 대령하는 것에 대해 코플란 박사에게 불평을 늘어놓았다. 남편은 한밤중에는 우유보다는 물이 더 나을 거라 생각한다고 말했었다. 그때 코플란 박사는, 우리가 한밤중에 무엇을 먹일지에도 의견을 일치시킬 수 없다면 루카스의 미래가 달린 더 큰 일을 결정할 때에는 어쩔 거냐고 말했다.

그래서 남편과 나는 실제로 상담을 받았다. 그리고 그 상담은 슬픔의 감정을 해소하고 루카스의 미래에 대한 결정에 합의하는 아주 좋은 장소가 되어 주었다. 자녀가 자폐진단을 받은 뒤 별거나 이혼을 하는 부부도 많지만, 나는 오히려 자폐로 인해 우리의 결혼생활이 더 강인해 졌다고 느낀다. 우리는 인생의 같은 페이지를 살면서 루카스를 위한 결정을 함께 내리고 있다. 몇 차례의 상담 덕분에 우리 부부가 여기까지 올 수 있었기에 나는 어려움을 겪고 있는 이들에게 혼자 또는 부부가 함께 상담받을 것을 권한다.

또한 당신을 도와줄 만한 지역단체가 있을 것이다. 참석할 수 있는 오프라인 모임이 있으면 참석하도록 하라. 온라인의 경우 www.au-tism-society.org나 www.autismspeaks.org 같은 곳을 방문하라.* 인터넷을 통해 얻은 정보도 매우 소중하다. 오프라인에서는 함께 고민을 나눌 사람을 찾을 수 없을지 몰라도, 온라인에는 이미 산전수전을 겪어낸 같은 처지의 부모들이 늘 있다.

나 역시 루카스의 사춘기를 대비하느라 나이 많은 아이가 있는 선배 부모들을 찾아다니고 있다. 또래 아이의 부모들과 친분을 쌓는 것도 아주 중요한 일이다. 도움이 필요하면 이메일을 보내거나 전화를 걸어 수다를 떨 수도 있고, 질문에 대답을 얻을 수도 있다. 이 세계에서 당신은 결코 외롭지 않다.

그리고 미리 걱정하지 말자. 꼭 기억하기 바란다. 이것은 단거리 경주가 아닌, 수많은 오르막과 내리막이 있는 길고 긴 마라톤이다. 치료는 몇 년씩 걸리고, 아이가 자라면서 온갖 굴곡을 겪을 것이다. 처음엔

---

* 국토 면적이 작은 우리나라는 온오프 구분이 큰 의미는 없다. 자폐 관련 단체로는 한국자폐인사랑협회(www.autismkorea.kr), 한국자폐학회(www.autim.or.kr), 장애 부모들의 단체로는 한국장애인부모회(www.kpat.or.kr), 전국장애인부모연대 (www.bumo.or.kr) 등이 있다.

언어를 걱정하다가 나중에는 학업 기술과 직업 재활을 고민하고, 다음에는 아이의 독립 생활을 준비하거나 심지어는 대학 입학도 염려하게 된다. 기억하자. 모든 단계마다 항상 희망을 가져야 할 이유가 있으며, 당신이 열심히 고생하는 이유는 당신 아이의 행복한 삶을 위해서다.

긍정하며 살기

자폐라는 여행길에서 나의 목표는 나 자신과 나의 아들, 그리고 가족의 행복한 삶이었다.

아이러니하게도 루카스의 진단 전에 참석했던 엄마들 모임에서 나는 자기소개로 아이들이 태어나기 전에 하고 있던 일과 향후 계획하는 일에 대해 얘기한 적이 있다. 스펜서는 한 살이었고, 두 살 반이었던 루카스는 아직 진단을 받기 전이었다. 내 차례가 되었을 때 나는 수간호사로 일했던 일과, 학교로 돌아가 박사학위를 따고 연구자, 작가, 그리고 한 분야의 전문가가 되고 싶다는 얘기를 했다. 그 분야가 자폐가 되리라는 것을 그때는 알지 못했지만, 기쁘게도 나는 7년 전의 그 계획을 다 이뤄내고 있다.

그래서 내 삶이 완전히 바뀌는 동안에도 루카스의 목표를 향해 뛰는 동안 나 역시 나의 목표를 달성해냈다.

그 과정에서 내가 알게 된 것은 내가 좋아하는 일이 우리 아이들을 돕는 일이고, 우리 아이들에게 더 나은 서비스를 제공하도록 전문가를 가르치고, 아이를 더 잘 보살필 수 있도록 부모를 가르치는 일이라는 것이다. 그리고 무엇보다도 나는 나와 함께하는 모든 아이들을 사랑한다. 우리 아이들은 모두 저마다 개성이 넘치는 아이이며, 매일 나에게 새로운 것을 가르쳐준다. 사람들은 나를 두고 전화위복을 만들어내는 낙관주의자라고 불렀다. 아마 사실일 것이다. 실제로도 내 인생의 여정은 보람 있는 삶이었다.

그렇다고 이 여정이 끝났다거나, 자폐라는 비탈길에 서 있는 나와 루카스에게 더 좌절은 없을 거라는 뜻은 아니다. 하지만 나는 알고 있다. 내가 최선을 다해 우리 두 아들을 돕겠다는 목표에 집중하는 한, 가족 모두 평안하게 그 종착역까지 닿는 길을 찾아내리라는 것을.

그때까지 우리는 한 번에 한 걸음씩 살아갈 것이고, 그 길에 지나치는 모든 풍경들을 천천히 즐겁게 감상할 것이다.

언어행동분석 프로그램 시작이 그 첫걸음이다. 이제 그 첫걸음을 내딛으며, 당신과 아이와 가족 앞에 놓인 여정을 바라볼 때이다.

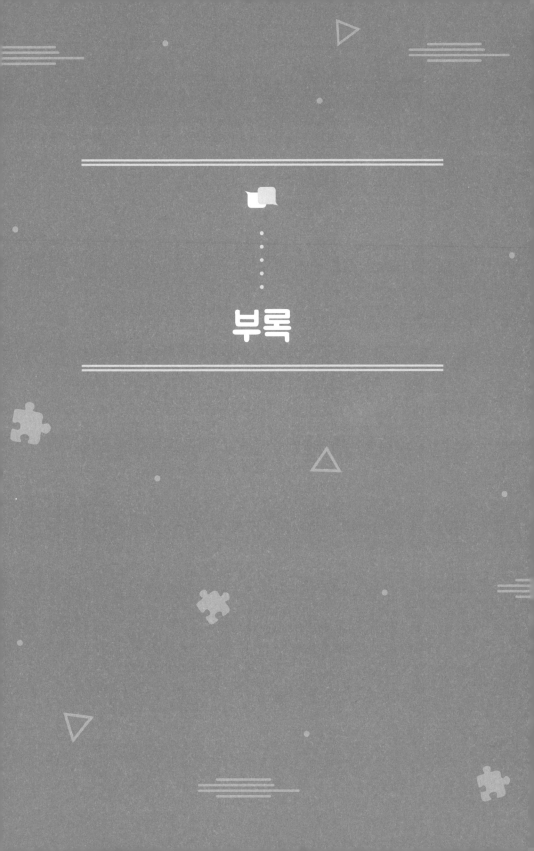

부록

용어 및 약어 해설

ABA(응용행동분석)

Applied Behavior Analysis의 약어. 사회적으로 중요한 행동을 이해하고 향상시키는 과학의 학문.

ABC

선행 사건-행동-후속 결과 (Antecedent-Behavior-Consequence)의 약어로, 모든 행동이 지닌 3요인 수반성을 표현하는 용어.

선행 사건-어떤 행동 직전에 발생하는 일. "줄 서"라는 지시어, 시계 알람 소리 등이 그 예임.

행동-살아있는 유기체의 움직임. 관찰이 가능하므로 보이는 대로 묘사할 수 있음.

후속 결과-어떤 행동 직후에 발생하여 미래에 그 행동이 증가하거나 또는 감소하도록 만드는 것.

예를 들면: A(선행자극)—"코 만져." B(행동)—코를 만짐. C(후속 결과)— 과자를 상으로 줌. A(선행자극)—"퍼즐 맞춰." B(행동)—"싫어요!"라고 소리 지름 C(후속 결과)—지시를 철회함.

BCBA, BCaBA

Board Certified (assistant) Behavior Analyst의 약어. 공인행동분석 전문가. BCBA는 석사 학위, BCaBA는 학사 학위 이상을 소지한 자로, 공인행동분석가 자격 요건에 부합하여야 함. BCBA가 되기 위해서는 학위 외에도 별도의 코스웍을 수료하여야 하고 BCBA로부터 수퍼비전을 받아 임상경험을 쌓은 뒤 시험에 합격하여야 함. 보다 자세한 정보는 www.BACB.com 참조 (한국의 경우 한국응용행동분석 전문가협회 www.bcba.co.kr에서 한국어로 된 정보를 얻을 수 있다—옮긴이)

FAPE

무상의(Free) 적절한(Appropriate) 공교육 (Public Education)의 약어. 미국의 경우 연방법에 의거, 3~21세의 장애아동에게는 이 수준의 교육이 부여됨.

PECS

앤디 본디(Andy Bondy)와 로리 프로스트 (Lori Frost) 박사에 의해 개발된 그림 교환 의사소통 시스템(Picture Exchange Communication System)의 약어. 이 시스

템을 통해 아동은 자신이 필요하거나 원하는 물건을 그림과 교환하여 얻을 수 있도록 배우게 됨.

강화(Reinforcement)
행동 직후에 일어나 미래에도 그 행동이 발생할 가능성이 높아지게 하는 것. 정적(positive) 강화와 부적(negative) 강화가 있음.

개별시도훈련(Discrete Trial Teaching, DTT)
3요인 수반성(A-B-C)을 활용하여 장애아동을 가르치는 방법이 하나. 각각의 시도마다 개별적인 학습이 일어남.

결핍(Deprivation)
어떤 행동의 결과로 얻을 수 있었던 강화물을 일정 기간 동안 얻지 못하게 하면 그 행동의 발생 가능성이 높아짐. 배가 가장 고플 만한 즈음에 밥 달라는 맨드를 교육하면 자연스럽게 이러한 결핍의 조건을 활용할 수 있음.

과제분석(Task analysis)
어떤 기술을 여러 단계로 잘게 쪼개는 일. 이렇게 하면 아동이 어려워하는 부분이 어디인지 찾아 가르칠 수 있음.

기초선(Baseline)
새로운 중재를 시작하기에 앞서 일정 기간 동안 행동을 관찰하여 수집하는 데이터.

동기 조작(Motivational Operation)
약어 MO. 동기조작은 그 사람의 동기나 욕망을 말하며 물건, 활동, 관심, 정보 등 어떤 것도 가능함. 보통 포만과 결핍에 의해 효과를 발휘함.

맨드(Mand)
사물, 활동, 관심, 정보 등을 요청하는 것.

모방 기술(Imitation skills)
타인의 움직임을 따라하는 능력.

무오류 학습(Errorless teaching)
오류를 방지하거나 최소화하기 위해 언어행동분석에서 활용되는 기술. 처음에는 아동에게 지시나 질문을 한 뒤 곧바로 촉구를 제공하다가 점차 시도가 반복되면서 촉구를 줄여나가는 방법.

변동 비율강화(Variable Ratio, VR)
변동 비율 강화스케줄(variable ratio schedule of reinforcement)의 약어. 정반응(correct response)을 보이는 아동에게 강화를 주는 평균 간격.

사전 평가(Probe)
아동에게 어떤 것을 가르치기에 앞서 이미 그것을 알고 있는지, 또는 이전에 가르친 내용을 여전히 유지하고 있는지 확인하기 위해 수집하는 데이터. 보통 일과 전 아침이나 수업 초반에 가장 먼저 행함.

샘플 매칭(Matching to Sample)
동일하거나 비슷한 물건 또는 그림끼리 짝지을 수 있는 능력.

수용언어 기술(Receptive skills)
언어를 이해하고 지시를 따르는 능력.

시각적 수행(Visual performance)
시각적 수행이란 시지각 능력과 관련한 기술을 말하며, 샘플 매칭, 분류하기, 퍼즐, 블록쌓기, 블록모양 만들기 등이 이에 속함.

언어행동(Verbal Behavior)
듣는 사람(청자)의 역할을 중요하게 여기는 언어소통 이론의 하나로, 말하기, 수어, 그림교환, 포인팅, 글씨쓰기, 제스처 등이 속함. 심지어 울기나 떼쓰기와 같은 문제행동조차 원하는 것을 얻고 싫어하는 것으로부터 도피하기 위한 언어소통으로 인식함.

에코익(Echoic)
다른 사람의 말을 따라하는 것으로, 즉각적인 에코익과 지연된 에코익이 있음. 언어행동분석의 언어 기능 중 하나.

연합(Pairing)
사람, 사물, 환경도 강화물이 될 수 있도록 강력한 강화물을 활용하는 절차. 만일 연합이 제대로 이루어진다면 아동은 사람이나 장소를 보고도 즐거워서 다가올 수 있어야 함.

오류 수정(Error correction)
발생한 오류를 수정하는 데 이용하는 기술. 일단 오류가 발생하면 지시나 질문을 다시 한 뒤 촉구를 제공하여 정반응을 유도하고, 시도를 거듭하면서 점차 이 촉구를 줄이거나 없앰.

음식 강화물(Edible reinforcers)
ABA/언어행동 프로그램에서 활용하는 음식물. 치료사는 반드시 음식 강화물을 항상 칭찬이나 사회적 강화물과 연합함으로써 궁극적으로는 음식 강화물을 점차 줄여없앰.

인트라버벌(Intraverbal)
대화 중 빈 칸을 채워 말하거나 의문사 의문에 답하는 능력. 타인의 언어에 대해 시각적인 촉구나 자극이 없어도 답할 수 있음.

자연환경교수(Natural Environment Teaching, NET)
아동의 현재 관심사나 동기조작(MO)을 수업활동에 활용하는 방법. 가르치고자 하는 내용을 놀이나 다른 즐거운 활동에 자연스럽게 녹임.

작동행동(Operant)
선행 사건과 후속 결과에 의해 정의되는 행동. 예를 들어 맨드의 선행 사건은 욕구이며, 후속 결과는 본인이 원하는 물건을 획득하는 것임(원서에서는 언어적 작동행동verbal operant이라는 단어에서 빈번하게 사용되었으나, 문맥상 이해가 어려워 '언어 기능'이라는 말로 번역했음—옮긴이).

조건화된 강화물(Conditioned reinforcer)

아무런 가치가 없는 중립자극이었다가 나중에 강화물로써의 가치를 획득하게 된 것. 토큰이나 돈은 조건화된 강화물이 좋은 예로, 이 강화물을 다른 것과 교환하는 데 사용할 수 있음.

집중시도훈련(Intensive Trial Teaching, ITT)

빠른 속도로 진행하는 언어행동분석 고유의 교수방식. 일반적으로 테이블 위에서 행하며, 여기에 사용하는 기법으로 무오류학습(errorless teaching), 요구 줄이기(fading in demands), 학습목표의 혼합과 다양화(mixing and varying), 촉구절차(prompting procedures), 변동강화비율(VR) 등이 있음.

촉구(Prompt)

아동이 올바른 반응을 보일 수 있도록 도와주는 힌트 또는 신호. 촉구는 선행 사건의 일부분이며, 아동의 반응 이전에 아동에게 주어야 함. 촉구를 실시할 때는 이를 향후 어떻게 줄여야 아동이 스스로 반응을 할 수 있을 것인지에 대한 계획이 있어야 함.

포만(Satiation)

결핍의 상대어. 강화물이 포만되면 강화물은 그 가치를 상실함.

택트(Tact)

사물, 그림, 형용사, 장소, 냄새, 맛, 소리, 느낌과 같은 비언어자극을 명명(이름대기)하는 것.

후진형 연쇄(Backward chaining)

퍼즐 완성하기나 노래 전곡 부르기 같은 과제를 가르칠 때 사용하는 학습 방법. 아동에게 노래를 가르치는 예를 든다면, "반짝, 반짝, 작은 ___"처럼 아동이 부를 차례를 남겨둠. 만약 아이가 "별"을 넣어 부를 수 있게 되면 다음에는 그 앞까지 두 곳을 남겨두어 "작은 별"까지 따라 부르게 하는 식으로 진행함.

언어행동 평가양식

작성일 _____ / _____ / _____   작성자 _____

아동명 _____   연령 _____   생일 _____ / _____ / _____

부모/양육자명 _____   형제자매 성명 및 연령 _____

전화번호 _____   비상 시 연락처 _____

주소 _____

이메일 _____

의료 정보

진단명(아는 경우) _____   **진단 시 연령** _____

현재 아동이 학교를 다니거나 치료 또는 특수교육을 받는가?   네 ☐   아니오 ☐

그렇다면 학교/치료실 이름과 빈도, 장소를 적으시오:

_____

_____

현재 투약중인 약

_____

_____

알러지 정보

특별식/제한식

식사 패턴을 쓰시오. 스스로 식사 가능 여부, 먹는 음식의 질감과 정류를 적으시오. 별도 사용 중인 컵/시피컵이 있을 경우 쓰시오.

수면 패턴을 적으시오:

배변 문제를 적으시오:

언어 정보

아동이 단어를 사용하는가?   네 ☐   아니오 ☐

그렇다면 단어 개수를 쓰고 예를 드시오:

아니라면, 아동이 옹알이를 하는가?   네 ☐   아니오 ☐

그렇다면 들어본 옹알이 소리를 나열하시오:

맨드 평가하기

아동이 원하는 것을 단어로 요구하는가?　　　　　　　네 ☐　　아니오 ☐

그렇다면 아동이 단어로 원하는 물건/활동의 목록을 작성하시오:

_____

아니라면, 아동은 원하는 것을 어떻게 표현하는가? 아래에서 골라 동그라미 하시오.

제스쳐 / 포인팅 / 어른 잡아끌기 / 수어 / 그림 / 울기 / 잡기

택트 평가

책이나 카드에 있는 사물의 이름을 말할 수 있는가? 그렇다면 이름을 말하는 사물의 숫자를 쓰고 그 예를 20개 적어보시오:

_____

_____

에코익 평가

아동이 당신의 말을 따라할 수 있는가? 예를 들어 "따라해, 공"이라고 하면 아동이 "공"이라고 말하는가? 문장을 모방할 수 있는가? "널 사랑해"라고 말하면 아동이 "널 사랑해"라고 따라 말하는가?　　　　　　　네 ☐　　아니오 ☐

아동이 과거에 들었던 말이나 영화의 한 장면을 기억해 두었다가 말하는가?

　　　　　　　네 ☐　　아니오 ☐

그렇다면 그 내용을 쓰시오:

_____

_____

인트라버벌 평가

아동이 노래 빈 칸을 채워 부를 수 있는가? 예를 들어 "반짝 반짝 작은 ___" 이라고 하면 아동이 "별"을 말하는가? 네 ☐ 아니오 ☐

그렇다면 아동이 단어나 문장을 채워 부를 줄 아는 노래의 목록을 적으시오:

_____

_____

재미있거나 기능적인 문장을 채워 말할 수 있는가? 예를 들어 "여우야, 여우야, ___?" 라고 하면 아동이 "뭐하니?"라고 말하는가? "우리가 잠자는 곳은...___?" 이라고 하면 아동이 "침대!"라고 말하는가? 네 ☐ 아니오 ☐

아동이 (그림이나 시각적 단서 없이) 의문사 의문문에 답할 수 있는가? 예를 들어 "하늘에 날아다니는 건?"이라고 하면 "새" 또는 "비행기"라고 말하는가? 아동이 지시에 따라 동물 이름이나 색깔을 최소 3개 이상 댈 수 있는가? 네 ☐ 아니오 ☐

수용언어 평가

이름을 부르면 아동이 반응을 보이는가? 아래에서 골라 동그라미 하시오.

거의 항상 / 자주 / 가끔 / 거의 없음

아동에게 신발이나 컵을 가져오라고 지시하면, 제스처로 알려주지 않아도 지시를 수행할 수 있는가? 아래에서 골라 동그라미 하시오.

거의 항상 / 자주 / 가끔 / 거의 없음

'박수 쳐', '일어나' 같은 지시를 제스처로 알려주지 않아도 수행하는가?

거의 항상 / 자주 / 가끔 / 거의 없음

"코 만져"나 "머리 만져"와 같은 지시어에 해당 신체 부위를 만질 수 있는가?

거의 항상 / 자주 / 가끔 / 거의 없음

그렇다면 제스처로 알려주지 않아도 구분하여 만질 줄 아는 신체 부위의 목록을 적으시오:

_____

모방 평가

"따라해"라는 지시와 함께 장난감으로 동작을 취하면 아동이 모방하는가? 예를 들어 장난감 자동차를 앞뒤로 밀면서 "따라해"라고 지시하면 아동이 이를 따라하는가?

네 ☐　아니오 ☐

박수를 치거나 발을 구르면서 "따라해"라고 지시하면 아동이 이를 모방하는가?

네 ☐　아니오 ☐

"따라해"라는 지시와 함께 손가락질을 하거나 엄지를 치켜 올리는 동작을 취하면 아동이 이를 따라하는가?

네 ☐　아니오 ☐

시지각 기술 평가

"맞춰봐"라는 지시에 아동이 동일한 사물끼리, 동일한 그림끼리, 동일한 사물과 그림끼리 매칭할 수 있는가?　　　　　네 ☐　아니오 ☐　잘 모르겠음 ☐

아동이 해당 연령용 퍼즐을 맞출 수 있는가?

　　　　　네 ☐　아니오 ☐　잘 모르겠음 ☐

행동 평가

아동이 책상이나 바닥에 착석하여 성인과 함께 간단한 과제를 수행할 수 있는가?

　　　　　네 ☐　아니오 ☐　잘 모르겠음 ☐

걱정할 만한 문제행동(울기, 때리기, 물기, 바닥에 드러눕기, 소리 지르기, 자기 머리 때리기)을 모두 나열하고. 해당 행동이 나타나는 횟수를 적으시오(100회/일, 10회/주, 하루에 한 번). 행동이 일어나는 경우의 예를 몇 가지 들어보시오. 또한 이러한 행동을 통제하기 위해 사용해본 전략과, 그 전략의 성공 여부를 적으시오:

_____

_____

기타 추가적인 정보나 관심사를 아래에 나열하시오:

_____

_____

몸짓상징 예시

엄마

아빠

선생님

밥

먹다, 간식

마시다. 물

예. 그래

싫다

화나다

끝나다, 다했다   자다, 졸리다   모르다

아프다   휴대전화   화장실, 소변보다

이 저작물은 국립특수교육원에서 2019년 개발하여 공공누리 제1유형으로 개방한 '몸짓상징 손담'으로, 해당 저작물은 '국립특수교육원 http://www.nise.go.kr/ onmam/ 에서 무료로 다운받을 수 있다.

학습 진도표

학습 진도표(샘플)

아동명 ___홍길동___

달성기준

사전평가에서 3일 연속 "YES"를 얻음. 이미 알고 있는 기술은 시작일과 종료일에 "M"로 표시함. 가르치기 시작한 날과 달성된 날을 시작일과 종료일에 표시함.

목표기술 ___수용언어 지시 따르기___

	목표행동	시작일	종료일
1	박수치기	M	M
2	만세하기	2018/6/5	2018/6/10
3	도리도리	2018/6/5	2018/6/24
4	끄덕끄덕	2018/6/5	2018/6/24
5	일어서기	2018/6/24	2018/6/24
6	앉기	2018/6/24	
7	책상 두드리기	2018/6/30	
8			
9			
10			
11			
12			
13			
14			
15			

학습 진도표

아동명 _____

달성기준

사전평가에서 3일 연속 "YES"를 얻음. 이미 알고 있는 기술은 시작일과 종료일에 "M"로 표시함. 가르치기 시작한 날과 달성된 날을 시작일과 종료일에 표시함.

목표기술 _____

	목표행동	시작일	종료일
1			
2			
3			
4			
5			
6			
7			
8			
9			
10			
11			
12			
13			
14			
15			
16			
17			
18			
19			
20			

주간 사전평가 양식

주간 사전평가 양식(샘플)

각 기능별로 2~3가지의 목표행동을 정하고 시작일과 달성 여부를 표시함.

아동명   홍길동   **시작일**   2020.05.25

	기능	목표 기술	월		화		수		목		금	
1	수	박수치기	Y	N	Y	N	Y	N	Y	N	Y	N
2	수	발구르기	Y	N	Y	N	Y	N	Y	N	Y	N
3	수	일어나기	Y	N	Y	N	Y	N	Y	N	Y	N
4	수	모리 만지기	Y	N	Y	N	Y	N	Y	N	Y	N
5	수	배 어딨어?	Y	N	Y	N	Y	N	Y	N	Y	N
6	수	신발 만지기	Y	N	Y	N	Y	N	Y	N	Y	N
7	수	컵 찾기	Y	N	Y	N	Y	N	Y	N	Y	N
8	수	차 어딨어?	Y	N	Y	N	Y	N	Y	N	Y	N
9	오	따라 해(머리 만지기)	Y	N	Y	N	Y	N	Y	N	Y	N
10	오	따라 해(박수치기)	Y	N	Y	N	Y	N	Y	N	Y	N
11	매	매칭-사탕(그림끼리)	Y	N	Y	N	Y	N	Y	N	Y	N
12	매	매칭-물고기(그림끼리)	Y	N	Y	N	Y	N	Y	N	Y	N
13	택	이게 뭐야?(과자)	Y	N	Y	N	Y	N	Y	N	Y	N
14	태	이게 뭐야?(그네)	Y	N	Y	N	Y	N	Y	N	Y	N
15	에	따라 해 "비눗방울"	Y	N	Y	N	Y	N	Y	N	Y	N

	기능	목표 기술	월		화		수		목		금	
16	인	반짝반짝 작은__(별)	Y	N	Y	N	Y	N	Y	N	Y	N
17	인	아빠 곰은 ___(뚱뚱해)	Y	N	Y	N	Y	N	Y	N	Y	N
18			Y	N	Y	N	Y	N	Y	N	Y	N
19			Y	N	Y	N	Y	N	Y	N	Y	N
20			Y	N	Y	N	Y	N	Y	N	Y	N
21			Y	N	Y	N	Y	N	Y	N	Y	N
22			Y	N	Y	N	Y	N	Y	N	Y	N
23			Y	N	Y	N	Y	N	Y	N	Y	N
24			Y	N	Y	N	Y	N	Y	N	Y	N
25			Y	N	Y	N	Y	N	Y	N	Y	N
26			Y	N	Y	N	Y	N	Y	N	Y	N
27			Y	N	Y	N	Y	N	Y	N	Y	N
28			Y	N	Y	N	Y	N	Y	N	Y	N
29			Y	N	Y	N	Y	N	Y	N	Y	N
30			Y	N	Y	N	Y	N	Y	N	Y	N

• 기능 코드

수 – 수용언어 모 – 모방 매 – 샘플매칭 택 – 택트 에 – 에코익 인 – 인트라버벌

주간 사전평가 양식

각 기능별로 2~3가지의 목표행동을 정하고 시작일과 달성 여부를 표시함.

아동명 _____   **시작일** _____

	기능	목표 기술	월		화		수		목		금	
1			Y	N	Y	N	Y	N	Y	N	Y	N
2			Y	N	Y	N	Y	N	Y	N	Y	N
3			Y	N	Y	N	Y	N	Y	N	Y	N
4			Y	N	Y	N	Y	N	Y	N	Y	N
5			Y	N	Y	N	Y	N	Y	N	Y	N
6			Y	N	Y	N	Y	N	Y	N	Y	N
7			Y	N	Y	N	Y	N	Y	N	Y	N
8			Y	N	Y	N	Y	N	Y	N	Y	N
9			Y	N	Y	N	Y	N	Y	N	Y	N
10			Y	N	Y	N	Y	N	Y	N	Y	N
11			Y	N	Y	N	Y	N	Y	N	Y	N
12			Y	N	Y	N	Y	N	Y	N	Y	N
13			Y	N	Y	N	Y	N	Y	N	Y	N
14			Y	N	Y	N	Y	N	Y	N	Y	N
15			Y	N	Y	N	Y	N	Y	N	Y	N

	기능	목표 기술	월		화		수		목		금	
16			Y	N	Y	N	Y	N	Y	N	Y	N
17			Y	N	Y	N	Y	N	Y	N	Y	N
18			Y	N	Y	N	Y	N	Y	N	Y	N
19			Y	N	Y	N	Y	N	Y	N	Y	N
20			Y	N	Y	N	Y	N	Y	N	Y	N
21			Y	N	Y	N	Y	N	Y	N	Y	N
22			Y	N	Y	N	Y	N	Y	N	Y	N
23			Y	N	Y	N	Y	N	Y	N	Y	N
24			Y	N	Y	N	Y	N	Y	N	Y	N
25			Y	N	Y	N	Y	N	Y	N	Y	N
26			Y	N	Y	N	Y	N	Y	N	Y	N
27			Y	N	Y	N	Y	N	Y	N	Y	N
28			Y	N	Y	N	Y	N	Y	N	Y	N
29			Y	N	Y	N	Y	N	Y	N	Y	N
30			Y	N	Y	N	Y	N	Y	N	Y	N

• 기능 코드

수 – 수용언어 모 – 모방 매 – 샘플매칭 택 – 택트 에 – 에코익 인 – 인트라버벌

강화물 설문지

해당하는 것에 모두 표시하시오.

● 음식 강화물

☐ 사탕 (자세히: _____)

☐ 과일 (자세히: _____)

☐ 음료수 (자세히: _____)

☐ 과자 (자세히: _____)

☐ 기타 (자세히: _____)

● 활동 강화물

☐ 그림그리기/색칠하기

☐ 혼자 조용히 시간 보내기

☐ 산책, 야외 나들이

☐ 공작활동 (자세히: _____)

☐ 애완동물 돌보기 (자세히: _____)

☐ 쇼핑하기 (자세히: _____)

☐ 외식하기 (자세히: _____)

☐ 영화보기 (자세히: _____)

☐ 책 읽기 (자세히: _____)

☐ 운동하기 (자세히: _____)

☐ 컴퓨터 하기 (자세히: _____)

☐ 기타 (자세히: _____)

● 사물 강화물

☐ 연필, 펜, 크레용, 크레파스
☐ 인형 (자세히: _____)
☐ 자동차, 트럭
☐ 종이 (자세히: _____)
☐ 스포츠용품 (자세히: _____)
☐ 장난감 (자세히: _____)
☐ 책 (자세히: _____)
☐ 퍼즐 (자세히: _____)
☐ 기타 (자세히: _____)

● 사회적 강화물

☐ 어른 도와주기 (자세히: _____)
☐ 친구 도와주기 (자세히: _____)
☐ 어른과 놀기 (자세히: _____)
☐ 친구와 놀기 (자세히: _____)
☐ 기타 (자세히: _____)

● 여가 강화물

☐ 음악듣기 (자세히: _____)
☐ 노래 부르기 (자세히: _____)
☐ 악기 연주 (자세히: _____)
☐ TV보기 (자세히: _____)
☐ 요리하기 (자세히: _____)
☐ 운동하기 (자세히: _____)
☐ 기타 (자세히: _____)

유용한 웹사이트

● 해외 웹사이트

1 www.marybarbera.com

저자의 웹사이트. VBA에 대한 최신 정보가 업데이트된다.

2 www.firstsigns.org

자폐증 조기 진단 관련 정보를 제공한다.

3 www.difflearn.com

타이머, 플래시카드, 관련 도서 등 ABA와 VBA 치료 프로그램을 지원하는 자료를 구입할 수 있다.

4 www.superduperinc.com

자폐 아동뿐만 아니라 일반 아동을 대상으로 한 다양한 교육 자료를 구입할 수 있다.

5 www.establishingoperationsinc.com

언어지연, 자폐증을 겪는 아동들을 위한 실습 워크샵과 가정 내 언어 기반프로그램을 관리, 설정해주는 전문 상담가를 보유하고 있다.

6 www.lifeprint.com

수어 교육 관련 사이트.

7 www.northernspeechservices.com

언어 교육에 대한 다양한 주제의 워크샵 관련 정보를 제공한다.

8 talktools.com

근육 기반 언어 치료를 정보와 제품을 제공한다.

9 www.google.com

VBA 치료 프로그램에 유용한 사진이나 자료 검색에 활용하기 좋은 검색 엔진.

10 www.wrightslaw.com

특수교육법, 교육법, 장애아동 권리 보호 등에 관한 정보를 제공한다.

11 www.autism-society.org

자폐증에 대한 정보와 지원책 등을 안내하는 미국 자폐 협회 사이트.

12 www.autismspeaks.org

자폐아동이 있는 가정에 대한 지원뿐만 아니라 연구를 위한 기금을 마련한다.

13 www.BACB.com

행동분석가 인증 위원회 웹사이트(BCBA에 대한 정보 제공).

● 국내 웹사이트

1 www.bcba.co.kr

한국응용행동분석전문가협회

2 www.autismkorea.kr

한국자폐인사랑협회

3 www.kpat.or.kr

한국장애인부모회

4 www.bumo.or.kr

전국장애인부모연대

5 www.nise.go.kr

국립특수교육원

6 www.kaba.or.kr

한국행동분석학회

7 www.autism.or.kr

한국자폐학회

8 abahome.org

ABA부모회

9 www.snubh.org/dh/dcd22

분당서울대학교병원 발달·자폐·사회성 클리닉

10 childhosp.seoul.go.kr/cando/introduce

서울특별시어린이병원 발달센터

우리 아이
언어 발달
ABA 치료
프로그램

초판 1쇄 발행 2020년 5월 29일
초판 3쇄 발행 2022년 12월 10일

지은이 이메리 린치 바르베라
옮긴이 한상민
펴낸이 정용수

편집장 김민정 편집 조혜린
디자인 김민지
영업·마케팅 김상연 정경민
제작 김동명 관리 윤지연

펴낸곳 ㈜예문아카이브
출판등록 2016년 8월 8일 제2016-000240호
주소 서울시 마포구 동교로18길 10 2층(서교동 465-4)
문의전화 02-2038-3372 주문전화 031-955-0550 팩스 031-955-0660
이메일 archive.rights@gmail.com 홈페이지 ymarchive.com
인스타그램 yeamoon.arv

한국어판 출판권 ⓒ ㈜예문아카이브, 2020
ISBN 979-11-6386-047-1 13370